英国私掠船活动研究

率目打劫

ROBBERY
BY DECREE

杨 辉 著

天津出版传媒集团

天津人民出版社

图书在版编目（CIP）数据

奉旨打劫：英国私掠船活动研究 / 杨辉著. ——
天津：天津人民出版社，2023.1
ISBN 978-7-201-18800-3

Ⅰ.①奉… Ⅱ.①杨… Ⅲ.①英国—近代史 Ⅳ.
①K561.4

中国版本图书馆 CIP 数据核字(2022)第 179224 号

奉旨打劫：英国私掠船活动研究
FENGZHI DAJIE YINGGUO SILÜECHUAN HUODONG YANJIU

出　　版	天津人民出版社	
出 版 人	刘　庆	
地　　址	天津市和平区西康路 35 号康岳大厦	
邮政编码	300051	
邮购电话	（022）23332469	
电子信箱	reader@tjrmcbs.com	

责任编辑　李佩俊
装帧设计　明轩文化·王　烨

印　　刷	天津新华印务有限公司	
经　　销	新华书店	
开　　本	880 毫米×1230 毫米　1/32	
印　　张	10	
字　　数	200 千字	
版次印次	2023 年 1 月第 1 版　2023 年 1 月第 1 次印刷	
定　　价	68.00 元	

目　录

CONTENTS

绪 论

一、选题缘由

军事力量既是大国崛起的战略支撑和保障，又是大国崛起的核心构成和象征。作为一个全球性海洋强国，英国海洋实力的基础正是基于其强大的军事实力。皇家海军一直以来都是英国海洋战略的重要组成部分，是英国近代崛起中最关键的战略支柱。凭借皇家海军累积的战略优势地位，英国拥有了无与伦比的海权优势，构建了由其主导的海洋世界体系，借此掌握了国际海洋事务中绝对的话语权。

除了皇家海军这一重要军事力量之外，私掠船也是英国近代崛起过程中军事力量的重要组成部分。当皇家海军实力赢弱和国家财政虚弱之时，英国利用民间资本、借助私掠船的优势，以官私结合的方式组建了一支特殊的军事力量，成为英国海洋霸权争夺战中重要的参与者。私掠船为英国的对外扩张和殖民霸权的建立提供了重要的军事支撑和财政保障。在历次海洋霸权争夺战中，私掠船与皇家海军协同作战，共同护卫英国本土和海外贸易的安全，为英国的海外扩张建功立业，为英国的最终崛起提供了重要的军事保障。英国私掠船问题的研究是深入剖析英国近代崛起问题的一把钥匙，也是深入研究英国海洋帝国建立的有效窗口。

作为世界近代史上第一个全球性海洋强国，英国的崛起一直深受学术界的关注，学者们从不同视角分析了皇家海军在英国崛起中所起的关键性作用，对私掠船的研究则较为薄弱。因此，本书致力于从历史学的视角梳理英国私掠船活动的发展脉络，并通过深入分析各个时期私掠船在英国发展中的状况，勾勒出英国通过私掠船助推其崛起为世界强国的足迹，深入阐释私掠船在英国崛起中所起的关键作用。

二、研究意义

第一，有助于更好地研究英国近代军事力量的发展历史。梳理英国私掠船活动的发展历程，一方面可以更好地理解英国如何在与竞争对手的争夺战中保持优势地位，维持其相对的海上优势；另一方面也可以更好地理解英国军事力量自身发展与其海洋战略的制定与实施之间的调适，更好地认识二者之间相互适应、相辅相成的关系，为英国军事史的研究作出一定贡献。

第二，对英国近代史的研究有着重要的学术价值。英国私掠船活动的兴衰过程正是英国两种经济主导思想——重商主义思想与自由主义——大行其道的时代。通过梳理16—19世纪私掠船活动的发展历程，真实地映照了英国经济主导思想的轮替过程，有助于丰富英国近代史的研究范畴。

第三，为研究英国海洋战略提供一个新的视角。私掠船是英国海洋战略构建的重要组成部分。英国政府对私掠船政策的调整，为英国的海洋扩张和帝国发展奠定了坚实的基础。研究英国私掠船政策的演变，可以使我们比较客观地认识和理解英国审时度势地调整其海洋战略的过程，也是认识近代世界海洋强国的一把钥匙。

三、国内外研究现状

（一）国外研究现状

国外对英国私掠船活动的研究成果较为丰富，涉及英国私掠船活动的诸多方面，其中不乏有真知灼见的系统著作。其主要研究成果大致可分为三类：从海盗的视角解析英国各个时期的海盗或私掠船的活动进程，以英国某位国王或某一地区为例阐述英国私掠船的具体活动，以某场战争为例多层次多维度地剖析英国私掠船在该场战争中的活动轨迹。

1. 从海盗的视角解析英国各个时期的海盗或私掠船的活动进程

安格斯·康斯塔姆和罗杰·迈克尔·基恩在《劫掠三千年：世界

史上的海盗传奇》①一书中仔细研究了历史上地中海、加勒比海、美洲东海岸、中国南海等海域的海盗，真实呈现了黑胡子、弗朗西斯·德雷克等海盗的真实历史面貌。西尼尔在其著作《海盗王国：英格兰海盗的全盛期》②中论述了詹姆斯一世统治期间英国海盗的活动轨迹和政府应对策略。

2.以英国某位国王或某一地区为例阐述英国私掠船的具体活动

维奥莱特·巴伯尔在其论文《西印度群岛的私掠船和海盗》③中主要概述了16—17世纪英法在西印度群岛的私掠活动和海盗活动情况。高莫·威廉姆斯在其著作《利物浦私掠船和捕获许可证的历史及其奴隶贸易的记载》④中简要概述了英国利物浦港口的私掠活动情况。马修·麦卡锡在其著作《1810—1830年期间西属美洲私掠船、海盗和英国政策》⑤中详细分析了拉丁美洲独立期间英国政府如何在复杂而微妙平衡的地缘政治背景下应对拉丁美洲地区的私人劫掠活动（叛乱私掠船、西班牙私掠船和古巴海

① [英]安格斯·康斯塔姆、[英]罗杰·迈克尔·基恩：《劫掠三千年：世界史上的海盗传奇》，郭威译，上海文化出版社，2019年。
② C. M. Senior, *A Nation of Pirates: English Piracy in Its Heyday*, London: David & Charles Publishers Limited, 1976.
③ Violet Barbour, "Privateers and Pirates of the West Indies", *The American Historical Review*, Vol. 16, No. 3 (Apr., 1911), pp. 529–566.
④ Gomer Williams, *History of the Liverpool Privateers and Letters of Marque with an Account of the Liverpool Slave Trade*, London: William Heinemann, 1897.
⑤ Matthew McCarthy, *Privateering, Piracy and British Policy in Spanish America, 1810–1830*, Woodbridge: The Boydell Press, 2013.

盗)。肯尼思·安德鲁斯在其著作《1588—1595 年英格兰在西印度群岛的私掠活动》①中根据高等海事法庭 25 次航行记录收集了 1588—1595 年期间英国在西印度群岛进行私掠活动的相关文献,其中还包括了西班牙方面的材料。

肯尼思·安德鲁斯在其著作《伊丽莎白时期的私掠巡航:1585—1603 年西班牙战争期间的英国私掠活动》②中主要依靠英国海军部的档案记录对伊丽莎白一世女王时期的英国海盗和私掠船活动问题进行了详细的研究,对英国私掠船活动产生的背景、规章制度、主要参与者、战利品和利润,以及私掠船活动对英国海外殖民地扩张的作用等方面做了较为详细的论述。该专著图文并茂,数据详尽,是研究伊丽莎白一世时期英国海盗与私掠船活动问题最主要的文献资料。丽莎·佩雷拉在其硕士论文《源于劫掠:1585—1642 年英国私掠船和皇家海军的诞生》③中论述了 1585—1642 年伊丽莎白一世、詹姆斯六世和查理一世统治期间英国私掠船在皇家海军的构成和发展中所起的作用。雷蒙德·韦恩·特里在其硕士论文《海盗的称呼:英国私掠活动的管理》④中

---

① Kenneth R. Andrews, *English Privateering to the West Indies, 1588–1595*, Cambridge: At the University Press, 1959.

② Kenneth R. Andrews, *Elizabethan Privateering: English Privateering during the Spanish War, 1585–1603*, Cambridge: At the University Press, 1966.

③ Lisa Perrella, "Born of Pillage and Plunder: English Privateers and the Birth of the Royal Navy, 1585–1642", Master Thesis, University of Ottawa, 2010.

④ Raymond Wayne Terry, "Piracy by Another Name: The Regulation of English Privateering", Master Thesis, University of Central Arkansas, 2017.

按照时间顺序简要探讨17世纪以来英国王室和议会对英国私掠船日益严格的管制进程。

3. 以某场战争为例多层次多维度地剖析英国私掠船的活动轨迹

法耶·科特是一位经验丰富的私掠船研究学者，他在其《私掠：1812年战争中的爱国者和利润》[①]一书中对1812年美国和英国在新斯科舍和新不伦瑞克殖民地进行的私掠战争进行了简要而广泛的概述，讨论了私掠船的操作、融资、法律和法律程序、招募实践和水手的经验等主题，强调了私掠活动对双方的经济、战略、社会和政治影响。弗朗西斯·雷蒙德·斯塔克在其著作《私掠活动的废除和巴黎宣言》[②]中简明扼要地概述了海上捕获私有财产的争论和英法美等国的私掠活动。

迈耶在其论文《1688—1697年战争期间英国私掠活动》[③]中以高等海事法庭大量丰富的文件为主要来源，概述了从1688年11月至1697年9月期间英国私掠活动的规模和特点。迈耶在其另一篇论文《1702—1713年西班牙王位继承战争期间英国私掠

---

① Faye M. Kert, *Privateering: Patriots and Profits in the War of 1812*, Baltimore: Johns Hopkins University Press, 2015.

② Francis Raymond Stark, *The Abolition of Privateering and the Declaration of Paris*, New York: Columbia University, 1897.

③ W.R. Meyer, "English Privateering in the War of 1688 to 1697", *The Mariner's Mirror*, Vol.67, No.3(1981), pp.259-272.

活动》①中又概述了西班牙王位战争期间英国私掠活动的规模和特点。戴维·斯塔基在《1702—1783年期间英国私掠活动的经济和军事重要性》②一文中认为英国私掠活动为商业生活带来了巨大的净收益，是英国海上力量的重要和有益因素，对18世纪英国经济和军事发展都具有重要意义。

卡尔·斯旺森在其《捕食者和捕获物：1739—1748年美国私掠船和帝国战争》③一书中利用殖民报纸和各种资料来源，通过对1739—1748年奥地利王位继承战争期间私掠船活动的研究，证明美洲私掠活动极大地破坏了交战国的殖民贸易，在帝国冲突中发挥了关键作用，并对英国在美洲殖民地的经济生活产生了重大影响。斯旺森在其发表的论文《1739—1748年美国私掠活动和帝国战争》④中探讨了1739—1748年战争期间的英国殖民私掠活动，及其在世纪中叶的重要性，认为私掠船活动在早期殖民地间的冲突中发挥着重要作用。斯旺森在其发表的论文《早期美洲的私掠活动》⑤中认为私掠船在帝国冲突中发挥了关键作用，并对美

① W.R. Meyer, "English Privateering in the War of the Spanish Succession, 1702–1713", *The Mariner's Mirror*, Vol.69, No.4(1983), pp.435–446.
② David J. Starkey, "The Economic and Military Significance of British Privateering, 1702–1783", *The Journal of Transport History*, Vol.9, No.1(1988), pp.50–59.
③ Carl E. Swanson, *Predators and Prizes: American Privateering and Imperial Warfare, 1739–1748*, Columbia: University of South Carolina Press, 1991.
④ Carl E. Swanson, "American Privateering and Imperial Warfare, 1739–1748", *The William and Mary Quarterly*, Vol.42, No.3 (Jul., 1985), pp.357–382.
⑤ Carl E. Swanson, "Privateering in Early America", *International Journal of Maritime History*, Vol.1, No.2(1989), pp.253–278.

国海港的经济生活产生了重大影响。他认为要了解帝国战争对殖民地和早期美洲民族的性质和影响，考察私掠船是必要的。

安格斯·康斯塔姆在其著作《1730—1830年期间私掠船和海盗》①中简要论述了1730—1830年间英国私掠船的发展、组织、招募等活动，以及私掠船和私掠港口的基本情况。阿特勒·沃尔德在其著作《1793—1807年期间私掠活动和外交：英国、丹麦和中立港口问题》②中围绕18世纪90年代法国私掠船使用挪威港口问题展开论述，详细分析了英法荷三方在该问题上的角逐和外交谈判进程。蒂姆·贝蒂在其《18世纪早期英国私掠巡航活动》③一书中讲述了18世纪前20年从英国出发的三支私掠船队对南海的深远影响。戴维·约翰·斯塔基在其撰写的著作《18世纪英国私掠船活动》④中，探讨了18世纪英国私掠船企业在战争中的发展概况，引用了大量的文献证据，以令人钦佩的清晰视角考察了英国私掠船的性质、规模和意义，详述了英国私掠船的数量、区域分布、不同掠夺性活动之间的平衡及其效率，审视了18世纪战争期间英国私掠船在军事、政治和经济方面的重要性。杰西卡·杜林

① Angus Konstam, *Privateers and Pirates, 1730-1830*, Oxford: Osprey Publishing Limited, 2001.

② Atle L. Wold, *Privateering and Diplomacy, 1793-1807: Great Britain, Denmark-Norway and the Question of Neutral Ports*, London: Palgrave Macmillan, 2020.

③ Tim Beattie, *British Privateering Voyages of the Early Eighteenth Century*, Woodbridge: The Boydell Press, 2015.

④ David John Starkey, *British Privateering Enterprise in the Eighteenth Century*, Exeter: University of Exeter Press, 1990.

在其硕士论文《18世纪英国媒体眼中的私掠船》①中研究了詹金斯耳朵海战(1739—1748)期间英国媒体是如何认识和报道私掠船的。通过追踪媒体发布的报告,分析私掠船在创造有影响力的公众方面的效果。

(二)国内研究现状

国内学术界对英国私掠船活动的研究相对偏少,主要集中于伊丽莎白时期英国私掠船活动轨迹的研究,也有从海盗的视角研究某一时期英国海盗或私掠船的活动概况。

1.伊丽莎白时期英国私掠活动轨迹的研究

刘大林在其硕士论文《16世纪英国海盗及私掠活动问题研究》②中重点研究了伊丽莎白一世时期英国私掠船活动的发展脉络,概述了16世纪英国私掠船活动对英国政府和社会所产生的政治和经济影响。黄鹏在其硕士论文《论伊丽莎白一世时期的英国私掠船活动》③中主要介绍伊丽莎白一世时期英国私掠船活动的发展历程和主要参与要素,从积极和消极两个方面阐述私掠船活动造成的历史影响。董震等人在《私掠海盗与英国早期海洋精

---

① Jessica Dooling, *Eighteenth-Century British Privateering in the Press*, New Haven: Southern Connecticut State University, 2017.
② 刘大林:《16世纪英国海盗及私掠活动问题研究》,湖南科技大学硕士学位论文,2012年。
③ 黄鹏:《论伊丽莎白一世时期的英国私掠船活动》,湖南师范大学硕士学位论文,2007年。

神培育》①一文中认为,在伊丽莎白一世的带领下,英国在大航海时代早期通过对私掠海盗的扶植,成功削弱西班牙霸权,也给英国的海上贸易带来了消极影响。

2.从海盗的视角研究某一时期英国海盗或私掠船的活动概况

韩世康在其论文《浅析16世纪后半叶英国海盗盛行的原因》②中认为,英国私掠船活动在16世纪之前对英国而言影响力较为微弱,只有到了伊丽莎白统治时期英国才清楚地发现海盗作用的强大,从而大力支持海盗活动,形成了大规模的海盗私掠活动。冯婉露在其硕士论文《黄金时代加勒比地区的英国海盗：1690—1730》③中分析了黄金时代加勒比地区英国海盗兴起和衰落的过程,重点论述了黄金时代英国海盗的人员组成、组织管理等方面,对黄金时代英国海盗有了一个较为全面的认识。郑艳红在其硕士论文《伊丽莎白时代英国海盗问题研究》④中认为,伊丽莎白时代英国经受着来自国内外的各种压力和冲突,在政府的许可和鼓励下,英国臣民展开了大规模的海盗掠夺活动,成为英国获得财富和打击西班牙的一种重要手段,也促进了英国海军力量

---

① 董震、秦龙、何佳旭：《私掠海盗与英国早期海洋精神培育》,《世界海运》2014年第1期。
② 韩世康：《浅析16世纪后半叶英国海盗盛行的原因》,《延边党校学报》2017年第5期。
③ 冯婉露：《黄金时代加勒比地区的英国海盗：1690—1730》,南京大学硕士学位论文,2012年。
④ 郑艳红：《伊丽莎白时代英国海盗问题研究》,东北师范大学硕士学位论文,2007年。

的增长。陈玮在其论文《英国女王伊丽莎白一世和海盗德雷克——试述英国早期殖民活动与海盗行径》①中通过对伊丽莎白和德雷克的活动的分析，认为英国资本主义早期发展带有一种特别残暴和卑劣的色彩，他们为了发财致富，干的竟是公开掠夺、拦路抢劫的可耻行径。

　　总体而言，国外对英国私掠船活动的研究，著作丰富，内容详尽，研究视角涉及诸多方面，但就英国私掠船活动的研究散见于各时期私掠船活动的个案研究，没有把英国私掠船活动放在一个长时段的范畴内加以研究。国内关于英国私掠船活动的研究较少，主要集中分析伊丽莎白时期英国私掠活动的发展轨迹，但从历史学角度对英国私掠船活动进行研究的专著和论述很少涉及，具有较大的研究空间。本书致力于从历史学的视角梳理英国私掠船活动的脉络，旨在考察英国私掠船活动演进的历史进程，阐述其发展脉络及其与英国海洋战略的内在联系，从国家战略的高度审视私掠船在英国海洋争霸战争中的地位和作用，从政治和经济角度对英国私掠船活动的调整进行分析阐述。通过深入分析各个时期私掠船在英国发展中的状况和作用，勾勒出英国通过私掠船助推其崛起为世界强国的足迹，深入阐释私掠船在英国崛起中所起的关键作用。

---

① 陈玮：《英国女王伊丽莎白一世和海盗德雷克——试述英国早期殖民活动与海盗行径》，《内蒙古大学学报（哲学社会科学版）》1983年第2期。

四、相关概念的厘定

英语词汇中 Pirate、Privateer、Corsair、Buccaneer、Freebooter 都有海盗的含义。为了便于区分和使用，本书从历史的语境角度加以解释。

海盗（Pirate）一词源于希腊语 Peria，意为"动机、经历"，和 peril（危险）同源，暗示着在海上碰运气。Pirate 代表在希腊多海岸的环境和地中海大范围的海上暴力行为主体，该词在公元前 140 年被古罗马史学家波利比奥斯第一次使用，希腊史学家布鲁达克在公元 100 年左右给海盗行为进行了最早的释义，即为非法攻击船只及沿海城市的人。罗马人通过将海盗定义为全人类的敌人，使海盗同其他罪行加以区分，提出对他们的惩罚无须考虑国界或附加条款。由 Pirate 所表示的海盗的非法性由此确立，一直为西欧各国沿用。①尽管海盗被认为是人类的敌人，如果不考虑海上抢劫适用何种法律，就不可能对海盗行为作出公正的定义。尽管人们经常声称海盗是每个国家都可以起诉的独特罪行，但在如何定义和起诉它的问题上从来没有达成普遍共识。在中世纪和近代早期的欧洲，海洋被广泛认为是一个无法无天的空间，超越了国家的管辖范围。然而并非所有人都将海洋视为开放

---

① 冯婉露：《黄金时代加勒比地区的英国海盗：1690—1730》，南京大学硕士学位论文，2012 年，第 6 页。

的空间,相反,一些海域被认为是封闭海域,由国家管辖。西班牙就曾将美洲或加勒比海域视为自己的势力范围,不容他人染指,西班牙将进入该国势力范围从事商业活动的所有人员均视为海盗。因此,海盗一词需在具体语境下具体分析,有时海盗只不过是一种修辞性的谩骂,表明某种行为令人憎恶。伊丽莎白时期西班牙人口中的海盗,在英国则被视为爱国者,如亨利·摩根、弗朗西斯·德雷克爵士等。

私掠船(Privateer)是受政府委托进行准军事活动的私人武装商船。这一活动的起源可以追溯到中世纪,它起源于古老的报复习俗。19世纪以前武装抢劫在海洋贸易中习以为常,所有商船都必须携带武器抵御潜在的风险。个人可以在被劫掠的情况下用武力来纠正其所受的冤屈。受冤屈的一方通过正常途径申诉失败后,可以向其君主申请"捕获或报复许可证"。一旦得到君主批准,"捕获或报复许可证"授权请愿人向任何违法者的同胞追讨其损失。①但这种行为只适用于和平时期。

17世纪50—60年代战争期间,英国高等海事法庭开始以一种新的形式颁布委任状(捕获或报复许可证),委任状规定了战争期间打击的对象,并制定法规条款避免商船的滥用行为。这些接受英国委任状的私人武装商船被称为私掠船。委任状仍然以捕

---

① David J. Starkey, "The Origins and Regulation of Eighteenth-Century British Privateering", in C.R. Pennell, *Bandits at Sea: A Pirates Reader*, New York and London: New York University Press, 2001, p.70.

获或报复许可证的名义命名,尽管其内涵已与报复没有任何必然联系。委任状授权持有人根据战争的惯例在海上采取授权的敌对行动,其中包括攻击外国商船并将其作为战利品,将捕获海员作为俘虏进行交换。私掠船船长必须向捕获商船出示委任状,以证明其捕获行为的合法性。如果捕获物的国籍不是委任状授权的敌国,私掠船就不能将其视为捕获物,否则将被视为海盗行径。被捕获的商船将被定罪出售,所得收入按比例分给私掠船的赞助商、船东、船长和船员。该委任状的发行人(即主权国家)通常会获得一定比例的收入。私掠船使一国君主能够调动私人拥有的武装船只和水手来补充本国军事力量的不足,从而为战争筹集资源和资金。对参与者来说,私掠船航行提供了比商船或渔民更大的收入和利润。

委任状通常保护私掠船不受海盗罪名的指控,但实际上私掠船的历史合法性和地位一直比较模糊。战时委任状可能会仓促发行,私掠船可以采取超出委任状授权范围的行动,越权攻击不属于目标国家的商船,这种未授权的抢劫和掠夺与海盗行为无异。尽管表现犹如海盗,但私掠船只是在战争期间在政府许可下进行的合法劫掠活动。某些情况下海盗也会在政府的默许下劫掠,但并没有书面文件证明其合法性。因而,私掠船和海盗之间的界限在18世纪前较为模糊。如果一艘私掠船在某一委任状期满或和平条约签署后仍继续进行袭击,就可能面临海盗罪名的指控。

Corsair一词与地中海有关，意指巴巴里海盗或奥斯曼帝国私掠船和法国私掠船。大约14世纪末，奥斯曼帝国与欧洲基督教国家为争夺海上霸权而纷争不断。奥斯曼帝国私掠船或巴巴里海盗恐吓和劫掠所有地中海地区的商船，经常把劫掠的囚犯卖为奴隶，但其并不攻击穆斯林商船。Corsair实质上就是私掠船，尽管Corsair一词带有额外的宗教含义，因为冲突发生在穆斯林和基督教国家之间。一些最臭名昭著的私掠船是北非的巴巴里海盗，他们与奥斯曼帝国结盟，但往往超出了奥斯曼帝国的控制能力。Corsair也指代法国私掠船，经法国王室授权对其敌对国家进行劫掠。在法国，私掠船被认为是合法的战斗人员，只要商船船长拥有有效的捕获许可证。如果被敌人俘虏，原则上他们可以获得战俘待遇，而不是被视为海盗。然而他们经常被外国对手视为海盗，如果被敌国捕获，可能会被当作海盗绞死。

Buccaneer一词则与加勒比海和中美洲太平洋海岸相关。该词源于法语Boucan（一种用来熏肉的烤架），最早意指居住在伊斯帕尼奥拉岛西部的法国偷猎者，[①]他们主要靠捕猎野生动物维持生计，但一有机会也会进行劫掠活动。17世纪该词与居住在伊斯帕尼奥拉岛、托尔图加岛和皇家港（罗亚尔港）的加勒比海盗相关。一些英国人用Buccaneer来表示Privateer，17世纪80—90

---

① 黄鹏：《论伊丽莎白一世时期的英国私掠船活动》，湖南师范大学硕士学位论文，2007年。

年代,一些伦敦印刷商采用了Buccaneer指代海盗(Pirate),[1]但旨在激发其爱国行为,并无贬义。而法国人主要使用Boucaniers指代私掠船。

Freebooter一词指的是自由劫掠者,其意义同属于Privateer一类。17世纪初,一群法国和英国水手被西班牙人驱逐出圣克里斯托弗岛,他们在埃斯南巴克人皮埃尔·贝兰的带领下在海地北部的托尔图加岛避难。从圣克罗伊岛被西班牙驱逐出来的荷兰和尼维斯岛的少数英国水手加入了他们的行列。这些人员攻击西班牙商船,非官方地代表他们的国家。后来,圣多明各和托尔图加的海盗也加入了袭击西班牙商船的行列。

本书中所叙述的"私掠船"术语具备其真正的含义始于1664年,[2]因而本书将16世纪和17世纪早期英国的私掠活动统一称为劫掠活动。海盗一词将根据具体历史语境加以表述。

---

① Mark G. Hanna, *Pirate Nests and the Rise of the British Empire, 1570–1740*, Raleigh: University of North Carolina Press, 2015, p.107.

② John W. Damer Powell, *Bristol Privateers and Ships of War*, Bristol: J. W. Arrowsmith Ltd, 1930, p.xvi.

第一章　小荷初露:都铎时期英国私掠船活动的初兴

都铎王朝是英国从中世纪向现代转型的时期,也是英国王权迅速强大和海洋进取意识增强的时期。经历了百年战争和玫瑰战争的洗礼,英国在亨利八世和伊丽莎白一世的统治下,逐渐将国家战略目标转向海洋,开始有意识地谋求扩增其海洋实力。面对欧陆强国法国和西班牙的威胁,积贫积弱的英国审时度势,充分利用国内和国际转圜的有利态势,援引中世纪遗留下来的报复或捕获许可证,逐渐将祸患四方的海盗为己所用,汇聚私人力量辅助英国军事行动,鼓励私掠船充当英国海洋扩张力量的急先锋,充分利用私人资本与军事力量的结合体作为英国海洋实力勃兴的突破口,不断壮大英国海军实力,逐渐将优先发展海上力量作为英国海洋战略的重点,为后续英国的崛起之路奠定了基础。

第一节　英国捕获许可证和海事法庭的发展

中世纪以来欧洲各国王权式微,地方贵族势力庞大,致使政府无力清剿日益猖獗的海盗活动,海盗式劫掠活动逐渐成为各国商业活动和民众生活中的家常便饭。随着海洋商业范围的扩展和商业活动的增加,迫使西欧各国使用报复或捕获许可证来规范各类海盗式劫掠和个人报复活动。作为一个岛国,英国在与欧洲大陆日益频繁的商业往来中也遭遇了类似的困境,先后利用捕获许可证和海事法庭来调节和规范各类海事纠纷,在实践中不断累积判例和经验,解决发展中遭遇的海事难题。

一、报复或捕获许可证的出现

随着罗马帝国的崩溃,欧洲君权的普遍衰落,暴力抢劫较为普遍。各国并不具备足以铲除海盗的海事力量,地方贵族往往也没能力对付海盗。没有一个强大君主的保护,个体商人从事海洋运输时只能通过自我武装来对抗海上劫掠者。13世纪早期,英吉利海峡海盗已经成为一个十分严重的问题,以至于只有防护最好的商船才能安全通过。[①]只要海盗劫掠敌国商船,本国君主可能就会采取纵容政策。这一时期最著名的海盗是尤斯塔斯(Eustace),他控制着英吉利海峡附近的水域,向过往商船索要保护费,并攻击拒绝合作者。1205—1212年期间他为约翰国王效力,领导了从加来到布雷斯特的突袭。[②]然而不幸的是,他也不断袭击英国商船,

---

① Angus Konstam, *Pirates: The Complete History from 1300 BC to the Present Day*, Guilford: Lyons Press, 2008, p.34.

② [英]安格斯·康斯塔姆、[英]罗杰·迈克尔·基恩:《劫掠三千年:世界史上的海盗传奇》,郭威译,上海文化出版社,2019年,第50页。

最终惹恼了英王约翰。尤斯塔斯被迫逃往法国，摇身一变成了法国雇佣军的队长。14世纪英国海域一年就有117起袭击商船的事件发生，袭击不仅针对英国羊毛船队，甚至劫持一艘停泊在英国海岸的热那亚商船。爱德华二世统治期间英吉利海峡附近的海盗约有0.7万人。①

由于英国国家海军力量的缺席，海盗掠夺本国或他国商船并没有得到惩罚。许多海盗案件在陆地和海上受到刑事指控，被告和投诉人往往来自外国。这些案件引发了关于管辖权、适用法律或刑事程序的激烈争论。普通法在处理公海上的罪行时往往不够充分。在刑事案件中，陪审团审判是强制性的，但普通法法庭往往无法起诉海盗，因为陪审员很少亲眼看到海盗袭击，而且通常他们在社会和经济上都与被告有千丝万缕的联系。如果一名普利茅斯船长强行抢夺来自布列塔尼的商人货物，最终在普利茅斯非法销售这些货物，当地的陪审团不会认为被告有罪。②但是，即使是微不足道的海上劫掠也可能导致国家之间的关系紧张。

13—14世纪欧洲君主担心私人战争无法控制时，他们制定了某些规则来限制个人暴力的使用。但当这些规则被确认无效时，后续的规则将个人自助的实践确立为一种制度。14世纪中叶，地方当局开始向意大利商人签发报复许可证以对付外国债务

---

① Ralph T. Ward, *Pirates in History*, Baltimore: York Press, 1974, p.105.
② Mark G. Hanna, *Pirate Nests and the Rise of the British Empire, 1570–1740*, Raleigh: University of North Carolina Press, 2015, p.30.

人。到 14 世纪末,这种做法已遍及西欧。最初,报复许可证只允许在一国主权的管辖范围内使用,而捕获许可证则允许在该管辖范围之外使用。①但随着时间的推移,这两个术语紧密相连,因为索赔人一贯地将两者视为同体。这些报复或捕获许可证的授权持有人以规定的方式获得赔偿,通常是没收违法群体中任何成员拥有的具有规定价值的货物或财产。这些报复或捕获许可证通常包含一个截止日期,在此日期之后任何捕获都将被视为海盗行径。被捕获的财物被带到指定法庭宣判,捕获者根据报复或捕获许可证规定的数额得到赔偿,其余的将支付其他费用。在国际范围内,报复或捕获许可证允许个人越过国家边界进行追偿。在极端情况下,君主可将所谓的个人伤害作为发动战争的理由,两国间战争中的他国臣民也将被视为敌人。因此,主权国家间的战争就演变成主权国家授权个人在公海上没收属于敌国臣民的财产。这种做法既赔偿了捕获者的损失,又削弱了敌国的抵抗。这在整个欧洲一直到近代早期都是一种惯例,但这是在不破坏两国间和平前提下解决私人恩怨的一种有效手段。

二、英国报复或捕获许可证的缘起

报复或捕获许可证在英国普通法中根深蒂固。根据英国法

---

① J. Gregory Sidak, "Quasi War Cases and their Relevance to Whether Letters of Marque and Reprisal Constrain Presidential War Powers", *Harvard Journal of Law & Public Policy*, Vol.28, No.2 (2005), p.473.

律，和平时期任何在海上遭受海盗或外国掠夺者抢劫，导致财产损失的本国商人都可以向王室申请报复或捕获许可证。这一许可证授权其收回损失，而不必担心本国君主由此卷入战争。这种私人报复只适用于肇事国的船舶，并使持有人获得的赔偿不得超过其最初的损失。[①]报复或捕获许可证只限于个人层面上的报复，它在保护国际贸易的同时，也避免了公海上不受控制的冲突所造成的外交和政治恶果。这种对潜在冲突的限制在当时尤其重要，因为国家控制的税收体系完全依赖于商船以及由此产生的税源来为政府融资，因而要不惜一切代价避免贸易中断造成的潜在损失。英国君主有权为本国臣民受到的外国劫掠做主。如果他国君主拒绝赔偿，受害国君主可授权本国臣民以报复或捕获许可证进行追偿。

早在 1205 年英国君主就曾授予私人以报复或捕获许可权限，当时英王约翰将缴获敌船价值的一半赠给私人船东。[②]13 世纪中叶英国政府设法通过签发捕获许可证来遏制海盗活动，这是一种胡萝卜加大棒的怀柔政策。只要海盗听从君主命令，他们就享有君主的保护。如果他们袭击本国航运或者没有给君主带来实际收益，海盗就成为政府悬赏的不法之徒，并拒绝入港出售劫

---

① Faye M. Kert, *Privateering: Patriots and Profits in the War of 1812*, Baltimore: Johns Hopkins University Press, 2015, p.40.

② John A. C. Conybeare and Todd Sandler, "State-Sponsored Violence as a Tragedy of the Commons: England's Privateering Wars with France and Spain, 1625-1630", *Public Choice*, Vol. 77, No. 4 (1993), p.881.

掠物。1243年亨利三世授予亚当·罗伯诺特（Adam Robernolt）和威廉·勒·索维奇（William le Sauvage）捕获许可证,允许其骚扰敌国商船并与他们分享捕获物。[1]在爱德华一世的鼓励下,海盗经常攻击法国商船,法国也进行了类似的报复活动。1293年英吉利海峡两岸组织的海盗袭击导致了双方大规模的冲突。英国臣民（实际上是爱尔兰人、荷兰人、加斯康人和英格兰人）与法国臣民（实际上是诺曼人、布列塔尼人和佛兰德斯人）交战,英国获得了胜利。[2]1295年英国巴约纳的伯纳德·登格勒斯尔（Bernard D'ongressil）运输货物的圣玛丽号在葡萄牙拉各斯停留,一些来自里斯本的葡萄牙水兵扣押了这艘商船,并变卖了商船及其货物,葡萄牙国王非但没有惩罚强盗,反而把商船及其货物的十分之一据为己有。[3]次年10月3日,英国国王授予登格勒斯尔及其继承人五年的追偿权限,以捕获葡萄牙臣民的财物,直到其满意为止。[4]

最初的捕获许可证一般都是由大法官发行,14世纪英国设立了海军上将这一职位后,捕获许可证需经海军上将所主导的当地

---

[1] Ralph T. Ward, *Pirates in History*, Baltimore: York Press, 1974, p.102.

[2] Ralph T. Ward, *Pirates in History*, Baltimore: York Press, 1974, p.104.

[3] Theodore M. Cooperstein, " Letters of Marque and Reprisal: The Constitutional Law and Practice of Privateering", *Journal of Maritime Law and Commerce*, Vol.40, No.2 (Apr., 2009), p.223.

[4] Francis Raymond Stark, *The Abolition of Privateering and the Declaration of Paris*, New York: Columbia University, 1897, p.52.

法院审查后方可颁发。①在每次劫掠活动结束后,捕获的船舶和货物也需提交给当地法院审核。如果捕获的船只或货物不符合捕获许可证上所记录的条件而被认定为过度劫掠,法院就会要求释放被捕获的船只和货物,有时甚至会向受害者支付一定的赔偿金。但海军上将经常宽恕这种过度的报复行为。特别是处于战时状态时,海军上将一般都会将己方视为被害者,从而主张报复敌国。因此,过度劫掠行为就成为掠夺敌国船只财物的合法举动。

到了15世纪,英法等西欧国家都通过了相关法律,禁止和平时期在没有捕获许可证的情况下攻击他国商船,即使是在战争期间也禁止此类行为。此时各国政府允许本国船东自愿武装商船来填补本国军事力量的不足,由此从中获取一定份额的收益。随着各国财富的不断增加和英法百年战争的持续升级,海盗活动开始呈现出一种国家化的特点。英国德文郡达特茅斯的约翰·霍利(John Hawley)和多塞特郡普尔的亨利·帕伊(Henry Pay)经常袭击法国和西班牙商船,激起了其他国家海盗的报复性行动,如卡斯蒂利亚王国的皮洛·尼诺(Pero Nino)和法国的查尔斯·德·萨瓦西(Charles de Savoisy)对英国的报复等。②虽然当时还未称之为私掠船,但这种做法已初具规模。

---

① 刘大林:《16世纪英国海盗及私掠活动问题研究》,湖南科技大学硕士学位论文,2012年。
② [英]安格斯·康斯塔姆、[英]罗杰·迈克尔·基恩:《劫掠三千年:世界史上的海盗传奇》,郭威译,上海文化出版社,2019年,第52页。

三、英国海事法庭的设立

英国组建海军之前，英国君主主要依靠以黑斯廷斯、罗姆尼、海斯、多佛和桑威奇等五港为首的沿海城镇，由这些港口为其提供船舶以应对不时之需。[①]五港特殊的地理位置，使其在早期的英国海洋活动中处于优势地位。五港所享有的特权可能是英格兰最为古老的地方海事管辖权。从 11 世纪开始，经国王同意，五港设立了适用海事法规的特别法庭。当海事法庭首次出现在记录中时，五港管理者一般就是海军上将。从早期五港在英国的重要性和君主授予五港臣民的特许状可以看出，英国当时的海上战争严重依赖于私人商船。五港臣民可以从缴获的商船和货物中获得一定比例，该份额是君主通过赠予或与其交易产生的。据相关记录显示，五港臣民早就声称其享有捕获的战利品。但到 13 世纪他们只能通过君主的授予来享有捕获物。1242 年亨利三世命令五港商船从海上攻击法国。[②]五港臣民经常埋伏在北海与英吉利海峡的交汇处掠夺往来于欧洲诸国港口的贸易商船。这种过度的劫掠行为经常被其他国家认为是海盗行径。1319 年爱德华二世授予英格兰东岸臣民一些苏格兰捕获物。1325 年君主从

---

① Francis Raymond Stark, *The Abolition of Privateering and the Declaration of Paris*, New York: Columbia University, 1897, p.51.

② Faye M. Kert, *Privateering: Patriots and Profits in the War of 1812*, Baltimore: Johns Hopkins University Press, 2015, p.41.

五港臣民捕获物中获得四分之一的份额,1326年君主将所有捕获物都赠予了五港臣民。[①]

13世纪英国并没有设立海事法庭,合法或非法捕获的相关问题通常由君主裁决,或者由君主授权的若干港口城市的地方法院负责。例如,1297年国王下令赦免一艘在宣战前被捕获的敌国商船。私人捕获的战利品并不在君主裁决的范围内,许多捕获物的裁决更多地是由属地的海军上将或舰队长官负责。英国海事黑皮书最早提到海军上将法院的时间可追溯至1332年和1357年,该书记载了大量海事法庭的裁决判例。14世纪初英国海军上将法院可能只对海盗、海难等事件拥有司法管辖权。授予海事法庭审判权最早起源于14世纪早期,当时君主以专利的形式授予海军上将惩戒权。1300年作为五港管理者的杰维斯·阿拉德(Gervase Alard)被称为海军上将,[②]当时捕获物的裁决通常都是以清剿海盗的形式出现的。1360年约翰·比彻姆(John Beauchamp)爵士被任命为高级海军上将,其权威更多的是司法权而不是航海权。然而这也使其成为海洋权利的守护者,比彻姆爵士的主要工作是独自或与其他受皇家委托的官员处理海事纠纷。14世纪初包括海盗在内的海洋刑事犯罪都是由普通法法院审判。在海上遭受英国海员

[①] R.G. Marsden, "Early Prize Jurisdiction and Prize Law in England", *The English Historical Review*, Vol. 24, No. 96 (Oct., 1909), p.676.

[②] R.G. Marsden, "Early Prize Jurisdiction and Prize Law in England", *The English Historical Review*, Vol. 24, No. 96 (Oct., 1909), p.675.

劫掠的外国商人，在向英国君主申请赔偿时，此类案例通常被移交给普通法法庭和国王法庭。由于普通法并不适用于处理海上犯罪，因而无法有效地处理海盗案件。在海盗案件的裁决中，普通法陪审团经常宣布该罪行不在其管辖范围内，宣称并不了解相关事件。

随着海洋商业活动的增多，海洋事务的重要性开始凸显。国王和议会在14世纪早期就开始任命专员或仲裁员来处理外国关于海洋事务的申诉案件。但专员处理案件的诉讼程序是民事而非刑事，而且普通法法庭的记录表明海盗被判决或绞死的案例很少。在一些指定仲裁员的委员会中，规定了应采用的审判程序。国王法庭的程序显然也无法应对此类案件。英国普通法关注的是国内的民事和刑事问题，而海商法关注的是高水位线下的法律问题，通常涉及海运运费、保险、合同、工资、沉船、保险和海盗劫掠等方面的商业纠纷。因而，英国当时的法律无法有效处理日益增加的海事案例。与此同时，战争时期国王授权对敌国商船进行全面报复。海上或港口内的所有商船及其货物经常需要界定属性，到底是属于友邦还是敌国或中立国，以此根据相关规定予以没收或放行。决定没收的财产是海盗行径还是合法的战时捕获对各国都至关重要。此外，战争期间向私人船只授予捕获物没有依据可循，和平时期经常发布报复许可证更加剧了管理上的混乱。因此建立海事法庭的必要性显得尤为迫切，亟须设立一个公正的海事法庭来裁决各类案例。1336年英国虽然有授予报复许可证的案例,但除了规定将捕获物带回英国外,并没有相关裁决或定罪的进一步规定。

英国海事法庭大约出现在14世纪中叶(约1340年)。最初,英格兰的北方、南方、西方都任命了海军上将。①约14世纪中叶英格兰国王发现自己身陷外交困境,当时英国、法国和佛兰德斯就海盗劫掠产生的赔偿问题纠纷不断。英国想要建立一个有效率的司法机构来压制其臣民的抢劫和海盗习性。在此情况下,海军上将获得了对此类事项的管辖权。1339年设立了一个委员会负责佛兰德斯提出的海盗索赔问题。②1340年英国在斯鲁伊斯海战(Battle of Sluys)中大胜法军,增强了英格兰对周边海洋的控制力,从而为设立海事法庭提供了更大的便利。斯鲁伊斯海战之后,爱德华三世根据1339年委员会的建议,扩大了海军上将的管辖权,以便其在海盗和其他海商案件中更好地管控全局。③

英国海事法庭最初适用的审判程序与普通法法院雷同。海军部黑皮书是供海事法庭使用,海事案例成为其管辖范围。海事法庭与普通法法庭并列,但成立后的海事法庭并没有发挥其应有

---

① R.G. Marsden, *Documents Relating to Law and Custom of the Sea, Vol I: 1205-1648*, London: The Navy Records Society, 1915, p.xiii.
② 芙振坤:《中世纪欧洲海商法研究(11至15世纪)》,华东政法大学博士学位论文,2013年,第187页。
③ William Searle Holdsworth, "*The Development of the Law Merchant and Its Courts*", *Select Essays in Anglo-American Legal History, Volume I*, Boston: Little, Brown, and Company, p.305.

的作用,许多案例还是由君主任命的委员会代表其裁决。海事法庭直到16世纪才承担其应有的职责,但已陆续出现了一些关于海事裁决的条约和政府公告。

四、英国海事或捕获法规的浮现

英国海事法规的浮现主要内含在国家间签署的各类条约、公约或规定中。1297年英国与佛兰德斯签订的协议第一次提及海军上将。1303年英法签订的条约规定,英法均不得向对方的敌人提供粮食、武器或其他物资援助。1346年裁决的判例表明,因友国的商船装载敌国的货物而被定罪不被认可。君主要求劫掠者归还商船,还要支付敌国货物的运费。1353年签署的英葡条约表明,英国和葡萄牙同意归还各方在敌国商船上缴获的货物。1354年通过的一项政府法令规定,只要证据充分,必须归还被劫掠的外国商人财物,无须经法庭起诉。①该法规适用于被海盗劫掠的货物,而非战争捕获物。1390年和1392年英国通过两项法令限制并重新界定了海军上将的海事管辖权。1426年英国与佛兰德斯签订的条约规定,任何人不得购买在佛兰德斯商船上捕获的货物;在海军上将证明货物为敌国货物之前,该货物不得拆卸或损坏;不得丢弃被俘商船上的船员。这也许是最早提到捕获

---

① R.G. Marsden, *Documents Relating to Law and Custom of the Sea, Vol I: 1205–1648*, London: The Navy Records Society, 1915, p.xi.

物①裁决的先决条件,海军上将法庭被任命为裁决捕获物的法庭之一。1442年一项英国法案宣布捕获者有权获得敌人船只上的友国货物。1498年英格兰与法国的一项条约规定,所有捕获物将由海军上将裁决,所有的商船在启航前应提供保证金,以免其袭扰友国的商船。

随着海洋商业案件的增加和管辖范围的不断扩展,英国海事法庭采用了以罗马法为基础的诉讼程序。由于海事法庭不使用地方陪审团,而是由指定官员组成的委员会主持。海事法庭擅长处理海事商业事务,解决商人、海员等诸多主体之间的纠纷,比如工资纠纷、军官和普通海员之间的关系。海事法庭接受外国主体间签订的海事合同,因而海事法庭通常更值得外国商人信赖。由于被告或公诉人都可能是外国商人,因此不可能有真正的陪审团,尤其是海盗类案例。

由于海盗只有在陆地民众的积极支持下才能生存,然而陆地犯罪属于普通法的管辖范围,地方当局从一开始就反对海事法庭对王权的侵犯。陆/海管辖权之间的紧张关系引发了普通法律师和海事律师之间长达几个世纪的激烈冲突。在爱德华三世统治下,经过无数的投诉,1371年颁行的议会法规限制了海军部广泛的海事权力。14世纪90年代一系列的法案限制了海军部在陆地

---

① 捕获物一词指的是被交战国一方拿捕的船舶或货物,包括敌国臣民所有的船舶及其货物和某些情况下中立国或其臣民所有的船舶和货物。

上的管辖范围。这些法规回应了普遍的呼声，认为海军部试图扩展其权力范围，这破坏普通法的效力。海军上将奉命不得干涉国内事务。①但随着英国在远离伦敦的沿海地区建立城镇，这些争论变得更加复杂。用普通法审判海盗导致了一系列严重且难以处理的问题。由于定罪只能来自罪犯招供或者来自独立证人的证词，这无疑鼓励了海盗谋杀受害者。此外，海事法庭也不接受间接证据。除非海盗首先被判有罪，否则同谋者（帮凶和教唆犯）是无罪的。只有当最初的罪行被证实后，人们才有可能控告其同谋。然而，如果两项罪行发生在两个不同的司法管辖区——一项在陆地上，另一项在海上——海事法庭就不可能审判从犯，因为他们的罪行发生在陆地上。而普通法法庭又不能审理此类案件，因为只有海事法庭才能审理此类案件。陪审团知晓从市长到普通市民等诸多人与海盗有牵连，为了防止牵连陆地上的从犯，陪审团一再宣布犯有海盗罪的从犯无罪。当时的法律条文一定程度上助长了海盗的猖獗。因此，英国此时并没有适用于海事法庭的法律来裁决相关案件，只能是具体问题具体讨论，海事或捕获法规只能在零散中不断孕育，等待时机后方可呈现在世人面前。

---

① Mark G. Hanna, *Pirate Nests and the Rise of the British Empire, 1570–1740*, Raleigh: University of North Carolina Press, 2015, p.30.

第二节 亨利八世时期英国私掠活动的开启

百年战争以英国的惨败而告终，英国失去了其在大陆的所有地盘，加之都铎王朝建立以来社会经济的发展和海上贸易的复苏，使得英国君主放弃了扩张欧洲领土的传统诉求，转而将战略目标指向海洋，英国开始有意识地谋求扩增其海洋实力。1509年4月22日亨利八世继承王位，英国在其主导下通过宗教改革消除了罗马教皇对英国国内事务的干涉，树立了英国在欧洲的大国形象和独立自主的地位。随着王权的逐步稳固，英国主动卷入欧洲纷争，以攫取更多的利益。出于对外战争与殖民争夺的需要，亨利八世开始大规模发展英国的海军力量，使其战斗力显著增强。但在海洋强国林立的16世纪，弱小的英国海军在很大程度上只能够对己方水域进行控制，除了防卫功能，其海上作战很难取得决定性的、影响全局的战果。在多数情况下，交战双方的海上力量通常会陷入一种攻防交替的消耗战之中，很难给对方造成毁灭性的打击。因此，亨利八世一方面加强了对沿海海盗的管控力度，开始引导和资助私人力量加入国家战争，增强其打击敌国的军事力量。另一方面积极谋求扩增贸易利益，开始将视野投向了西属美洲大陆，鼓励本国商人的商业劫掠活动，向海而生的意识显著增强。

一、英国对海盗活动的管控

1510年亨利八世与法王路易十二订立合约，对海盗问题进行了重大协商并厘定了相关分歧事项。该条约起草于1509年3月23日，1510年3月23日教皇尤利乌斯二世批准了该条约。条约规定，英国加来、哈姆、圭内斯和法国布洛涅、费因斯等特定城镇不得部署武装力量从事劫掠活动。如果缔约一方的臣民在海上或陆上攻击和抢劫另一方臣民，将给予其赔偿。①条约中将海盗描述为攻击和抢劫，但没有明确界定王权所管辖范围内的海盗行为，只是概述为隶属国王的士兵参与陆地或海上的抢劫行为。尽管承认这些海盗行为可能是本国士兵所为，但认定这种行为并不是要发动针对敌国的战争。国王可以为其臣民的冒犯行为买单，而不是指控敌国蓄意攻击从而引发战争。该条约避免了各国间日益加剧的紧张局势，而且还将海盗活动扩展至欧洲领域。此外，英法均不能为对方臣民签发捕获或报复许可证，除非是搜捕臭名昭著的罪犯或拒绝司法公正等特殊情况。该条约强调臭名昭著的罪犯不是国王忠实的臣民，进一步将海盗行为从君主管控中剥离，使英法两国可以共同起诉欧洲海域日益频繁的海盗活动。因此，一国君主未能制裁本国海域的海盗行为并不意味着国

---

① Jamie Sessions, "Diplomacy of Pirates: Foreign Relations and Changes in the Legal Treatment of Piracy Under Henry VIII", Master Thesis, The University of Mississippi, 2017, p.21.

| 32 |

王支持海盗活动，而仅仅是未能履行维护法律的主权职责。

亨利八世统治时期武装抢劫是海洋贸易的常态，私人船舶经常袭击竞争对手的商船。随着英吉利海峡海盗活动的日益泛滥，1511年10月20日约翰·霍普顿（John Hopton）被任命为中队指挥官打击附近海域的海盗。但亨利八世统治时期海军上将所辖海岸官员经常与海盗沆瀣一气，削弱了政府对海盗的镇压力度。与此同时，随着船舶设计的技术变革，为了运载更多的士兵、炮手，战舰需要更大、更坚固的商船，普通的商船已不适合作为海军战舰，为此亨利八世加强了海军建设，从而保证英吉利海峡不受海盗的侵扰，保障了英国生产的羊毛等货物可以安全运往荷兰及其他欧洲市场。海军战时的主要任务是将部队运送到战场或者支持陆军的沿海行动，而非参与战争。通常情况下私人拥有的武装商船和劫掠船会积极参与由主权国家鼓励的商业战争。由于战时海盗也从事类似的行动，这使得起诉海盗罪行变得异常困难。

但随着英法两国外交关系的恶化，海盗问题日益成为两国关系紧张的主要源头。16世纪20年代海盗继续在法国、苏格兰和英国之间制造紧张气氛。许多海盗案件在陆地和海上受到刑事指控，被告和投诉人往往来自外国，这些案件引发了关于管辖权、适用法律或刑事程序的激烈争论，但国家却无法有效管控本国臣民的海盗或劫掠行为。1535年亨利八世制定了一项针对海盗行为的法令——《关于海盗和强盗的法案》。该法案序言中明确指出了海事法庭起诉海盗行为时面临的困难。由于难以获得必要的目击者供词或证词，很难将海盗犯罪行为裁决为死刑。[1]因而，该法案认为可将海盗行为视同谋杀和盗窃罪。对一名被指控的海盗判处死刑不再需要证词。

1536年亨利八世再次修订了该法案，制定了《海上犯罪法》（*The Offences at Sea Act*, 1536）。该法规规定，对犯下海洋劫掠罪行的海盗必须在陆地上起诉。法规允许在国王管辖范围内起诉那些涉嫌叛国或谋杀的人员，目的是方便在英国领土管辖范围内起诉海盗罪行，加快审判程序并进一步打击海盗活动。[2]法令把劫掠或海盗罪行纳入普通法，从而改变了海事法庭的原有工作原则。1536年法案的制定标志着英国对海盗行为的定义和法院审理海盗程序的关键转变。以前海盗定罪只能通过招供或证人的法律证言，这鼓励了海盗为了消灭潜在的证据而谋杀证人。更重要的是，像劫掠的船舶这样实质性的证据不能在海事法庭上作为有效证据。该法案解决了这些问题，海盗必须在皇家委托的专门法庭中受审，但陪审团必须接受旁证，劫掠的船舶现在可以作为

---

[1] Danby Pickering, *The Statutes at Large from the First Year of King Richard III to the Thirty-First Year of King Henry VIII*, Cambridge: Printed by Joseph Bentham, 1763, p.348.

[2] Sarah Craze, "Prosecuting Privateers for Piracy: How Piracy Law Transitioned from Treason to a Crime Against Property", *The International Journal of Maritime History*, Vol. 28, No.4(2016), p.656.

海盗定罪的证据。[1]该法案也标志着英国君主与海盗之间关系的转变。以前各国君主共同制裁海盗，而现在英国国王独自负责在其领土内起诉海盗。该法案不仅明确了国王的职责，而且通过指定在海军上将管辖范围内起诉海盗，将英国管辖范围内的海盗行为和本土外的其他海盗行为区分对待。[2]1536年法案规定英国君主要对本土海盗负责，由此建立了一个明确的法律程序来起诉海盗。海军部的刑事管辖权是在普通法法官的监督下行使的，必须按照这些普通法行事。这就产生了一个奇怪的沿海管辖权问题，在退潮时由普通法法院管辖，在涨潮时由海军部法院管辖。1536年法案并没有澄清立法的域外范围问题，海军上将在何处负责起诉海盗案件仍然含糊不清，这使得英国与邻国之间经常因海盗案件产生纠纷。

二、亨利八世对劫掠活动的资助

从14世纪开始，许多国家就在战争中秘密地雇佣海军以外的私人舰船。随着商人群体范围的不断扩大，许多商人、贵族和海军部成员开始与海盗合作来获取财富。亨利八世统治早期，劫掠船通常由独立于王权之外的个人出资，他们持有劫掠船的股

---

① Mark Hanna, *Pirate Nests and the Rise of the British Empire, 1570–1740*, Chapel Hill: University of North Carolina Press, 2015, p.31.

② Jamie Sessions, "Diplomacy of Pirates: Foreign Relations and Changes in the Legal Treatment of Piracy Under Henry VIII", Master Thesis, The University of Mississippi, 2017, p.40.

份,这创造了一种脱离君主统治的独立经济体。为了降低风险并保证利润的最大化,股东一般只购买一艘船舶的一部分股份。随着劫掠活动在英国领域范围内的陡增,法国加强了与奥斯曼帝国的联盟,利用巴巴里海盗不断袭扰英国商船。与此同时,随着越来越多的法国海盗在英国的管辖范围内被起诉,法王弗朗西斯一世对英国扣押法国船只的行为提起控诉,进而加剧了英法之间的紧张关系。到1543年,英国商人不断向国王抱怨海上抢劫和海盗袭击,这些行为让其失去了本可获得的商业利润。

1540年英国卷入了与法国和苏格兰的战争,由于没有强大的海军力量,亨利八世发现已有的手段已不足以应对目前的国际局势,这直接导致了其利用私人商船来打击对手,即通过枢密院公然支持武装劫掠船舶来劫掠法国商船。1544年12月20日亨利八世向其臣民宣布允许其武装船舶对抗法国人和苏格兰人。亨利八世将法国国王亨利及其诸侯视为王国的公敌,要求英国臣民尽可能地袭扰敌国,并禁止与其进行贸易往来,[1]海军上将、五港管理者或王国官员均不得因此收取任何额外费用,劫掠者只需支付一份印有英国国玺公告副本的小额费用。劫掠者只要携带该公告副本就视为王室的授权,不需要任何报复或捕获许可证,也无须经过海事法庭的裁决,所有的捕获物都归劫掠者所有,唯

---

[1] Jamie Sessions, "Diplomacy of Pirates: Foreign Relations and Changes in the Legal Treatment of Piracy Under Henry VIII", Master Thesis, The University of Mississippi, 2017, p.60.

一的要求就是不能袭扰英国或其友国臣民。[1]随后欧洲海域的劫掠活动达到了一个高潮。英国劫掠者没收了载有法国商品的商船,英国市场上充斥着鱼干、烈酒等各类法国商品。劫掠活动的主体也由战争初期的法国人和苏格兰人逐渐扩展至西班牙人、葡萄牙人和弗莱明人。1544年亨利宣言颁布后,与法国海盗合作引起了亨利八世的兴趣。与法国海盗合作早已有之,许多贵族、商人和海军部官员一直与外国海盗合作以增加其利润。然而,亨利八世一直反对与法国海盗合作,他起诉的法国海盗数量非常多,以至于招致法国对其不公平遭遇的控诉。但从1544年开始,法国海盗成为英国对敌斗争的工具。亨利八世开始利用法国海盗来对付法国,实际的战争似乎仅限于攻击法国人。

亨利八世的授权意味着私人投资者、船长和船员有权保留捕获物。然而由于取消了报复或捕获许可证,亨利八世失去了控制其臣民劫掠行为的能力,为劫掠者劫掠活动范围的扩大埋下了隐患。1546年6月亨利八世宣布与法国恢复和平,但与苏格兰的战争仍在继续,因而苏格兰商船仍然成为劫掠者的合法目标。尽管如此,亨利八世在最初宣布与法国和平时,宣称任何一方的敌对和战争都将停止,但并没有明确提到停止对法国商船的攻击。1547年对法国的非法袭扰仍在持续,当年10月亨利的继任者爱

---

[1] Sarah Craze, "Prosecuting Privateers for Piracy: How Piracy Law Transitioned from Treason to a Crime Against Property", *The International Journal of Maritime History*, Vol. 28, No.4(2016), pp.656-657.

德华六世发布的公告就证明了这一点。1549年1—2月爱德华六世发布的两份公告中提及海盗和劫掠活动的猖獗。①由于缺乏通常的委任状和捕获裁决控制机制，英国在控制海上劫掠者方面面临着巨大的困难。只针对苏格兰一方的持续战争使这些努力进一步复杂化。1551年与苏格兰恢复和平后，未经授权的海上劫掠活动才开始锐减。

根据当时英国的法律规定，这些越权的劫掠活动并没有被认定为是海盗行径。1536年的《海上犯罪法》明确将海盗行为等同于叛国，授权的劫掠只要袭击法国或苏格兰的商船而非本国船舶，这些劫掠者就不会被视为海盗。此外，劫掠者之所以可以为所欲为还有其深层原因。1544年亨利八世的公告取消了原属于海军上将的捕获物份额，降低了海军上将的声望和财政奖励，使得海军上将没有兴趣去遏制掠夺活动。

1544年亨利八世将劫掠航行从一种秘密的战争方式转变为一种由国王资助的战争行为，私人劫掠成为英国发动战争的有力工具，影响了后续英国私掠船政策的发展。授权私人舰船对英国的敌人发动无限制攻击，标志着私掠船与国家海军在法律上开始有所区分，这是区分国家与个人军事活动的重要举措。

---

① Sarah Craze, "Prosecuting Privateers for Piracy: How Piracy Law Transitioned from Treason to a Crime Against Property", *The International Journal of Maritime History*, Vol. 28, No.4(2016), p.657.

三、西属美洲劫掠活动的开启

随着海洋的开放、海上贸易的扩展和欧洲国家海上殖民扩张的开始，公海已然成为发生国际冲突和斗争的主要场所。西班牙和葡萄牙在1494年的《托尔德西里亚斯条约》和1529年的《萨拉戈萨条约》中确立了他们海外帝国之间的分界线。西班牙小心翼翼地守护着这些庞大的专属管辖权，因为越洋贸易中蕴藏着巨大财富，尤其是美洲白银的开采。大部分白银来自秘鲁的波托西，白银贸易为西班牙带来了巨额财物，迅速将其转变为世界上最富有的国家。从秘鲁运来的白银经卡亚奥港转运至巴拿马，最终经西班牙的大帆船海运至本土。从萨卡特卡斯等北部矿业城镇运来的墨西哥白银，则通过陆路沿着白银干线运往墨西哥湾的韦拉克鲁斯港，然后转运至哈瓦那，最终到达西班牙本土。[1]

在争夺海外资源的斗争中，劫掠活动是所有参与者相互指责的最好借口。各国一直试图用合法的外衣来掩盖这些劫掠活动，因为法律也应存在于公海。未经西班牙允许越过托尔德西里亚斯线，非伊比利亚的商船都将被西班牙视为海盗行径，不管其是否在海上劫掠。海盗成为国际政治问题而非国际法问题。但是，法国、英国和其他被排除在外的国家并不认为这些分界线具有国

---

[1] Mark G. Hanna, *Pirate Nests and the Rise of the British Empire, 1570–1740*, Raleigh: University of North Carolina Press, 2015, p.37.

际效力,要求在公海上享有无限的贸易和通行自由,西班牙或葡萄牙却将冲破分界线的所有行为认定为海盗行径。法国和英国的航海家对西班牙和葡萄牙的垄断行为展开了报复,由政府授权的私人海上劫掠由此成为挑战西班牙和葡萄牙美洲霸权的主要武器。

16世纪20年代法国人开始冒险进入西印度群岛,首先对西班牙城镇和海运进行骚扰和掠夺。西班牙人将任何在美洲水域航行的非西班牙商船一律视为海盗。由于西班牙禁止他国与其殖民地进行对外贸易,海盗就成了从这些市场获取商品的一种有效方式。1523年翁弗勒的法国私掠者珍·弗勒里(Jean Fleury)在亚述尔群岛附近捕获了两艘西班牙宝藏船,缴获了6.2万金币、600马克珍珠(约140千克)和几吨糖。①虽然这是合法的战争行为,但西班牙却将其认定为是海盗行为,1527年弗勒里被俘时被处决。法国劫掠船最初的主要目标是东大西洋的西班牙商船,到16世纪30年代,每年有30多艘法国船舶前往加勒比海巡猎西班牙宝船。②16世纪上半叶法国海盗是西属美洲大陆的主要威胁,此时大多数英国人并没有掠夺西属美洲,因为法国是英国的主要敌人,而英国与西班牙的传统合法贸易也有利可图。但到16世纪中叶,西班牙白银宝藏的诱惑吸引了许多国家的劫掠者。对西

---

①② James A. Wombwell, *The Long War against Piracy: Historical Trends*, Leavenworth: Combat Studies Institute Occasional Paper, 2010, p.14.

班牙白银的渴望，无论是通过合法贸易还是通过海盗获得吸引了越来越多的英国商人和水手前往西属美洲探险。由于嫉妒西班牙在新世界的财富，加之西班牙在新大陆压迫、残忍和背叛的报道也煽动了仇恨的火焰，许多英国人开始将攻击加勒比海的船只和定居点作为一项神圣的使命。英国冒险家开始不断地劫掠过往的西班牙商船。面对英国商人的挑衅行为，西班牙将俘获的英国人带到宗教法庭予以判刑。英国和西班牙的君主对臣民的越轨行为视而不见，而他们的臣民并不领情。大规模的劫掠活动不断地在大西洋和美洲海域上演，英国成为16世纪下半叶西班牙霸权的主要挑战者。

第三节　伊丽莎白时期英国劫掠活动发展的高峰

伊丽莎白一世时代世界贸易路线因为地理大发现产生的巨变，使英国很快成为世界海上商路的中心。但英国向海外扩张的脚步被欧陆强国法国和海洋霸主西班牙所阻碍，而当时的英国海上力量还不足以和各方相抗衡，伊丽莎白女王结合国内和国际形势，以国家民族利益为依归，灵活巧妙地鼓励私掠船以扩充其实力，尽量避免过多卷入欧洲大陆的军事纷争。伊丽莎白时代英国私掠活动实质上就是一种在国家放任及支持下的合法的劫掠活动，它打败西班牙无敌舰队撑起了英国人远涉重洋的信心，使越来越多的人前赴后继地加入海外掠夺和海洋贸易的行列中,激发了英国内心深处沉睡已久的海洋意识,并掀起了对欧洲以外的世界进行商业探险和殖民活动的热潮,深深地影响了日后英国的私掠船政策。

一、伊丽莎白一世对海盗活动的剿抚

随着海洋贸易规模的持续扩大,海盗活动日益频繁,如何打击和遏制海盗行为一直困扰着欧洲各国政府。英国海盗在英吉利海峡、爱尔兰海和北大西洋的活动给英国带来了外交和商业上的挑战。英吉利海峡是海盗活动猖獗的主要场所,因为欧洲国家的商船都须经过英吉利海峡在安特卫普进行贸易,从而使得这一水域特别有利可图。但此时英国的军事力量较为薄弱,1558年伊丽莎白登基时英国海军只有21艘大型舰船(并非所有都在服役)和6艘较小的船舶组成,其中许多船舶因年久失修而无法正常使用。除了缺乏足够的舰船,英国海军还面临着人员和资源的短缺。伊丽莎白在位期间只有3760名海员和1900名士兵为皇家舰队服务。①英国在16世纪中期之前并没有为其海员提供稳定的海军职业,导致许多商船船长在巨额利润的诱惑下从事海盗活动。到1564年底,伊丽莎白已监督建造了14艘新的皇家舰艇。②

---

① H. Swinburne, *The Royal Navy*, London: Adam and Charles Black, 1907, p.29.

② N.A.M. Rodger, *The Safeguard of the Sea*, New York: W.W, Norton & Company, 1998, p.229.

虽然皇家海军在伊丽莎白统治时期开始发展，但其主要任务是保护本国海域免受外敌入侵，及在必要时在西欧进行小规模的战役。薄弱的英国海军力量无法有效地巡逻英国海岸，使得该海岸成为海盗的安全避风港。英吉利海峡和北大西洋活动的大多数海盗经常将英国港口作为其活动基地，因而伊丽莎白一世并无足够的实力对英国周边海域的海盗进行全面的清剿，只能试图劝降海盗，采取招安政策来安抚和管控其不可抑制的无法无天行为。

1558年12月11日伊丽莎白上台后，英国发布了一份关于玛丽一世时期的捕获或报复许可证和打击海盗的公告。该公告指出，玛丽时期颁布的捕获或报复许可证和打击海盗的相关法规和公告已经失效，需要重新从高等海事法庭获得许可证。公告要求所有官员必须服从命令，否则将承担后果。公告并没有专门针对海盗，也没有对无证捕获的违法行为进行惩罚。只是要求劫掠者把旧的许可证带到海军部法庭，接受伊丽莎白授权的新许可证。伊丽莎白通过公告开始向那些以前被起诉为"海盗"的劫掠者提供捕获或报复许可证。通过官方授权，英国认为劫掠者有权对满载宝藏的西班牙大帆船和其他大西洋商船进行报复。随着劫掠活动的增加，西班牙国王菲利普二世和被劫掠的船长不断地向英国海事法庭起诉这些劫掠行为。

随着大量的西班牙投诉涌向英国海事法庭和枢密院，伊丽莎白虽然承认有大量的海盗在英国海岸活动，向西班牙王室保证会严惩海盗，但在实际的裁决中却雷声大雨点小。西班牙王室虽然不太相信这些严惩，但伊丽莎白确实对西班牙的抱怨做出了正面回应。1560年伊丽莎白发布了旨在控制海盗活动的公告。该公告重申了1558年之前的捕获或报复许可证无效，要求海盗主动到政府登记其信息，内容包括姓名、活动地点及其劫掠明细。对主动交代的海盗给予宽大处理，赦免其先前犯下的罪行。如果负隅顽抗被女王捕获，他们将面临刑事诉讼。[①]从公告可以看出，伊丽莎白在对海盗行为做出严惩前，首先给予其自首并将其行为合法化的机会。伊丽莎白通过引诱海盗服从其权威进而宽恕其劫掠罪行。

但据英国使臣托马斯·查罗纳（Thomas Chaloner）估计，1563年前在英吉利海峡通往新世界入口处，约存在2.5万名水手和400艘英国海盗船在巡航。[②]这些原本只在五港地区活动的小规模海盗活动，在伊丽莎白统治时期已经演变成为贵族、绅士等各阶层广泛参与的劫掠活动。1564年7月31日与西班牙的紧张关系加剧，伊丽莎白又发布了另一份海盗公告。这份公告要求所有武装商船尽快返回解除武装，并宣称有权扣押进入英国港口或威胁英吉利海峡周边安全的商船，除非其保证不冒犯友国的臣

---

① Amanda J. Snyder, "The Politics of Piracy: Pirates, Privateers, and the Government of Elizabeth I, 1558–1588", Master Thesis, University of North Carolina Wilmington, 2006, pp.31–32.

② Jame Mcdermott, *Martin Frobisher: Elizabethan Privateer*, New Haven: Yale University Press, 2001, p.54.

民。[1]与此同时,要求各地市长、治安法官等公职人员尽其所能镇压海盗活动。1564年伊丽莎白写信给彼得爵士,称有人向其报告在德文、康沃尔沿岸有海盗活动,女王令其率领舰船去追捕。

1565年伊丽莎白首次在沿海各郡设立了专职委员会负责处理海盗事宜,明确了港口官员打击海盗的职责,要求他们必须每月向女王和枢密院报告关于海盗调查的结果。[2]这些委员会的作用微乎其微,当地仍有大量的治安法官和地方官员协助海盗逃脱惩罚。1565年11月8日枢密院颁布法令指派一些官员专责打击海盗,并出台了打击海盗的一些具体举措。1566年政府制定出一个追捕海盗的计划,试图监视海盗在陆地上的同谋及其物资供应基地。

16世纪60年代英国所有公告只针对英国海岸周边的英国海盗。伊丽莎白试图通过发布公告来缓解英国臣民和西班牙国王对海盗活动的抱怨。1568—1580年期间英国的大多数海盗公告主要是为了安抚西班牙的不满,虽然公开谴责袭击西班牙商船的劫掠行为,处罚了一些无关痛痒的海盗,但并没有真正解决海盗问题。伊丽莎白试图在英国海盗问题上维护王室权威并以此为其谋利,在付出较小代价的前提下,利用私人劫掠活动对西班牙

---

① Amanda J. Snyder, "The Politics of Piracy: Pirates, Privateers, and the Government of Elizabeth I, 1558-1588", Master Thesis, University of North Carolina Wilmington, 2006, p.36.

② John B. Hattendorf and Richard W. Unger, *War at Sea in the Middle Ages and Renaissance*, Woodbridge: Boydell Press, 2003, pp.78-82.

商船发动一场非正式的袭扰战,试图借此削弱西班牙国力。她对冒险进入西班牙水域的海盗比对英国水域的海盗更为宽容,那些在国际水域活动的海盗经常劫掠西班牙商船,因而能获得伊丽莎白的豁免。

1569年8月伊丽莎白再次发布公告,呼吁停止一切形式的海盗活动,任何人都不得向海盗提供物资供应,并对协助海盗活动的胁从犯予以起诉。[1]这些措施主要是针对腐败的港口官员和地方海事法庭法官。1572年伊丽莎白授权海军上将清除海盗,海军上将向威廉·霍尔斯托克(William Holstock)下达了抓捕海盗的命令,1576年又向亨利·帕尔默(Henry Palmer)下达了此项命令。抓捕海盗的任务是外国强加施压的结果,霍尔斯托克和帕尔默的责任也许更多地与中立国和交战国的权利、义务及其捕获物有关。1577年和1578年伊丽莎白设立的委员会调查了海盗的姓名、住所及其可能聚集的客栈和酒馆。这一调查不仅针对普通民众,还涉及一些士绅和贵族。[2]1579年伊丽莎白向安茹公爵承诺她将铲除海盗活动。但伊丽莎白根本无法在英国周边地区行使行政权力,对大多数违法者仅以罚款了事。

---

[1] Amanda J. Snyder, "The Politics of Piracy: Pirates, Privateers, and the Government of Elizabeth I, 1558–1588", Master Thesis, University of North Carolina Wilmington, 2006, p.50.

[2] Mark G. Hanna, *Pirate Nests and the Rise of the British Empire, 1570–1740*, Raleigh: University of North Carolina Press, 2015, pp.21–22.

16世纪中叶以来关于海盗的指控充斥着整个英国法庭。伊丽莎白确实采取措施来管控海盗行为并加强对海盗的判决。但长期以来君主为了获得稳定的收入将大量的海事权利授予地方，地方法院成为海事案件的最高裁决机构。许多当地官员与其管辖范围内的船长和商人合作获利，腐败现象层出不穷。1578年海军部法庭对900多名海盗进行了审判，其中只有3人处以绞刑，其他897人通过贿赂当地官员被免除了罪行。[1]海军部将海盗活动视为其获利的主要来源。大多数地方海事法庭官员不仅接受贿赂，而且经常通过个人关系直接投资劫掠活动。[2]最公然支持本地海盗的是英格兰西部的商人和政治领袖，尤其是康沃尔和德文郡的绅士。英国西南部海盗经常袭击法国、西班牙、德国、意大利和荷兰等国的商船。伊丽莎白曾采取措施试图根除英国西南部海盗，但政府部门中许多官员都支持劫掠活动，海军上将直接或间接地从劫掠活动中获利。在大多数沿海城镇，错综复杂的投资者、劫掠者和供应物资网络在海事官员或明或暗的帮助下泛滥。任何打击海盗的行动均以失败告终，因此伊丽莎白寄希望于改革海事法庭来加强对海盗的管控。1581年伊丽莎白任命尤里乌斯·凯撒（Julius Caesar）为打击海盗委员会的专员，允许其彻底改革海事法庭，以提高抓捕和起诉海盗的效率。凯撒建立了一个

① Sir Sherston Baker, *The Office of the Vice-Admiral of the Coast: Being Some Account of That Ancient Office*, London: Privately Printed, 1884.
② Philip Gosse, *History of Piracy*, New York: Tudor Publishing Company, 1946, p.315.

举报海盗活动的消息网络，举报者可以获得海盗罚金的三分之二。但由于海军部官员和地方势力与海盗有千丝万缕的联系，海事法规对海盗罪行的规定不容易界定，加之海盗经常游弋于国际海域，伊丽莎白对海盗的打击经常无果而终。

二、伊丽莎白时期政府对劫掠活动的支持

伊丽莎白一世登基之初，英国正处于积贫积弱的状态。政府外债高达22.69万英镑，加之1559—1566年期间对法战争的开销，战争耗费加上债务共约65万英镑的赤字。[①]而其政府财政收入主要依靠关税，每年的关税收入大约在5万~8万英镑区间。[②]加之海军实力也十分弱小，面对虎视眈眈想要颠覆新教英国的欧洲强国西班牙，以当时英国的国力与西班牙正面对抗显然是不太现实的，英国还没有足够强大的实力去冒险同西班牙进行一场正面的公开战争。当时的伊丽莎白还要将有限的资源部署到英国的主要敌人——法国和苏格兰身上。因此，伊丽莎白女王极不希望看到同西班牙正面开战，她所想做的仅仅是壮大自身力量以求自保。

但西班牙宗教审判所对新教徒的迫害、伊丽莎白拒绝与菲利普二世通婚、英国被排除在西属美洲大陆等外在因素的叠加，促

---

① 刘大林：《16世纪英国海盗及私掠活动问题研究》，湖南科技大学硕士学位论文，2012年。
② 陈曦文、王乃耀：《英国社会转型时期经济发展研究：16世纪至18世纪中叶》，首都师范大学出版社，2002年，第318—319页。

使英国与西班牙的矛盾一直时隐时现。此时荷兰正在反抗西班牙的统治，迫切需要英国支持其革命。西班牙在征服新世界的同时试图维持其在欧洲的霸权，极力镇压荷兰的反抗。作为一名新教徒，伊丽莎白将西班牙视为宗教和政治上的对手。她既不赞许荷兰的革命，也不希望西班牙在英吉利海峡对岸重新站稳脚跟。但议会内部许多激进的反天主教议员要求对西班牙采取行动并支持荷兰新教徒的革命。因此，伊丽莎白女王在内外交困之下考虑的主要是英国自身的防御和安全，她从未想过要给西班牙帝国以致命一击。她不仅缺乏发动全面进攻战争的政治意愿，而且也缺乏相应的军事资源，最终只能通过默许和资助私人劫掠活动来袭扰西班牙。劫掠成为伊丽莎白时期英国削弱西班牙商业帝国实力的有效方式。伊丽莎白通过授权私人劫掠来满足其对金钱和军事防御的需求。16世纪60—70年代英国劫掠者的袭扰破坏了西班牙军队在荷兰赖以生存的战略资源，削弱了菲利普二世迅速镇压荷兰起义的能力，打乱了西班牙迅速平叛荷兰起义的计划，菲利普不得不将更多的精力集中在荷兰。因此从本质上而言，劫掠活动一定程度上助长了荷兰革命的发展，英国却不需要对西班牙正式宣战，也不需要对荷兰提供任何资助。

英国劫掠者对西班牙贸易路线的入侵和袭扰加剧了日益加深的宗教和政治分歧，加深了英西之间固有的矛盾。1584年西班牙扣押了在西班牙港口进行贸易的英国商船。伊丽莎白立即

以德雷克在 1568 年圣胡安·德·乌卢阿（San Juan de Ulúa）事件后
使用的借口，授予船东捕获西班牙商船货物的权利。[①]伊丽莎白
计划对西班牙美洲大陆进行全面袭击，并对纽芬兰附近的西班牙
捕鲸和捕鱼船队发动袭击。到 1585 年，英西矛盾陡然升温。虽
然乌得勒支联盟最终允许荷兰北部省份独立，但西班牙仍然占领
了低地国家。伊丽莎白依然支持荷兰起义军的自治主张，生怕西
班牙占领荷兰，这就造成了她与西班牙国王菲利普之间的紧张关
系。当年西班牙帕尔马公爵的军队再次进攻荷兰，荷兰的抵抗正
在瓦解。由于害怕西班牙在荷兰站稳脚跟，伊丽莎白公开向荷兰
提供资金和军队支持，这使英西关系处于公开战争的边缘。伊丽
莎白虽然不愿与西班牙公开发生战争，但意识到需要军事资源来
对抗西班牙，因而进一步加强了对劫掠活动的支持力度。随着西
班牙对英国商船的扣留事件时有发生，英国政府开始指示海军上
将颁发捕获或报复许可证，允许商人或其他私人船东和海员参与
劫掠活动。在伊丽莎白的纵容下，大批的英国劫掠船对西班牙商
船进行了掠夺，这也使得英国与西班牙之间的矛盾急剧恶化。

　　英国对西班牙商船的袭扰严重损害了西班牙的利益，这使得
西班牙国王菲利普二世最终下定决心与英国开战。1588 年 7 月
菲利普二世组建起了西班牙无敌舰队，该舰队包括 130 艘战舰，

[①] Angus Konstam, *Pirates: The Complete History from 1300 BC to the Present Day*, Guilford: Lyons Press, 2008, p.61.

配有2.5万门大炮,载有2.7万士兵。①为了抵抗西班牙的入侵,英国集结了82艘战舰,其中私掠者的武装商船占英国舰队总数的四分之三。英国枢密院将集结的海军舰队分成四个中队,主力舰队主要由海军上将负责,劫掠船长弗朗西斯·德雷克爵士(Sir Francis Drake)、约翰·霍金斯(John Hawkins)和马丁·弗罗比舍(Martin Frobisher)各负责一个中队。②在此战争期间,约翰·霍金斯、弗朗西斯·德雷克以及其他劫掠者和海军官员依靠机动灵活、火炮射程远的优势,在有利的距离上实施炮火攻击,始终掌控着战场主动权,一举击毁击伤敌舰60余艘,③取得了自英国海军创建以来的首次重大胜利。此次胜利撑起了英国人远涉重洋的信心,使越来越多的人前赴后继地加入海外劫掠的行列。无敌舰队战败后,弗朗西斯·德雷克爵士和约翰·诺里斯爵士(Sir John Norris)开始组织对西班牙的反攻,这可能是伊丽莎白时代英国最大的劫掠冒险行动。个人投资者赞助了大约2/3的总成本。1589年2月23日女王下达了远征的命令,目的是摧毁西班牙舰队,但实际上远征主要集中在掠夺葡萄牙和亚速尔群岛的财富上。这次行动并没有取得任何成果,这也反映了伊丽莎白无法有效控制私人组织的私劫活动。

---

① 李炜:《海盗与1588年英西海战》,《安徽文学(下半月)》2008年第5期。
② Richard Hakluyt, *Voyages and Discoveries*, Baltimore: Penguin Books, 1972, p.320.
③ 吴昊:《19世纪英国海军战略与帝国海权》,海洋出版社,2017年,第27页。

当1588年英国与西班牙正式开战后，劫掠活动已然成为一项全民产业。伊丽莎白时期英国劫掠活动主要分为两类：一种是单纯的私人劫掠活动，另一种是官方资助的冒险活动。当时大批的私人船东也乐于投身其中以求获得收益，商人和贵族是这些劫掠冒险活动最主要的投资者。许多海军官员和朝臣都支持海上冒险活动，企图夺取并控制一些西属美洲殖民地，从而彻底破坏西班牙的商业和经济命脉。例如，1589年弗朗西斯·德雷克和约翰·诺里斯计划袭击并占领里斯本，并扶持反西班牙的唐·安东尼奥（Dom Antonio）为葡萄牙国王。[1]詹姆斯·兰开斯特（James Lancaster）以攻击葡萄牙船只和贸易路线而闻名。1594年兰开斯特领导了对葡萄牙的一次突袭，捕获了大量的巴西木材。兰开斯特是东印度公司的创始人之一，并带领该公司首次远征印度，他资助了公司早期到东方的大部分探险活动。1596年由海军上将霍华德伯爵和埃塞克斯伯爵发起的远征取得了巨大的成功，成功占领了加的斯。

劫掠活动需要配备大量食物、火药、子弹、枪支和其他设备。据估计，小型商船劫掠的成本大约在500—600英镑，300吨以上商船的劫掠成本可能高达3000英镑，到西印度群岛的远征成本可能会更高。[2]船员通常是没有薪水，但有权获得捕获物的三分

---

[1] 刘大林：《16世纪英国海盗及私掠活动问题研究》，湖南科技大学硕士学位论文，2012年，第12页。

[2] K. R. Andrews, *English Privateering Voyages to the West Indies 1588–1595*, Cambridge: Cambridge University Press, 1959, pp. 20–21.

之一作为酬劳。劫掠活动的发起者为了分散投资成本和活动风险，采用股份制的运作模式。通常小船归个人所有，而大船则归2—3人所有，并且实际参与冒险的投资人会更多。据估计，1589—1591年期间英国约有236艘劫掠船在海上航行，[1]其中大部分都在西班牙和葡萄牙的海岸线附近活动，但也不乏巡游至亚速尔群岛的，甚至有些劫掠商船冒险远至加勒比海地区。当时大多数劫掠船通常只有30—70吨，但也有少量超过100吨的船舶，其中大部分船舶来自伦敦和布里斯托尔等港口。布里斯托尔很早就开始从事劫掠活动，它是伦敦以外最大的劫掠船基地之一，可与南安普顿、韦茅斯和普利茅斯相媲美。1585—1603年期间布里斯托尔许多当地人都参与了劫掠活动，其中包括约翰·巴恩斯（John Barnes）、罗伯特·基钦（Robert Kitchen）、约翰·霍金斯、托马斯·奥尔德沃思（Thomas Auldworth）、迈克尔·佩佩沃尔（Michael Pepwall）、托马斯·詹姆斯（Thomas James）。布里斯托尔的大多数劫掠船都是由当地商人派出的。据估计，布里斯托尔有29艘劫掠船，其中大多数是小商船，吨位不超过100吨，主要目标是掠夺西南欧贸易商船。据估计，劫掠活动固定资本的平均利润为60%。[2]如此高的盈利能力在大多数其他行业都很难实现，因

---

[1] 刘大林：《16世纪英国海盗及私掠活动问题研究》，湖南科技大学硕士学位论文，2012年，第14页。

[2] Jan Fichtner, "Privateers of the Caribbean: The Hedge Funds-US-UK-Offshore Nexus", *Competition and Change*, Vol.18, No.1(February 2014), p.39.

此许多投资者乐于转向劫掠活动。英国在西班牙战争期间捕获物的价值大约为每年10万—20万英镑，有时劫掠活动截获的捕获物占英国进口货物的比例高达10%—15%。[①]

三、西属美洲大陆的劫掠活动

随着国际贸易范围的扩大，跨大西洋运输的商品价值也在不断增加，对拦截这些货物感兴趣的劫掠者数量也在逐渐累增。由于美洲海外贸易所产生的巨大财富，各民族国家对通过合法或非法手段开发这类资源产生了浓厚的兴趣。16世纪后期西北欧经济萧条期间宗教冲突和政治不稳定为劫掠活动创设了理想的外部环境。许多英国失业者，尤其是海军退伍军人，签约成为劫掠船长。劫掠者大多是胆大妄为和机会主义的掠夺者，得到船东和投资者的支持。除了那些被世人铭记的著名劫掠者外，还存在数以百计的小规模的劫掠活动，这些劫掠活动促使西班牙向后来殖民者开放了其所属的美洲大陆。

1585年之前英西名义上处于和平状态，但美洲海域劫掠活动时有发生。到16世纪60年代，大约只有1000名西班牙人居住在伊斯帕尼奥拉岛，其中一半住在圣多明各，200人住在波多黎

---

① K. R. Andrews, *Elizabethan Privateering 1585–1603*, Cambridge: Cambridge University Press , 1964, p.128.

各,240人住在古巴,只有少数人住在牙买加。[1]西班牙防御力量的薄弱也为劫掠者带来了良机。据西班牙塞维利亚档案文献证据表明,大约有14支大型劫掠远征队和许多小型劫掠船队在圣胡安·德·乌卢阿战役之后栖息于加勒比海域。1570—1574年期间大约发生了10次劫掠,[2]横扫了从北海到加纳利群岛和亚速尔群岛的欧洲航线。1585年当英国在荷兰问题上与西班牙公开敌对时,劫掠者得到了女王的全力支持,前往墨西哥和秘鲁寻找黄金和白银的船舶数量陡增。1585—1603年期间至少有76次突袭西印度群岛的远征,涉及235艘大型船只和数以百计的小型船舶。[3]约翰·霍金斯和弗朗西斯·德雷克是英国劫掠者中的典型代表。虽然他们对西班牙的受害者毫不留情,但他们是忠诚的英国臣民,不会掠夺英国商船。他们的劫掠冒险使他们既富有又出名,但其法律地位因时而变:他们有时是合法的劫掠船长,有时摇身一变则成为令人厌恶的海盗。

第一个闯入加勒比海域的英国人是约翰·霍金斯。约翰·霍金斯是一位英国商人和奴隶贩子,他1562年、1564年和1567年的劫掠航行标志着英西关系从和平联盟过渡至近乎狂热的敌对

---

[1] James A. Wombwell, *The Long War against Piracy: Historical Trends*, Leavenworth: Combat Studies Institute Occasional Paper, 2010, p.14.

[2] Jenifer Marx, *Pirates and Privateers of the Caribbean*, Malabar: Krieger Publishing Company, 1992, p.66.

[3] Jenifer Marx, *Pirates and Privateers of the Caribbean*, Malabar: Krieger Publishing Company, 1992, p.67.

状态。1577年霍金斯成为英国海军的财政负责人，重组了英国海军。1588年霍金斯获封爵士并被委任为海军行政长官，同年率领一支舰队迎战西班牙无敌舰队，最终大获全胜。

弗朗西斯·德雷克爵士可能是伊丽莎白时期最著名的劫掠者。1571—1573年期间德雷克以圣胡安·德·乌卢阿战役为起点，在加勒比海发动了针对菲利普二世的劫掠战役。1572年德雷克袭击巴拿马地峡，完成了沿尼加拉瓜海岸同法国海盗的冒险合作之后，他带回的捕获物价值高达4万英镑。[1]1573年突袭了在诺布雷德迪奥斯（Nombre de Dios）等待横渡大西洋的西班牙宝藏船队。尽管1571—1573年的这些突袭没有给西班牙军队带来任何威胁，但却让西班牙国王菲利普惶恐不安。一位英国船长多次洗劫西属美洲城镇，袭扰西班牙商船，毫不掩饰其对西班牙的仇恨，这干扰了西班牙帝国财务和通讯的正常运转。事实上，德雷克的这些劫掠航行和探险最终导致了1575年西班牙的破产。1579年初德雷克洗劫了秘鲁的主要港口卡亚俄（Callao）。1585年他占领了圣多明各，掠走的赃物价值达2.5万英镑以上。

作为一名劫掠船船长，德雷克不仅获得了英国第一个环游世界的殊荣，他在西印度群岛抗击西班牙人的功绩也为其赢得了美誉。德雷克于1577年离开普利茅斯，三年后航行于南美洲南部

---

[1] 黄鹏：《论伊丽莎白一世时期的英国私掠船活动》，湖南师范大学硕士学位论文，2007年。

海岸,穿越太平洋到达东南亚。对英国人而言,德雷克成功的环球航行本身就是一项壮举。1581年4月弗朗西斯·德雷克爵士被伊丽莎白女王封为爵士。1585年德雷克以西班牙国王菲利普二世对英国商船禁运为借口,提议再次袭击西属美洲大陆,得到了皇室的支持。英国精英阶层蜂拥而至,纷纷为德雷克的探险投资,莱斯特伯爵(Leicester)、什鲁斯伯里伯爵(Shrewsbury)、拉特兰伯爵(Rutland)和贝德福德伯爵(Bedford)资助了此次探险,什鲁斯伯里伯爵贡献了"塔尔博特"号(Talbot),莱斯特伯爵准备了"虎尾草"号(Speedwell)和"莱斯特"号(Leicester)大帆船。海军大臣查尔斯·霍华德(Charles Howard)提供了"白狮"号(White Lion),威廉·温特爵士(Sir William Winter)则提供"海龙"号(Sea Dragon)。①德雷克率领25艘劫掠船和2300名水手于9月起航前往西印度群岛。刚一驶入加勒比海,他就占领了佛罗里达的圣奥古斯丁、伊斯帕尼奥拉岛上的圣多明各和哥伦比亚的卡塔赫纳。1587年4月德雷克突袭了西班牙的加的斯港,摧毁西班牙战舰约30艘,获得75万英镑的财物,在归途又劫掠了西班牙的补给船。②1589年伊丽莎白女王投资了6艘舰船和2万英镑,提供了6000—8000名

---

① [英]安格斯·康斯塔姆、[英]罗杰·迈克尔·基恩:《劫掠三千年:世界史上的海盗传奇》,郭威译,上海文化出版社,2019年,第90页。

② 刘景华、丁笃本:《"日不落"的落日——大英帝国的兴衰》,中国文史出版社,1999年,第104页。

士兵和各类武器装备，①让德雷克再次对西班牙进行远航袭击。1592年8月由女王、拉里和伦敦商人出钱投资的约翰·巴洛兹船舰，抢夺了一艘巨大的从东印度开来的葡萄牙船只，船上装载有价值80万英镑的香料1600吨，其中一部分香料分给了水手，女王从中获得了6—9万英镑的红利。

霍金斯、德雷克等英国劫掠者对西班牙的袭扰为更多的英国臣民入侵西班牙的新世界打开了大门。1588—1603年英国水手每年进行100—200次劫掠航行，劫掠者每年从西班牙带回约15万—30万英镑的捕获物。

四、劫掠活动的规范和捕获法规的发展

随着参与劫掠的人数激增以及劫掠范围的不断扩展，因劫掠引发的各类纠纷不断涌现，英国开始规范本国臣民的劫掠行为，与捕获物相关的法规也在不断出台。当时的英国政府认为应当将劫掠者的捕获物置于海事法庭的管辖下，由海事官员来处理这些与劫掠活动有关的收益。许可证主要由海事法庭授予，许多在劫掠活动中受益的海军官员或地方长官也可以直接授予。为了获得捕获许可证并合法拥有劫掠所得的捕获物，劫掠船长必须在海事法庭出庭证明其曾遭受西班牙船只的袭击，劫掠者要为其行

---

① Harry Kelsey, *Sir Francis Drake: The Queen's Pirate*, New Haven: Yale University Press, 1998, p.342.

为提供担保金，并确保将其捕获物带回英国裁决。1564年伊丽莎白要求所有携带捕获许可证的船舶必须提供保证金，禁止拥有外国捕获许可证的商人在英国出售其捕获物，并严令各郡官员执行。1569年英国政府再次颁布类似的公告。海事法庭记录的约束劫掠者行为的担保金开始于1585年，该年约翰·霍金斯为其劫掠行为提供了担保金。

伊丽莎白登基时，英国与法国的战争仍在进行。当时就有许多劫掠者从事劫掠活动，这些劫掠者不仅劫掠法国商船，还袭扰西班牙商船。与法国达成和平后，这些劫掠者继续在外国新教君主奥兰治、康德和纳瓦拉的委托下从事劫掠活动。伊丽莎白心照不宣地默许这种做法，但一旦劫掠者的行为引发了外交纠纷，她就公开否认其合法性。长期以来，持有外国君王委任状的英国劫掠者是否有罪一直是个悬而未决的问题，陪审团拒绝判定持有此委任状的劫掠者是海盗。劫掠者弗罗比舍虽然被捕多次，但从未因刑事犯罪而受审。英国商人也经常向议会请愿，请求保护这些劫掠者免受英国军舰的袭击。1570年前英国政府允许这些委任状下截获的货物在英国销售，但到1575年伊丽莎白宣布禁止其臣民在未经授权的情况下接受外国君主的委任，其后她派出海军舰艇逮捕任何接受外国委任状的臣民。

1585年伊丽莎白授权海军上将霍华德勋爵，允许其向英国臣民颁发报复或捕获许可证。与此同时，1585—1603年间捕获许可证的大量颁发引发了如何控制私掠活动的相关问题。1585年7月9日政府起草并发布了管理劫掠活动的相关指示,指示内容如下:必须向海军上将或海事法庭的法官提供损失证明;西班牙的商船和货物可以捕获,但不得袭扰任何友邦或中立国的商船;颁发捕获许可证的前提是必须缴纳保证金,许诺将捕获物带回英国裁决而不是私自瓜分;所有捕获的船只、货物和商品均应妥善保存,捕获物在英国港口由海军中将负责清查,清查应在六周内交付海事法庭裁决;[①]劫掠者可以保留或出售裁决后的货物;拥有捕获或报复许可证的劫掠者及相关供应商的捕获行为是合法的;购买裁决后捕获物的行为是合法的。颁发捕获许可证前,海事官员必须登记船舶的名称、吨位、船长及船员信息、供给品、军械和弹药。[②]事实上,有些规定并没有被严格遵守。例如,许多获得捕获许可证的商人并没有受到西班牙的伤害,政府也没有严格检验其证明。尤其是1585年以后英西长期处于战争状态,个人无须向海事法庭证明其曾遭受损失。劫掠活动结束后,利润分配原则大致如下:捕获物的1/10归海军上将,缴纳大约1/20的关税;剩余利润中2/3归劫掠的资助者,包括船东和供应商,1/3归包括船

---

① Julian S. Corbett, *Papers relating to the Navy during the Spanish War, 1585-1587*, London: Navy Records Society, 1898, pp.36-38.

② R.G. Marsden, *Documents Relating to Law and Custom of the Sea, Vol I: 1205-1648*, London: The Navy Records Society, 1915, p.237.

长在内的全体船员所有。[①]

1585年英国政府对劫掠行为的指示只适用于那些拥有海军上将颁发许可证的船舶。在伊丽莎白一世统治之前,达特茅斯、韦茅斯、波士顿、伊普斯维奇、五港和其他许多港口都有其独立的海事管辖权。1585年伊丽莎白授予克里斯托弗·哈顿爵士拥有科夫城堡和波贝克岛的海事管辖权。1587年8月23日伊丽莎白命令五港总督备战船对抗西班牙,授予其的捕获指令与1585年海军上将发布的指令雷同,但在某些细节上有所不同:五港范围内的捕获授予权不归海军上将管辖,五港地区的劫掠者拥有的许可证要与五港总督签订,所有的捕获物只能带到五港,由五港总督裁决;如果因天气原因行驶至其他港口,海军上将不得处置。[②]

1585年关于捕获行为的指示中没有关于截获友邦捕获物的适用法规条文,与捕获相关的违禁品问题也由此开始凸显。1585—1588年伊丽莎白并没有采取任何措施来阻碍英国与汉萨同盟城镇和荷兰之间的贸易往来。到1589年,她决定停止友邦与西班牙间谷物和战争物资的贸易,并宣布所有参与贸易的商船都将被视为捕获物。英国警告汉萨同盟不得从事违禁品贸易,并向其提供了违禁品清单,枢密院据此在1591年2月27日和1592年

---

① 黄鹏:《论伊丽莎白一世时期的英国私掠船活动》,湖南师范大学硕士学位论文,2007年。

② R.G. Marsden, "Early Prize Jurisdiction and Prize Law in England", *The English Historical Review*, Vol. 24, No. 96 (Oct., 1909), p.691.

1月16日发布了执行违禁品贸易的命令。汉萨同盟威胁要报复，伊丽莎白则在英国港口扣押了汉萨同盟的船只。1590年荷兰商船在英国港口被扣押，因为这些商船装载着西班牙货物。荷兰对此表示抗议，反驳说其商船靠贸易为生，如果禁止其商船从事运输，他们将不得不屈服于西班牙。某些荷兰商船因拒绝英国搜查而遭到扣押。1591年通过西班牙海域运送违禁品再次被禁止，不准英国臣民向西班牙出口谷物或者进口西班牙领土生产的商品。由于中立国对英国扣押运往西班牙谷物之事进行抗议，伊丽莎白宣布购买中立国运送的谷物并将其用于英国的商船供应。

1585年政府发布的指示也没有涉及捕获物裁决的相关规定，为此1589年7月20日议会对捕获行为做出了进一步的规定：所有捕获的船舶和货物都必须保留；海事法庭裁决前，捕获物是不可拆分或破坏的，否则捕获者的委任状无效。[1]1590年8月16日捕获要求中加入一项新条款，如果荷兰、法国或其他友邦的商船遭到劫掠，劫掠者的捕获物和保证金将被没收。这些捕获法规出台后，捕获物的裁决才正式出现在海事法庭的记录中。[2]这些裁决内容写在纸上，而不是像其他判决一样书写在羊皮纸上。

---

① R.G. Marsden, *Documents Relating to Law and Custom of the Sea, Vol I: 1205–1648*, London: The Navy Records Society, 1915, p.252.

② R.G. Marsden, "Early Prize Jurisdiction and Prize Law in England", *The English Historical Review*, Vol. 24, No. 96 (Oct., 1909), p.690.

　　1590年海军上将霍华德写信给普利茅斯的海军官员约翰·吉尔伯特爵士(Sir John Gilbert)，命令其扣押所有进入西部港口的捕获物，直到将捕获物交予海事法庭裁决，捕获者必须宣誓或用船舶文件证明该捕获物属于西班牙。[①]从1590年11月至1591年1月，凯撒和枢密院收到了外国商人对英国西部贵族劫掠行为的抱怨，包括约翰·霍金斯爵士、马丁·弗罗比舍爵士和沃尔特·罗利爵士(Sir Walter Raleigh)。调查结果出现在1591年2月3日颁布的皇家公告中，公告明令惩罚劫掠活动中的违法行为。1591年12月29日女王向西部各郡发布公告，要求所有以任何方式获得外国钱币、金银块、珠宝、珍珠、宝石、麝香、锻造或生丝、青靛或其他商品的臣民必须归还，否则将被视为重犯或教唆犯。[②]1592年政府公告强调了所有捕获物必须经过海事法庭仲裁，反对任何未经授权的捕获行为。任何从捕获物中获得黄金、白银、珠宝、珍珠、宝石和靛蓝等商品的臣民必须向当局证明其合法性，否则将面临法律的制裁。[③]1601年由于外国对英国海事法庭的裁决提出异议，伊丽莎白设立了一个委员会处理法国、荷兰和其他

① R.G. Marsden, "Early Prize Jurisdiction and Prize Law in England", *The English Historical Review*, Vol. 24, No. 96 (Oct., 1909), p.690.

② Mark G. Hanna, *Pirate Nests and the Rise of the British Empire, 1570–1740*, Raleigh: University of North Carolina Press, 2015, p.42.

③ Sarah Craze, "Prosecuting Privateers for Piracy: How Piracy Law Transitioned from Treason to a Crime Against Property", *The International Journal of Maritime History*, Vol. 28, No.4(2016), p.660.

中立国家提出的诉求，诺丁汉、海军上将、凯撒、邓恩都是委员会的成员。[①]

1602年3月19日另一项针对劫掠者违规行为的公告发布。该公告在重复以往法规条文的基础上，对劫掠行为做了进一步的阐释，主要体现在：指派海事法庭法官起诉未授予捕获委任状或在法院裁决前出售捕获物的劫掠者；每季度海军中将必须先统计进出英国港口的劫掠船；任何劫掠船都不能进入英吉利海峡劫掠；不得在阿尔及尔、突尼斯、意大利或其他地方买卖捕获物。[②]

劫掠活动由海事法庭管辖，该法院负责处理与捕获物相关的案件。这些案件大多涉及英国人和外国商人之间的纠纷。为了在返回时合法兜售捕获物，这些劫掠者必须将捕获物提交海事法庭裁决。在某些情况下，原物主可能会要求归还其货物，法院会在案件审理期间扣留货物，直至纠纷解决。刑讯逼供以获取捕获物所有权和未经审判出售贵重捕获物的情况时有发生。捕获物是海军上将和海军中将的收入来源。沃尔特·罗利爵士作为康沃尔海军中将，为捕获物提供担保，这是所有海军中将常见的担保方式。在颁发捕获或报复许可证前，需提供商船货物损失的证据。但这种要求较为松散，海军上将有权在其认为合适的时候行使豁免权。1589年后要求所有的捕获物都需裁决，但海事法庭

---

①② R.G. Marsden, "Early Prize Jurisdiction and Prize Law in England", *The English Historical Review*, Vol. 24, No. 96 (Oct., 1909), p.696.

完全受制于国王、海军上将、议会和行政机关；1593—1599年颁布的法令要求没收无捕获许可证的捕获物。虽然海事法庭在当时的重要性迅速增加并有权裁决所有的捕获案件，但它还远远不是独立法庭，这一时期政府对劫掠活动和捕获物的规范还处于发展中，但基本的原则已然开始成型。

五、伊丽莎白时期劫掠活动的影响

劫掠活动是伊丽莎白时期英国海洋战略中一种不可替代但又较为隐秘的工具。伊丽莎白一世时代英国的海上军事活动主要以劫掠的形式进行，这种劫掠实质上就是一种在国家放任及支持下的合法海盗活动。事实上，英国劫掠活动是一种小规模、试探性的军事行动。这种颇为流行的劫掠活动具有政治和经济上的双重意义。

在政治层面，在双方实力不对等的前提下，劫掠被当作威慑的工具，是对敌方施加压力的一种手段。劫掠者袭击载有补给和资金的西班牙商船，间接帮助正在反抗西班牙统治的荷兰，在墨西哥和加勒比地区的袭扰行动严重阻碍了西班牙在美洲的防御计划。这些私掠活动削弱了西班牙的实力，扰乱了西班牙在国内和荷兰的财政安全，一定程度上规避了英西全面开战的风险，为即将到来的英西战争打下了基础。

在经济层面，劫掠避免了正式军事行动所产生的庞大政府开支,同时还可为政府带来丰厚的利润。伊丽莎白女王通过劫掠活动改善了英国的财政状况。16世纪40年代英国国库空虚,但到16世纪80年代伊丽莎白通过投资劫掠活动获得了巨额收益。劫掠者带来了大约40万英镑的收入,约占英国进口额的10%—15%。①尤其是大西洋地区的劫掠活动给英国带来的财富十分惊人。例如,德雷克在1577—1580年的环球航行中,在利马附近劫持了一艘西班牙船,截获了糖、珠宝、80磅黄金、26桶白银以及价值约36万比索的货物。②1585—1586年德雷克远征取得了巨大的成功,劫掠了佛得角群岛和圣多明各,掠夺了0.8万英镑的捕获物,洗劫了西班牙在新大陆最重要的据点——卡塔赫纳,带回了3.2万英镑。伊丽莎白女王从德雷克环球航行中获得的利润超过了英国政府的年收入。这笔利润使伊丽莎白得以偿还英国的外债。

与此同时,若干享有专卖权的特许公司相继成立,这些特许公司成为英国商业扩张的急先锋。伊丽莎白投资了德雷克的远洋航行,用投资所获的4.2万英镑创建了黎凡特公司。③黎凡特公司负责土耳其和亚得里亚海的贸易,到1612年英国商人在君士坦丁堡建立了20家商业机构。来自黎凡特公司的利润反过来又

---

① Mark G. Hanna, *Pirate Nests and the Rise of the British Empire, 1570-1740*, Raleigh: University of North Carolina Press, 2015, p.40.

② N.M. Penzer, *The World Encompassed and Analogous Contemporary Documents Concerning Sir Francis Drake's Circumnavigation of the World*, New York: Cooper Square Publishers, Inc., 1969, p.46.

③ John Cummins, *Francis Drake: The Lives of a Hero*, New York: St. Martin's Press, 1995, p.125.

资助了东印度公司，[①]东印度公司拥有自好望角至麦哲伦海峡之间的贸易特权。劫掠活动和特许公司的连接为英国王室提供了持续增长的利润，反过来王室用其资助探险活动和海军建设。英国在英吉利海峡的胜利阻止了西班牙军队在佛罗里达北部建立更多的堡垒，为英国人提供了无主地区定居的机会。大西洋上的竞争导致了英国在西班牙统治的北美边缘建立殖民地。17世纪初英国恢复了在切萨皮克建立定居点的计划，1607年约翰·史密斯建立了詹姆斯敦。

劫掠活动也为皇家海军的建设和发展做出了重要贡献。当伊丽莎白试图重建皇家海军时，英国财政羸弱，海军事务腐败问题严重，导致海军建设基本处于停滞状态。1569年伊丽莎白女王任命约翰·霍金斯出任海军委员会的专业顾问，继而担任海军财务总管，对原有的海军舰船进行改造，建造了配备远程火炮、能长距离航行的船舶。1570年以后英国共建造25艘舰船，1585—1587年期间分别在德特福德、查塔姆、伍利奇等地建造了12艘舰船，其中包括"彩虹"号、"先锋"号、"王家方舟"号；1570—1583年建成9艘战舰。[②]当1588年英西战争爆发时，约翰·霍金斯爵士、弗朗西斯·德雷克爵士和沃尔特·罗利爵士等私掠船也给皇家海军带来了实战经验，许多劫掠者都加入了皇家海军指挥官的行

---

① Alfred Wood, *A History of the Levant Company*, London: Frank Cass and Co., 1964, p.135.
② 夏继果：《都铎王朝时期英国海军的创建与发展》，《齐鲁学刊》2001年第6期。

列。劫掠者依靠其丰富的航海作战经验挫败了西班牙无敌舰队的入侵企图,锻炼了英国海军的作战能力,为英国海军的崛起奠定了基础。

伊丽莎白利用约翰·霍金斯爵士、弗朗西斯·德雷克爵士、沃尔特·罗利爵士等劫掠者作为皇家海军军官的重要补充,通过签发的捕获或报复许可证确保了劫掠者与国家分享其捕获物。劫掠者可从中追求巨大的经济利益,德雷克、霍金斯和罗利等人能够在劫掠活动和国家服务之间自由流动,从而加强了海军实力,为伊丽莎白一世时期英国的崛起奠定了基础。但英国臣民的劫掠活动本质上是与伊丽莎白时期的国家战略相冲突的。伊丽莎白女王在保卫英国的利益和安全方面采取的是防御战略,但劫掠活动却更具掠夺性和进攻性,由此所带来的问题也是多方面的。劫掠式袭扰无法真正控制海上交通线,无法对强大的西班牙帝国造成毁灭性的打击。劫掠活动常常伴有无节制的杀戮、破坏等野蛮行为,损害了英国的声望。劫掠活动犹如在攻击一种笨重而健壮的巨大动物——西班牙舰队,这些攻击是令人恼火的,但西班牙拥有丰富的资源和往来于大西洋的大帆船舰队,使得英国的劫掠活动并没有从根本上对西班牙的扩张和贸易造成严重损害。但劫掠活动对英国海军的壮大和帝国发展的助推作用是不可否认的。私人劫掠活动打败了英国最大的敌人,缓解了英国王室的财政困境,为大英帝国的建立和扩张奠定了基础。

第二章　茁壮成长：17世纪英国
私掠活动的蓬勃发展

　　17世纪中期是英国社会急剧变动的时代，也是英国海洋政策开始重大调整和转换的时期。随着内战的爆发和政权的转换，英国在重商主义思想的主导下开始将谋求海外商业利益和殖民扩张作为其海洋政策的战略目标。由于自身经济和军事实力的相对弱小，英国在重视海军建设的同时，在历次欧陆战争和海外殖民扩张中不得不借助私掠船的力量帮助自身取得战略主动权和战略优势。为了排挤荷兰的贸易和航运优势，英国经过三次英荷战争，逐步确定了对海上贸易的控制权和在国际贸易中的优势地位，进一步刺激了英国对外扩张的野心。光荣革命后，英国政局稳定且经济实力增强，具备了大举进军海洋的实力，却遭到如日中天的欧陆霸主法国的正面挑战，在随后爆发的奥格斯堡战争中英国借助皇家海军和私掠船的力量抑制了法国的扩张势头，进一步加剧了英法在欧洲和海外殖民地的对立。

第一节　詹姆斯一世时期英国对海盗活动的清剿

1603年3月24日都铎王朝末代君主伊丽莎白一世因病去世，苏格兰国王詹姆斯六世入主英格兰，斯图亚特王朝由此开始。詹姆斯一世登基后恢复了与西班牙的和平，但伊丽莎白时代长期的劫掠活动遗留下的后遗症仍然在持续发酵，英国沿海的海盗活动不断地威胁着英国的海洋贸易和商业安全。詹姆斯不得不下大力气整治业已泛滥的海盗劫掠活动。经过其长期的整治，英格兰海域的海盗得以根治，从而为英国的海外扩张提供了保障。长期的和平为英国商人带来了对外扩张的好机会，由此英国的殖民扩张运动迅速向海外延伸。

一、私掠活动的后遗症——泛滥的海盗劫掠

17世纪初海盗在英国海员中非常流行，劫掠活动十分猖獗。与西班牙恢复和平后，海军的复员加剧了海盗的泛滥。1582年英国海洋人口（包括渔民和水手在内）的总数约为1.6万人，经过近20年的战争后，到1603年人数已增至5万人。[1]1603—1607年

---

① C. M. Senior, *A Nation of Pirates: English Piracy in Its Heyday*, London: David & Charles Publishers Limited, 1976, p.9.

海军开支下降了57%，每年不到2万英镑，[1]其结果是训练有素的水手没有任何就业机会，也没有维持生存的一技之长。1603年夏普利茅斯、布里斯托尔、达特茅斯和伦敦等英国港口和城镇到处充斥着成群的闲散海员。与西班牙的长期战争助长了海员们对迅速致富的幻想，他们已然习惯了自由和无纪律的生活，长期的战争惯性助推着英国臣民继续进行劫掠活动。许多曾经的劫掠船长、海军水手或船员都面临着失业的困境，大家意识到只能继续从事劫掠活动。与此同时，16世纪中叶以来远洋贸易迅速发展。仅布里斯托尔的进口从1562—1565年的1.25万英镑增长至1624—1625年的5万英镑，增长超过300%。横渡大西洋从事贸易的商船急剧增加且规模不断扩大，极大地提高了劫掠活动的风险回报率，从而加剧了海盗活动的泛滥。

海盗已然发展成为一种日益增长的威胁，而且发展势头迅猛。1608年詹姆斯一世预估英国海盗船至少有500艘。[2]17世纪早期的海盗比16世纪的海盗更独立，装备更精良，更有组织且更具国际化色彩。英国海盗主要活跃在亚速尔群岛以东的大西洋和地中海水域。长期的战争使得海盗非常熟悉大西洋，战后许多从事劫掠活动的海盗在海外找到了销赃的理想场所。北非的土

---

[1] M. Oppenheim, "The Royal Navy under James I", *The English Historical Review*, Vol. 7, No. 27（Jul., 1892），p.481.

[2] C. M. Senior, *A Nation of Pirates: English Piracy in Its Heyday*, London: David & Charles Publishers Limited, 1976, p.11.

耳其和摩尔人的港口是实现这一目的的理想之地,爱尔兰锯齿状的海岸线也是不错的选择。詹姆斯一世统治时期的海盗理所当然地转向爱尔兰和摩洛哥,以此为基地向大西洋的商船发动袭击。此时的海盗行为与伊丽莎白时期的劫掠者截然不同。首先,海盗藏身于偏远的避难所,完全不受政府的控制,也不受法律约束。其次,海盗组织更加严密,千人以上的团伙和十艘以上的船舶并不少见。他们在一些能力出众者的带领下在海洋上游弋,从欧洲沿海到纽芬兰,从非洲西海岸至冰岛。再次,海盗劫掠的目标并不局限于海岸,而是攻击离陆地数百英里远的商船。

英国海盗的主要构成是英国人,但也包括荷兰人、法国人、摩尔人,甚至非洲黑人也涉及其中。在市场缺失造成供需严重失衡的地方,海盗巢穴总是蓬勃发展。海盗渗透到了对英国商人来说利润丰厚的海外市场。英国海盗在摩洛哥大西洋沿岸的马穆拉港口建立了据点,他们带来了糖、葡萄酒、木材、香料、靛蓝、胭脂虫、枪、火药、啤酒、葡萄酒、烈性酒、烟草、装饰品、衣服、帽子等各类货物。[1]为了避免被抓获,海盗在春季或初夏向北航行至爱尔兰。泰晤士河是英国海盗活跃的水域。17世纪初高等海事法庭对英国海盗的起诉中有近三分之一与泰晤士河有关。[2]高等海事

---

[1] C. M. Senior, *A Nation of Pirates: English Piracy in Its Heyday*, London: David & Charles Publishers Limited, 1976, pp.50-53.

[2] C. M. Senior, *A Nation of Pirates: English Piracy in Its Heyday*, London: David & Charles Publishers Limited, 1976, p.112.

法庭对1603—1640年期间英国海岸海盗的起诉书达到86份,其中至少有51份与泰晤士河有关。[1]詹姆斯一世统治初期整个英国西南海岸是海盗活动的温床。外国船东和大使找回被劫掠货物的努力几乎公开受挫,因为海军官员释放海盗以收受贿赂,许多商人靠这种非法贸易发家致富。

南爱尔兰也是海盗的主要栖息地,该地拥有300艘船舶和1000名海盗,[2]来自欧洲各地和地中海的海盗经常光顾爱尔兰。海盗威胁如此之大,以至于明斯特地方长官丹弗斯勋爵承认其不敢冒险出海,声称海盗可以随时派出300人的队伍从事劫掠。正如威尼斯驻伦敦大使1610年所说,海盗在爱尔兰附近的海域是安全的,因为这片海域没有军事力量可以与之作战。爱尔兰成了一个海盗聚集地,海盗、地主、村民和地方官员都从事该行业。1608—1614年期间大西洋海盗活动达到了高峰。英国海盗的减少与贸易的减少同时发生,特别是三十年战争和1620—1624年的经济萧条期间。

英国海盗在地中海的盛行是17世纪早期的一个特点。这些海域没有任何控制力量,非洲海岸摩尔城镇的海盗人员数量力量不断增长,该地提供了一个有利可图的市场,出售被劫掠的船

---

① C. M. Senior, *A Nation of Pirates: English Piracy in Its Heyday*, London: David & Charles Publishers Limited, 1976, p.110.

② C. R. Pennell, *Bandits at Sea: A Pirate Reader*, New York: New York University Press, 2001, p.111.

舶和货物,吸引了一批英国和其他欧洲海员来到地中海。据说,
1604年佛罗伦萨公爵的属下在地中海东部海域被英国海盗抢走
了20万克朗。[①]威尼斯人在英国海盗的劫掠下也损失惨重,共和
国最重要的贸易路线遭到破坏。法国的损失也相当大,1606年
6月至1608年2月期间英国海军部对13起劫掠法国商船的海盗
行为提出诉讼,英国法院保守估计损失达1.9万法郎。[②]西班牙
的损失更是首当其冲,因为西班牙商船在大西洋和地中海的英
国海盗面前尤其不堪一击。据报道,西班牙国王在关税上损失
了2万金币。只要英国海盗在地中海和大西洋自由游弋,他们
就会对各国贸易造成相当大的破坏,并对往来的外国商人构成
潜在的威胁。

在许多外国人看来,英国人民同情海盗,许多人虽未曾出海,
却积极支持海盗。沿海居民乐于招待海盗,购买其战利品,满足
其需求,甚至资助其劫掠活动。这种意愿完全跨越了社会各阶
层,从最卑微的渔民到最有权势的贵族都参与其中。许多购买或
接受海盗赃物的臣民并不认为其行为是非法的。对他们来说,海
盗为他们提供了较为廉价的丝绸、糖和香料等商品。许多帮助和
教唆海盗的臣民并没有受到法律的制裁,因为当时英国海盗法的

---

① Clive Malcolm Senior, "An Investigation of the Activities and Importance of English Pirates, 1603–40", Doctoral Dissertation, University of Bristol, 1973, p.323.

② Clive Malcolm Senior, "An Investigation of the Activities and Importance of English Pirates, 1603–40", Doctoral Dissertation, University of Bristol, 1973, p.324.

发展较为滞后。1536年海盗法规定,在主犯被定罪之前从犯是
不可以被审判的。海盗主犯在海事法庭受审,但海事法庭却无法
审判其从犯,因为其罪行是在陆地上犯下的,不在海事法庭的管
辖范围内。①1536年法案并没有赋予海事法庭特别的管辖权,也
就是说,英国没有法院有权审判海盗的从犯。英国一直试图在海
事法庭审理海盗案件,但各种因素制约着海盗案件的审理。首
先,举证责任太大。叛国罪要么要求被告供认,要么要求无动于
衷的证人宣誓作证。②这两种情况在海盗审判中都不容易确定。
其次,议会不喜欢授予君主过多的法律特权,普通法陪审团则不
愿对海盗及其从犯定罪。在大多数案件中,海事法庭在被告长期
生活的地方开庭,陪审团许多成员是海盗的朋友和亲戚。只要海
盗的劫掠限于外国商船,陪审团往往就会网开一面。事实上,大
多数案件甚至从未进入审判程序。许多海盗案件都在陆地和海
上受到刑事指控,被告和投诉人往往来自外国,这些案件最终往
往无果而终。

　　虽然欧洲海域的海盗行为有明确的界定,各国采取国际合作
的方式打击海盗,但许多争议海域的劫掠活动并非被各国视为海
盗行径,因为大多数从事劫掠活动的商船并非海盗船,而是见财

---

① C. M. Senior, *A Nation of Pirates: English Piracy in Its Heyday*, London: David &
Charles Publishers Limited, 1976, p.125.

② David Head, *The Golden Age of Piracy: The Rise, Fall, and Enduring Popularity of Pi-
rates*, Athens: The University of Georgia Press, 2018, p.149.

起意的商人随机的劫掠活动。海盗群体在描述其罪行时很少使用"海盗"一词，而是根据个人喜好和当时的行话将其劫掠行为描述为战争、购买、漫游或开拓。毫无疑问，他们希望将其行为推断为合法的劫掠活动而非海盗行径，从而助其开脱罪行。考虑到界外存在着未经宣战的战争，各国政府都不愿谴责亚速尔群岛以西的劫掠行为。1605年费迪南多·戈尔兹爵士（Ferdinando Gorges）写信给英国索尔兹伯里伯爵（Earl of Salisbury），建议采取措施遏制欧洲水域的海盗活动，但他并不建议遏制亚速尔群岛和加那利群岛以西的劫掠活动。[①]

二、詹姆斯一世对海盗活动的清剿

伊丽莎白时期的海盗大多汇聚至对西班牙的劫掠活动中。1603年3月24日伊丽莎白女王去世，英国劫掠活动的黄金时代宣告结束。詹姆斯入主英格兰后不到两个月，该年5月他就宣布劫掠活动非法，宣布旧有劫掠证件无效，拒绝给劫掠船舶颁发新的捕获许可证。[②]6月他又归还了自即位以来所有的西班牙捕获物，并开启了与西班牙的和平谈判。在随后的政府公告中，詹姆斯明确指出西班牙不再是劫掠目标，并再次撤销了伊丽莎白时期

---

① C. M. Senior, *A Nation of Pirates: English Piracy in Its Heyday*, London: David & Charles Publishers Limited, 1976, p.45.

② Lisa Perrella, "Born of Pillage and Plunder: English Privateers and the Birth of the Royal Navy, 1585–1642", Master Thesis, University of Ottawa, 2010, p.48.

授权的捕获或报复许可证。这些公告表明詹姆斯一世暂时放弃了伊丽莎白的劫掠政策，他试图避免昂贵的欧洲战争，减轻国家财政的巨大压力，扭转伊丽莎白时期肆无忌惮的劫掠行为，发布了一系列政府公告试图控制猖獗的海盗活动。

1603年6月23日詹姆斯一世颁布公告收回了所有捕获或报复许可证，谴责捕获西班牙商船的行为是对清教徒的亵渎，只有4月24日以前出海的劫掠船才允许保留其捕获物。[1]6月的政府公告将劫掠西班牙商船的行径视为海盗。然而，西班牙商人的抱怨接踵而来，9月30日詹姆斯发布公告旨在摧毁海盗在英国本土的后勤支持，要求船东和粮食供应者不得与海盗交易或为其提供必需品，指示海军中将关注出海的劫掠船舶，定期报告这类舰船的动向，否则将处以40英镑的罚款。[2]詹姆斯一世意图一劳永逸地终结劫掠活动的公告，基本上被其臣民无视。1604年8月英西签署了《伦敦条约》，詹姆斯向西班牙驻英国大使承诺他将处死任何企图袭扰西班牙商船的劫掠者。在这种威胁下，许多私掠船不再攻击西班牙商船。为了与西班牙和平相处，詹姆斯不仅愿意惩罚英国的劫掠者，而且放任西班牙对英国劫掠者的报复。1604年12月枢密院接到一份投诉，称波多黎各有近40名英国人被西班

---

[1] Clive Malcolm Senior, "An Investigation of the Activities and Importance of English Pirates, 1603–40", Doctoral Dissertation, University of Bristol, 1973, p.9.

[2] Mark G. Hanna, *Pirate Nests and the Rise of the British Empire, 1570–1740*, Raleigh: University of North Carolina Press, 2015, p.18.

牙军队杀害,詹姆斯让犯罪者逍遥法外也表明了他对和平的承诺。[1]

詹姆斯一世统治时期海盗俨然成为一个日益严重的问题。面对越来越频繁的海盗行径和肆无忌惮的劫掠,詹姆斯决定加强制裁力度。如果海员继续劫掠,他们将被驱逐到纽芬兰、东印度群岛和西印度群岛等偏远海域。即使受到严厉惩罚的威胁,许多海员在没有得到国王批准或支持的情况下继续从事劫掠活动,与西班牙的和平并没有阻止一些英国水手与外国君主签订捕获许可证契约。许多船长从地中海周边的皮埃蒙特、萨沃伊和托斯卡纳小州等地获得捕获许可证,一些人则受雇于西班牙,驻扎在佛兰芒港口城镇,还有一些劫掠者从荷兰获得反抗西班牙的委任状。

詹姆斯一世统治初期荷兰和西班牙之间的战争仍在进行,极大地助推了英国海盗活动的泛滥。英国臣民同情荷兰的革命事业,许多荷兰私掠船在英国沿海城镇购买武装和供给品。许多荷兰私掠船只不过是稍加伪装的英国海盗船,大部分从业人员就是英国海员,他们携带着荷兰授予的捕获许可证和荷兰船员。1604年许多劫掠者为规避政府的法令,接受了荷兰君主授权的捕获许可证。这类英国水手的法律地位是可疑的,这种不确定性被沿海居

---

[1] Lisa Perrella, "Born of Pillage and Plunder: English Privateers and the Birth of the Royal Navy, 1585–1642", Master Thesis, University of Ottawa, 2010, p.49.

民所利用，并受到海军中将的怂恿。考虑到沿海官员的默许，一些人认为在荷兰捕获许可证下服役是合法的。荷兰劫掠船在英国港口购买武器和食物供给，并在岸上出售其战利品，而英国海员则全身心地投入到荷兰的革命事业中。这让詹姆斯很尴尬，战争时常发生在英国沿海。因此，1605年3月詹姆斯颁布法令禁止英国海员与外国君主合作，特别是为荷兰私掠船提供资金、装备或服务。对使用英国港口的交战国制定了规则，并承诺提供一份划定英国水域的地图。然而，劫掠活动如此有利可图，对西班牙的仇恨又如此根深蒂固，国人的同情和港口官员的默许使得法令根本无法执行。加之西班牙和荷兰之间的海上战斗大多发生在英吉利海峡和英格兰海岸周边，因中立国和交战国在中立国领海的权利和义务经常发生纠纷。

为了纠正上述情况，1605年7月8日英国政府再次发布公告，明确规定为他国特别是荷兰服务的英国海员将被视同海盗对待；任何由英国人驾驶的外国舰船进入英国港口都将被扣留，违规者将被扣押并不得保释；协助者、教唆犯和受贿者也将受到制裁。[1]与此同时，反对外国船只在英国水域战斗，主要是针对仍处于战争状态的荷兰和西班牙。公告进一步规定，如果停靠在英国港口的两艘外国船舶是敌对的，其中一艘开始航行，另一艘不得

---

[1] Clive Malcolm Senior, "An Investigation of the Activities and Importance of English Pirates, 1603-1640", Doctoral Dissertation, University of Bristol, 1973, pp.271-272.

在涨潮时航行。外国战船不得在英国补充战略物资或从事物资交易，也不得在英国港口停留超过二十天。[①]此时英国海员再也不能以不知情或以外国捕获许可证来为其劫掠行为辩解，英国海员的任何劫掠行为都将被视同海盗。

当时主要负责打击海盗及其同伙的是海军上将下辖的海军中将，他们负责执行有关海盗事务的公告，执行枢密院和海军部的指示。虽然其职责包括逮捕海盗及其同伙，但他们并没有权力审判海盗，大多数涉嫌海盗罪名而被捕的罪犯都被送到伦敦接受海事法庭的审判。由于海军中将的委任通常是终身制的，他们更热衷于寻找海盗战利品，其在与海盗打交道时更多地是想尽可能多地榨取钱财或战利品。这也是海军中将不情愿对海盗及其帮凶和教唆犯提起法律诉讼的原因。由于当地海事官员的腐败和纵容姑息，海盗活动更加肆无忌惮。

海军上将诺丁汉很快就认识到，打击海盗的主要障碍在于负责这项任务的官员存在贪腐行为。德文郡海军中将理查德·霍金斯爵士（Sir Richard Hawkins）经常与海盗狼狈为奸，由于他对西班牙的仇恨，认可英国和荷兰的海盗和私掠船掠夺西班牙商船，这无疑导致西南部港口成为海盗泛滥的重灾区。霍金斯爵士的行为引发了法国、西班牙和威尼斯大使的批评。1604年6月法国

---

① R.G. Marsden, "Early Prize Jurisdiction and Prize Law in England", *The English Historical Review*, Vol.25, No.98（Apr., 1910）, p.243.

大使声称霍金斯已经释放了在地中海掠夺法国商船的海员，威尼斯大使还指控他收受土伦圣保罗教堂的战利品。1605年4月尤里乌斯·凯撒（Julius Caesar）被迫同意西班牙大使的要求，成立专门委员会负责调查战争结束以来德文郡的所有西班牙战利品。各类指控促使海军上将采取行动，1606年5月29日诺丁汉指示恺撒设立委员会，调查并报告德文郡海军中将的腐败行为，该委员会授权汉弗莱·乔布森（Humphrey Jobson）审查账目、逮捕、审讯并安排和解协议事宜。①调查期间霍金斯不仅继续与海盗来往，甚至一度逮捕了乔布森。因此，1606年8月12日英国政府最终撤销了霍金斯德文郡海军中将的职衔，其职务由詹姆斯·巴格（James Bagg）和哈里斯（Harris）接任。

与此同时，针对海军部官员腐败的投诉成倍增加，有人直接与詹姆斯一世交涉要求他亲自出面清剿海盗。1608年5月21日英国枢密院指示海军上将诺丁汉在沿海郡县设立海盗委员会，授权该委员会调查自1603年4月20日以来沿海地区发生的与海盗有关的案件，专员有权逮捕罪犯并没收其赃物，尤其要调查与海盗有牵连的政府官员、商人和其他胁从犯及利益关联者。②专员们奉命向海军上将汇报进展，其调查结果将于1608年9月29日

---

① Clive Malcolm Senior, "An Investigation of the Activities and Importance of English Pirates, 1603–1640", Doctoral Dissertation, University of Bristol, 1973, p.275.

② C. M. Senior, *A Nation of Pirates: English Piracy in Its Heyday*, London: David & Charles Publishers Limited, 1976, p.134.

前提交枢密院。1609年由许多知名人士组成的特别委员会听取了所有与海盗有关的投诉。7月20日海盗委员会下令逮捕了康沃尔海军中将汉尼拔·维维安(Hannibal Vivian)和威廉·雷斯特罗克(William Restarrock)等人,要求他们于1609年10月2日在威斯敏斯特大厅接受询问。9月英国政府逮捕了15名海盗和150名胁从犯和教唆犯,①这些人都送往伦敦接受审查。在1608—1609年的政府调查中,诺丁汉自己也未能幸免。证据显示,他曾利用职务之便为海盗安排和解协议。1608—1609年海盗委员会在摧毁西南地区猖獗的海盗产业链方面发挥了重要作用,进一步削弱了海军上将诺丁汉的权威。1608—1610年间海盗专员对违法行为的查办力度确实起到了威慑作用,大大减少了海峡地区猖獗的海盗船和伪私掠船。

为了与法国联合打击海盗,1610年8月29日詹姆斯一世和路易十三世在伦敦签订《英法同盟条约》,该条约中有许多条款涉及对两国贸易产生不利影响的海盗行为。第三十三条规定,所有从海盗手中取回的货物,无论是金币、银币或其他商品,对取得财产合法证明的真实所有人,都应及时归还。因此,如果一个英国商人丢失了货物,并能证明这些货物是其合法财产,他就可以要求收回这些货物,即使这些货物是在法国港口,反之亦然。

---

① C. M. Senior, *A Nation of Pirates: English Piracy in Its Heyday*, London: David & Charles Publishers Limited, 1976, p.136.

　　在诺丁汉担任海军上将期间，政府授权港口城镇官员组织清剿海盗。1610—1614年期间除授予南安普敦伯爵和朴茨茅斯市长委任状外，布里斯托尔、埃克塞特、赫尔、纽卡斯尔、韦茅斯和巴恩斯特普尔等地都曾有权抓捕海盗。[1]在遥远危险海域从事贸易的船东和船长也得到了类似的授权。为响应英国商人因遭受地中海海盗洗劫的请愿，1609年12月英国政府第一次授权个人打击海盗。1609—1618年间至少颁发了32个委任状，其中19个与海外贸易相关。[2]然而，英国海盗仍然继续骚扰西班牙商船。事实上，1612年西班牙大使告诉詹姆斯一世，英国海盗自和平以来造成的破坏比战争时期更大。1612年詹姆斯一世颁布了赦免海盗的公告，允许归降的海盗保留其战利品，但很少有水手接受政府建议。[3]许多人将其活动基地从英格兰搬到了爱尔兰。

　　越来越多的劫掠活动和商业投诉的压力使英国政府意识到有必要确保贸易和商业的安全。1616年后授权个人抓捕海盗的做法取消了，抓捕海盗的主要重担由海军承担。尤其是1619年白金汉公爵乔治·维利尔斯（George Villiers）被任命为海军上将后，政府加强了对沿海的定期巡逻，取消了地方抓捕海盗的做法。

---

① C. M. Senior, *A Nation of Pirates: English Piracy in Its Heyday*, London: David & Charles Publishers Limited, 1976, pp.140-141.

② C. M. Senior, *A Nation of Pirates: English Piracy in Its Heyday*, London: David & Charles Publishers Limited, 1976, p.147.

③ Lisa Perrella, "Born of Pillage and Plunder: English Privateers and the Birth of the Royal Navy, 1585-1642", Master Thesis, University of Ottawa, 2010, p.54.

到詹姆斯一世统治末期,强大的海军巡逻已然成为常规活动。即使拥有强大的海军舰队,保护英国海岸仍然捉襟见肘。理查德·普卢姆利(Richard Plumleigh)船长曾抱怨,仅靠两艘舰船根本无法守卫爱尔兰、威尔士和塞文河等水域。海盗可以停泊在海岸的偏远地区,得到当地居民的支持。然而到17世纪20年代,英国海域的海盗已然不是主流。法国和西班牙的私掠船开始活跃于英国水域,来自阿尔及尔的土耳其流浪者则成为一种全新的威胁。

三、对詹姆斯一世时期海盗劫掠活动的认识

17世纪初海外贸易的扩大,给欧洲各国带来了巨大的财富和新的商业方式,英国经济变得更加稳定。人们清楚地认识到海洋贸易日益增长的重要性,以及加强国际贸易秩序与安全的必要性,现在英国的重点是如何保护本国经济,而不是颠覆性地攻击他国经济。因而,詹姆斯一世断然否定了伊丽莎白时期劫掠式的海洋政策,开始取消对贸易和商业危害极大的劫掠活动。由于詹姆斯一世入主英格兰时,许多伊丽莎白时代最成功的劫掠者如弗罗比舍、霍金斯和德雷克已经先后去世,因此取缔劫掠活动受到的阻力相对而言较小。但英国从战争向和平转轨的过程中,詹姆斯面对的是一个分裂的群体。一部分人相信和平能给英国带来繁荣和安全,而另一些人则认为战争是实现这些目标的手段。

在打击海盗的努力中，最耀眼的无疑是处决了沃尔特·罗利爵士。罗利爵士的职业生涯横跨伊丽莎白女王和詹姆斯一世统治时期。虽然罗利与德雷克爵士享有同样的荣耀，但其命运却截然不同。罗利爵士在伊丽莎白统治时期曾是一名声名显赫的冒险家，但在詹姆斯一世与西班牙恢复和平后，罗利肆意攻击西班牙商船，烧毁西属美洲种植园，甚至教堂和修道院也未能幸免，这无疑违背了詹姆斯一世与西班牙寻求和平的长期目标，最终成为詹姆斯和平政策的受害者。加之其行为激怒了西班牙，以至于詹姆斯一世不得不将罗利投入监狱，最终处决罗利以平息西班牙的怒火。①

虽然驻伦敦的外国商人和大使的一连串抱怨给詹姆斯一世带来了相当大的压力，然而，除非海盗在英国被抓获或带回国内受审，否则并没有有效的措施可以制裁海盗行径，除非发动远征。随着地中海劫掠活动的猖獗发展，1609年詹姆斯一世表示要派遣一艘皇家舰队帮助黎凡特商人镇压海盗，但他的承诺从未兑现。财政的窘境使得詹姆斯一世不可能派遣皇家舰队到远离本土的海域追捕英国海盗。因此，英国政府镇压海盗的活动仅限于本土水域，这意味着对远洋海盗几乎不存在任何威慑力量。事实上，詹姆斯一世对劫掠活动的禁令起到反作用。劫掠船的取缔和

---

① Francis Raymond Stark, *The Abolition of Privateering and the Declaration of Paris*, New York: Columbia University, 1897, p.66.

海军力量的薄弱增加了英国商人海外贸易活动的风险,因为其他欧洲君主并没有取缔本国的私人劫掠活动,这使得英国商人很容易遭到袭扰。

虽然詹姆斯一世反对私掠,但其仍继续着伊丽莎白的扩张主义和殖民主义目标。为了结束英国和西班牙长达一个世纪的冲突,詹姆斯一世推翻了伊丽莎白时期原有的海事政策。他对海事政策的逆转、对西班牙的顺从,以及对劫掠活动的疏远,促使大量英国海员移民。1605年那些曾经从事过劫掠活动的海员被贴上了海盗的标签。英国海员发现其面临着失去财富、可能被起诉的风险。由此成千上万的英国海员逃往美洲大陆和加勒比海域,为英国的早期殖民拓殖奠定了基础。17世纪初英国恢复了在切萨皮克建立定居点的计划,1607年约翰·史密斯(John Smith)建立了詹姆斯敦。1609年控制了百慕大,1623年控制了圣基茨,1625年控制了巴巴多斯。正如安德鲁斯所言,他的统治见证了大英帝国的开启——北美殖民地的建立,与东方直接贸易的发展。这些努力是由劫掠者开展的,但这些行为往往违背了詹姆斯一世与西班牙的和平愿望。

在詹姆斯一世统治的最后几年,他正在为战争做准备。1622—1624年他发布了一份公告,召回为外国君主服务的英国海员。1625年2月4日发布了对西班牙和荷兰的捕获或报复许可证,并发布了类似于1585年的11条劫掠指令,授权在任何河流、港口或小溪以及海上捕获敌国商船，在海事裁定捕获物前可以出售易腐烂的货物。[1]

第二节　查理一世时期英国私掠活动的进展

1625年查理一世即位之初便面临着与西班牙和法国的战争，由于英国势单力薄，交战双方的海上力量经常陷入攻防交替的消耗战之中。查理一世曾致力于筹集巨资以加强英国的海上力量，但却经常遭到议会的强烈反对，难以获得足够的经费支持。因此查理一世不得不借助商人和贵族的经济力量，汇聚合流为一股私人海上武装，借助其劫掠活动维持与西班牙和法国的战争，与此同时也不断规范私人劫掠活动，使其尽量符合英国的战略利益。

一、英西和英法战争期间查理一世对劫掠活动的支持

查理一世统治伊始，英西战争就爆发了。该战争从1625年9月一直持续至1630年11月，[2]其间查理一世经常派遣海军远征队夺取西班牙的财宝船队。大规模海军远征伴随着劫掠战争，1625—1630年间英国授权数百艘英国劫掠船捕获西班牙商船，

---

[1] R.G. Marsden, "Early Prize Jurisdiction and Prize Law in England", *The English Historical Review*, Vol.25, No.98（Apr., 1910）, p.251.

[2] John A. C. Conybeare and Todd Sandler, "State-Sponsored Violence as a Tragedy of the Commons: England's Privateering Wars with France and Spain, 1625-1630", *Public Choice*, Vol. 77, No. 4（1993）, p.881.

劫掠船在英吉利海峡、比斯开湾、地中海和加勒比海进行掠夺。有时是单独航行，有时是3—4艘成行。1625—1630年的英西战争遵循了伊丽莎白时代的劫掠模式，也就是不宣而战。英国并没有下令攻打西班牙，也没有命令英国商人禁止与西班牙商人做生意，但事实上英西贸易已然停滞，西班牙商船遭到了劫掠。

1625年9月2日查理一世授权海军上将委任状，允许其签发反对西班牙的捕获许可证，该委任状于1625年9月17日发给白金汉。因西班牙臣民而遭受损失的英国臣民有权扣留、扣押西班牙国王或其臣民的商船和货物。①该年11月2日白金汉收到另一份委任状，授权他签发海事法庭的捕获许可证。11月3日枢密院颁布的相关劫掠法令规定，所有从事捕获和扣押西班牙臣民船只及其货物的劫掠者，想要获得捕获许可证须向海军大臣或海事法官证明或出示相关证明材料，即使其损失实际上是伪造的。②正如1626年9月19日亨利·马丁爵士（Sir Henry Martin）所说，只有那些受到损失、损害和冤枉的人才会收到捕获许可证，国王无法以其他方式为他伸张正义和弥补损失，只能以这种方式给他以公正和适当的满足。③这是对签发捕获许可证的经

---

① John C. Appleby, "English Privateering during the Spanish and French Wars, 1625–1630", Doctoral Dissertation, University of Hull, 1983, p.46.

② R.G. Marsden, *Documents Relating to Law and Custom of the Sea, Vol I: 1205–1648*, London: The Navy Records Society, 1915, pp.413–416.

③ R.G. Marsden, *Documents Relating to Law and Custom of the Sea, Vol I: 1205–1648*, London: The Navy Records Society, 1915, pp.427–428.

典法律解释，但并不符合当时英西和随后英法之间劫掠活动的现实。1625—1630年期间劫掠者在没有捕获许可证的情况下扣押敌舰是非法的，并可能面临没收捕获物和被指控海盗罪名的起诉。实际上，1625—1628年期间白金汉公爵以海军上将的身份介入海事法庭的诉讼，使未获委任状的英国劫掠船对敌方船只的捕获合法化。

　　得到授权的劫掠者可以袭击任何在海上、河流、港口航行的西班牙商船。劫掠者必须向海军上将或海事官员提供担保，以确保其将捕获物带回英国裁决。在支付保证金后，签发为期一年的捕获许可证。这类保证金的目的是规范其劫掠行为。如果劫掠船试图在裁决前处理捕获物或捕获不当的目标，保证金就有可能被没收。所有捕获的船舶和货物均应妥善保管，任何捕获物都不得出售或损坏，直至海事法庭将其裁定为合法捕获物。海事法庭作出裁决后，劫掠者可以自由处理捕获物，否则售卖或购买此类货物的其他人均视为违法。所有人均可合法地购买上述商人和劫掠者售卖的捕获物，买方或其中任何一方不得因此遭受任何阻碍、麻烦或骚扰，战争期间的捕获物交易如同正常的商业交易。对于裁决中有争议的商船和货物，海事法庭法官应委托五名诚实而有资格的商人真实估价，并将该货物账册和估价交还海事法庭以供裁决。持有捕获许可证的劫掠者只针对西班牙臣民，不得劫掠本国臣民、友邦或盟国的商船。劫掠者接受捕获许可证前必须登记其船舶名称、吨位或载重量、船长或船东及船员信息。[①]

1625年12月20日英国和荷兰签订《南安普顿条约》,该条约规定:战争物资、粮食、军火、银、皮革、铁和运往西班牙的海运物资皆为违禁品。[②]运载这些物资的商船及其货物都被劫掠者视为捕获物。12月24日颁布的政府公告禁止与西班牙或奥匈帝国君主的臣民贸易,否则没收船舶和货物,60吨及以上的船舶除非其全副武装,否则禁止出海。[③]12月31日的政府公告进一步要求执行《英荷条约》中关于禁运品的条款,并授予针对西班牙商船的捕获式报复许可证。[④]为了避免误解和产生分歧,1626年3月4日又发布公告,明确规定违禁品包括军火、火药、硫黄、铜、铁、绳索、麻绳、帆布、缆绳、锚、桅杆、船桨、船板、沥青、焦油、松香、谷物、战争弹药、各类食物和补给品。[⑤]4月2日发布的公告对过去的法令条文进行了一些补充,允许英国船东进口西班牙货物,以免其商船或货物遭到西班牙等敌对国家的扣押。由于捕获许可证遭到滥用,1627年8月20日枢密院撤销了该公告。

---

① R.G. Marsden, *Documents Relating to Law and Custom of the Sea, Vol I: 1205-1648*, London: The Navy Records Society, 1915, pp.410-413.

② R.G. Marsden, *Documents Relating to Law and Custom of the Sea, Vol I: 1205-1648*, London: The Navy Records Society, 1915, p.404.

③⑤ R.G. Marsden, "Early Prize Jurisdiction and Prize Law in England", *The English Historical Review*, Vol.25, No.98 (Apr., 1910), p.252.

④ R.G. Marsden, *Documents Relating to Law and Custom of the Sea, Vol I: 1205-1648*, London: The Navy Records Society, 1915, p.405.

英国枢密院在1626年和1627年发布的各类海战命令表明政府积极鼓励劫掠活动。1626年4月25日政府降低了劫掠者出海之前须缴纳的保证金标准。保证金最高不超过2000英镑，海事法官可视船舶载重量自由调整保证金的数额。[1]1627年5月4日枢密院下令简化海事法庭的审理程序，所有捕获物案件均应立即交由法官审理。6月15日枢密院发布命令处理对捕获物的不公正索赔。这个问题在6月25日的政府公告中得到了进一步的申明，任何对捕获物的欺诈行为和不公正裁决将严惩。[2]7月约翰·科克爵士（Sir John Coke）、尤利乌斯·恺撒爵士、亨利·马登爵士（Sir Henry Marten）等人被委任调查捕获法的存疑条文及相关裁决惯例。[3]

到1627年中期，英国劫掠者开始扣押涉嫌向西班牙运送违禁品的法国商船，英法关系进一步恶化，由此英法战争爆发。英法战争从1627年4月持续至1629年4月，其间查理一世派远征军援助拉罗谢尔港的胡格诺派教徒。1627年3月白金汉受命签发针对法国的捕获或报复许可证。3月4日政府公告列举了违禁品类货物，宣布荷兰商船携带违禁品运往西班牙并在西班牙出售，

---

[1] John C. Appleby, "English Privateering during the Spanish and French Wars, 1625–1630", Doctoral Dissertation, University of Hull, 1983, pp.48–49.

[2] John C. Appleby, "English Privateering during the Spanish and French Wars, 1625–1630", Doctoral Dissertation, University of Hull, 1983, p.50.

[3] R.G. Marsden, *Documents Relating to Law and Custom of the Sea, Vol I: 1205–1648*, London: The Navy Records Society, 1915, p.406.

将被视为合法捕获物。满载货物前往西班牙和荷兰的法国船只也可能被捕获,法国名义上运往加来的货船实际运往荷兰也将被捕获。5月1日下达了对法劫掠活动的相关命令。设立了捕获专员负责维护国王和海军上将的利益,在海事法庭获罪的劫掠者上诉成功后,在提供担保的情况下可以出售其捕获物。6月25日颁布的法令规定,如果在捕获案件中发现索赔存在欺诈,索赔人应支付双倍的诉讼费用和损害赔偿,并将在星室法庭受审。对于外国官员掩盖其货物国籍的欺诈行为,其货物将不予交易。[1]1628年9月20日政府法令再次规定,只要发现西班牙商船都可捕获。9月30日对劫掠船发出了新的指令,规定劫掠者应向国王支付十分之一的保证金。海峡群岛、阿尔及尔、突尼斯、萨列和马德里的商船应提供担保,劫掠者须带回3—4名捕获物商船的船员(包括船长和领航员)以证明其合法性。[2]10月15日一份政府公告禁止向法国运输谷物、食品或战争物资。

尽管英国为军事行动而筹集资金做出了诸多努力,但由于财政疲软和管理不善,英国根本无法同时成功抗击欧陆两大强国,因而这些军事行动均以失败告终。到1628年后期,战争的努力显然被议会内部的纷争和财政疲软所削弱。1629年5月10日与

---

[1] R.G. Marsden, *Documents Relating to Law and Custom of the Sea, Vol I: 1205–1648*, London: The Navy Records Society, 1915, p.406.

[2] R.G. Marsden, *Documents Relating to Law and Custom of the Sea, Vol I: 1205–1648*, London: The Navy Records Society, 1915, p.407.

法国达成和平,1630年12月1日与西班牙恢复和平,但西班牙和荷兰仍然处于战争状态。荷兰和西班牙船只在英国水域的战斗又引发了新的争端。1630年《英西和平条约》规定,荷兰商船上携带的英国货物和英国商船上携带的荷兰货物将被视为西班牙的捕获物。1632年英法签订《和平条约》,规定只有在执法不公的情况下政府才能颁发报复许可证,不得在港口或避风港执行报复许可证,除非是针对实际的作恶者。[①]

二、沃里克伯爵的劫掠活动

查理一世统治期间向肯尼姆·迪比爵士(Sir Kenelm Digby)和理查德·奎尔(Richard Quayle)等人颁发了劫掠西班牙的委任状。沃里克伯爵(The Earl of Warwick)是当时劫掠西班牙的佼佼者。1627年3月22日沃里克被授予执行海上戒严令的权力,可以保留任何捕获的战利品,而不必对其进行任何解释,也可按照自身意愿分配捕获物。这一规定赋予了沃里克广泛的捕获权力。作为劫掠活动和新教事业的支持者,沃里克伯爵罗伯特·里奇(Robert Rich)将保护新教不受西班牙天主教的蹂躏视为自身的职责。17世纪20—30年代沃里克是西印度群岛和萨默斯群岛劫掠活

① R.G. Marsden, *Documents Relating to Law and Custom of the Sea, Vol I: 1205–1648*, London: The Navy Records Society, 1915, p.407.

动的主要赞助者，他提倡用劫掠船对付西班牙。[1]沃里克伯爵购买了马萨诸塞湾公司的控制权，并在弗吉尼亚海岸建立了一些哨所。1629年沃里克与清教领袖赛伊勋爵一起创立了普罗维登斯公司，为向西班牙发动战争的劫掠者提供了栖息基地。普罗维登斯公司不仅是美洲大陆的劫掠船基地，而且还打算在圣卡塔利娜岛开拓新的基地。正如安德鲁斯所说，从一开始西印度群岛的殖民地就直接参与了反西班牙的行动。1625—1630年西班牙战争结束时普罗维登斯公司成立，其业务在敌对行动停止后仍持续了较长时间。因此，尽管17世纪30年代查理一世与西班牙结盟，但沃里克仍继续以新教的名义进行劫掠活动。

查理一世虽然对沃里克的私人劫掠不感兴趣，但他不愿意惩罚普罗维登斯公司的劫掠活动。事实上，查理一世至少在一定程度上支持沃里克的私掠冒险，他甚至对沃里克委以重任。1627年不顾当时的海军上将白金汉公爵的抗议，查理一世扩大了沃里克委任状的授权范围，允许其侵占西班牙和荷兰在欧洲、非洲或美洲等领土。沃里克舰队与一支庞大的西班牙舰队遭遇，最终以失败告终，这次失败促使沃里克寻求新的委任状。1629年6月19日查理一世授予沃里克新的委任状，允许其劫掠西班牙或敌对国家的

---

[1] Kenneth R. Andrews, *Ships, Money and Politics*, Cambridge: Cambridge University Press, 1991, pp.37, 113.

商船以弥补其遭受的损失。[①]1630年首次在英国本土以外建立了海事法庭负责裁决捕获物，授予普罗维登斯公司所有海事权利，其中包括签发捕获许可证以及裁决捕获物的权利。[②]沃里克对劫掠活动和海外利益的兴趣赢得了许多议员的支持。当1642年7月查理一世解除了诺森伯兰伯爵海军上将职务时，议会于同年7月临时任命沃里克担任该职位。沃里克暂时担任海军上将期间平息了大量海军舰艇的叛变，宣誓效忠于议会。因其杰出贡献，1643年12月议会正式任命沃里克为海军上将。[③]随后沃里克派遣远征队袭击了西属加勒比地区，暂时占领了牙买加。

三、评价查理一世时期的劫掠活动

查理一世执政时期，英国皇家海军还比较弱小，无法进行大规模的跨海军事战役。加之由于财政匮乏、行政无能和军事准备不足，海军甚至无法有效地利用其拥有的资源。查理一世和议会间关于财权的长期冲突削弱了王室的财政收入，无法支持任何大规模的军事行动。与此同时，劫掠者缴获的捕获物须向王室缴纳关税，海军上将可以获得捕获物价值的十分之一。海军上将将其

---

① R.G. Marsden, *Documents Relating to Law and Custom of the Sea, Vol I: 1205–1648*, London: The Navy Records Society, 1915, p.457.

② R.G. Marsden, *Documents Relating to Law and Custom of the Sea, Vol I: 1205–1648*, London: The Navy Records Society, 1915, p.408.

③ C.H.Firth and R.S. Rait, *Acts and Ordinances of the Interregnum, 1642–1660*, London: H.M. Stationery Office, 1911, pp.351–352.

权益委托给承包商，承包商从捕获物十分之一的价值中收取5%的佣金。海军上将和其他海军官员长期投资劫掠活动较为常见。议会也热衷于劫掠活动，不仅因为它减轻了增税的潜在压力，而且能给许多直接参与劫掠活动的商人带来丰厚的收益。因此对查理一世来说，战争时期官方许可的劫掠活动不仅是一种廉价的战争手段，而且对政府内地位优越的官员而言也是一种有利可图的经济活动，因而获得了政府的大力支持。

1625—1630年战争期间，英国政府急于调动一切可用的力量来对付敌人，使一些海盗得以跨越非法和合法劫掠之间的障碍。约翰·纳特（John Nutt）、约翰·埃利斯（John Ellis）、理查德·吉法德（Richard Gyffard）和罗伯特·纳特（Robert Nutt）等海盗都参与了1625年、1627年和1628年的海军远征。[①]于他们而言，对西班牙和法国的战争只是他们从事各种合法劫掠的小插曲。随着1630年战争接近尾声，一些劫掠船滥用职权肆意劫掠。海盗有可能趁着战争时期的混乱，利用其获得的捕获许可证将其行动掩盖在合法的外衣之下。因此，战争期间政府的矛盾态度可能严重削弱劫掠船和海盗之间的差别。

随着战争的进行，1627年劫掠活动的陡增引发了关于海事法庭是否能有效管理和控制劫掠活动的问题。各国经常对捕获

---

① John C. Appleby, "English Privateering during the Spanish and French Wars, 1625-1630", Doctoral Dissertation, University of Hull, 1983, p.17.

物的合法性或所有权产生争议，英国海军上将管辖的海事法庭对捕获案件的处理都较为草率，因此外国当事人很少能得到满意的答复，外国大使经常抱怨本国商人在海事法庭得不到公正的对待。1629年恢复和平后，英国还在攻击中立国或友邦的商船，这引起了荷兰、汉堡、吕贝克、威尼斯和法国的持续抱怨。尽管英国政府在一定程度上迫于中立国和友邦的压力修改了其劫掠政策，但英国劫掠者继续攻击这些国家的船只直到战争结束。与此同时，在中立国海域从事劫掠活动往往会产生外交纠纷，它削弱了这些领土统治者的主权。中立国海域本应没有劫掠船，主权国家有责任保护所有途经其领土的商船安全。如果外国私掠船在其领土上劫持了商船或将其带回港口，中立国必然会与交战方交涉。如果危及政府利益，英国外交或海军官员建议本国政府释放此类船舶，即使是合法捕获物。此外，英国不允许其劫掠船在外国港口出售捕获物，除非因恶劣天气或遭遇敌人而面临失去捕获物的危险。一些劫掠者经常在外国港口销售捕获物谋利，并将其行为归咎于天气或敌人的缘故。即使是守法的船长也会将其捕获物带到外国港口，因为其船员较少，容易遭到敌国军舰或劫掠者的袭击。当他们在敌国领土范围内作战或在归途必须途经敌国领土时尤其如此。①

---

① Hielke Van Nieuwenhuize, "Prize Law, International Diplomacy and the Treatment of Foreign Prizes in the Seventeenth Century: A Case Study", *Comparative Legal History*, Vol.5, No.1（2017）, pp.143-144.

1625—1630年期间英国劫掠活动主要集中在伦敦和从普尔至布里斯托尔的西南部港口。西班牙商船满载着价值不菲的货物，如糖、皮革、烟草或巴西木材，这些战利品主要由伦敦、布里斯托尔和韦茅斯的劫掠者捕获。所有参与劫掠战争的主要港口都参与了对法国船只的大规模袭扰，但法国捕获物普遍价值不高，许多是小型渔船，其他是装载布、酒、盐或粮食等各类货物的小型沿海商船。[①]

与西班牙和法国恢复和平后，英国的劫掠活动逐渐减弱，但特殊情况下的报复或捕获行为仍时有发生。1636年由于英国船只被劫持和所谓的不公正，英国政府再次针对法国和西班牙发布报复或捕获许可证。1637年国王下令对敦刻尔克的船只进行报复，目的是补偿遭受掠夺的私人船东。[②]

第三节　共和国时期英国私掠活动的建制

查理一世与议会之间矛盾的不可调和导致了内战的爆发。内战期间，查理一世和议会都争先恐后利用私掠船来攻击对方，议会最终凭借着海军和私掠船的优势击败了查理一世为首的保

---

① John C. Appleby, "English Privateering during the Spanish and French Wars, 1625–1630", Doctoral Dissertation, University of Hull, 1983, p.307.

② R.G. Marsden, "Early Prize Jurisdiction and Prize Law in England", *The English Historical Review*, Vol.25, No.98 (Apr., 1910), pp.260–261.

皇派，建立了英国历史上第一个共和国。共和国成立后，特别是在克伦威尔时代，英国政府开始将争夺贸易、海洋和殖民地作为外交政策的主要目标。为了打击荷兰在欧洲和美洲航海贸易中的主导地位，英国悍然发动了对荷兰的战争，尽管英国并没有击败荷兰，但却使荷兰被迫接受了英国的《航海条例》，改善了英国的航运贸易地位。与此同时，为了取得同西班牙殖民地进行走私贸易的仓库和对西班牙航船实施劫掠的有利位置，克伦威尔派军队占领了牙买加，为英国在西印度殖民扩张提供了前沿阵地。

一、内战前后英国政府对私掠船活动的调整

1642年8月查理一世指称议会造反，应予以征讨，内战由此爆发。内战爆发后，在低工资和海员普遍不满的刺激下，皇家海军很快倒向了议会。保皇派不得不依赖私掠船开展军事活动。英国24个殖民地中有6个殖民地公开支持查理一世并反抗清教政权，它们分别是安提瓜、巴巴多斯、百慕大、马里兰、纽芬兰和弗吉尼亚。①这一时期尽管议会控制了皇家海军，但由于皇家海军主要用于保卫英国海岸免受入侵，并确保海外贸易的正常运转，因此议会很快就授权私掠船从事劫掠活动，私掠船的主要任务是追击和攻击保皇派的船舶，阻止各类商船给驻扎在英格兰和爱尔

---

① Amanda Joyce Snyder, "Pirates, Exiles, and Empire: English Seamen, Atlantic Expansion, and Jamaican Settlement, 1558-1658", Doctoral Dissertation, Florida International University, 2013, pp.118-119.

兰的保皇派军队运输补给。议会发布公告允许忠诚的英格兰臣民装备船舶打击爱尔兰的叛乱分子，因为许多英国人担心爱尔兰会与查理一世结盟来反对议会。因此，议会授权英国臣民装备私掠船来捕获反对议会的爱尔兰船只，或者捕获为爱尔兰叛军提供给养的商船，允许私掠者将捕获的战利品和违禁品留归个人所有，借此削弱爱尔兰起义，避免爱尔兰叛乱分子与保皇派联合，进而加强议会的海军实力。[①]

1642年11月30日议会通过法案允许平民装备私掠船来袭扰国王和保皇派的海外后勤补给线，私掠者可以保留劫掠获得的军火和各类商品等物资。[②]通过允许私掠船保留其捕获物，议会不仅增加了其自身的舰艇数量，而且削弱了保皇派的实力。议会允许私掠船攻击为查理一世提供援助的国内外商船。但私掠船必须将其捕获物带回英国港口，等待海事法庭的裁决。该法令便于议会将私掠船和海盗加以甄别。私掠船攻击议会的敌人，而海盗攻击议会的盟友。随着私掠船活动的飙升，有必要规范有关私掠捕获物的相关事宜。1644年2月议会颁布的法令涉及捕获物的出售和处置事宜。该法令任命托马斯·史密斯（Thomas Smith）和约翰·希尔（John Hill）为捕获物裁决委员会专员，由他们负责

[①] Raymond Wayne Terry, "Piracy by Another Name: The Regulation of English Privateering", Master Thesis, University of Central Arkansas, 2017, pp.21-22.

[②] Raymond Wayne Terry, "Piracy by Another Name: The Regulation of English Privateering", Master Thesis, University of Central Arkansas, 2017, p.23.

捕获物的估价和国家份额的出售事宜。法令通过规范捕获物的出售来管制私掠船，确保了英国政府从私掠船身上获得公平的份额。[①]此后议会也通过类似的规定来确保政府所属捕获物销售收益的最大化。

1645年6月议会新军在纳斯比附近大败王军，几乎消灭了查理一世和鲁伯特亲王指挥的军队，从而获得了内战第一阶段的胜利。为了最大程度上削弱查理一世的实力，1646年1月议会再次授权允许私掠船攻击议会的所有敌人，包括查理一世的支持者。该法令是议会巩固其内战胜利者地位的一种尝试，私掠船是议会重要的海上辅助力量，不仅可以破坏敌人贸易或者摧毁保皇派军队运输补给的商船，而且可以协同皇家海军保护英国海岸免受入侵，保护伦敦与欧洲大陆间的贸易往来。然而，1647年11月11日查理一世摆脱军队的监控逃往怀特岛，12月查理一世与苏格兰代表签订协议，由苏格兰军队助其恢复王位，内战再次爆发。此时议会加强了对海军的控制，该法要求海军军官完全控制其所属舰艇。议会严格控制海军源于1648年海军雷恩斯伯勒兵变。忠于议会的部分皇家海军舰艇造反，为此议会驱逐了1641—1648年间帮助过国王及其同盟的海军人员，并禁止此类人员继续服役。针对皇家海军的法令也适用于私掠船，任何私掠船如收到查

---

① Raymond Wayne Terry, "Piracy by Another Name: The Regulation of English Privateering", Master Thesis, University of Central Arkansas, 2017, pp.24–25.

理一世的船旗信，都禁止其在海军服役或以私掠船的身份服役。①

1649年1月30日查理一世被处决，新生的共和国更是危机四伏。除了国内外既存的王党叛乱，最大的威胁来自法国与荷兰，这些国家的统治者与查理一世有亲缘关系，对英国的事变耿耿于怀。爱尔兰与苏格兰也公开打起造反的旗帜，拥立查理一世的儿子为新国王，向英国革命发起挑战。因此，新生的共和国迫切需要配备一支强大的海军来保证稳定局面，对付来自保皇主义者、爱尔兰人、苏格兰人和国外敌人的威胁。因此，1649年2月议会通过了鼓励军官和水手及征召海员的征兵法案，试图减少造反的私掠船，保卫英国领土和海外贸易安全。

1649年4月17日议会颁布法令，授权扣押查尔斯·斯图尔特或鲁伯特王子委托的叛乱船舶、外国商船或英国商船。载有违禁品的船舶只要开往或驶离英格兰、西兰或任何对议会有敌意的地方，均可捕获。②该法案界定了捕获物的范围，属于外国君主、接受任何与该国或联邦为敌的个人或国家委托的船舶，包括保皇主义者、爱尔兰叛乱者、查理二世委托的私掠船。法案明确了私掠船的行为，规定私掠船必须将捕获物带回本国港口，接受港口市镇海事法庭的裁决。将捕获物带回海事法庭裁决便利于政府管

---

① Raymond Wayne Terry, "Piracy by Another Name: The Regulation of English Privateering", Master Thesis, University of Central Arkansas, 2017, pp.27−28.

② R.G. Marsden, *Documents Relating to Law and Custom of the Sea, Vol. II: 1649−1767*, London: The Navy Records Society, 1916, p.10.

制和规范私掠船活动。如果是合法的捕获物，私掠船就可从中分享利润；如果是非法捕获物，此类捕获物将被没收，私掠船将一无所获。这一规则倒逼私掠船捕获有效的捕获物。与此同时，法案详细规定了捕获物保存、裁决、份额等方面的相关原则。该法案还任命了专责捕获物事务的专员和司库，其职责是保存捕获物并对其估价，捕获物裁决后的相关税收缴纳及销售等事项。捕获物经海事法庭裁决后，利润分成三份：一份归船长在内的高级船员和普通海员分享，一份归私掠船船东和装备商所有，剩下部分归受伤和死亡海员及其家属设立的皇家财政基金管理。

根据这项法案，如果捕获的是一艘军舰，其捕获物的一半归私掠船的军官和船员所有，另一半归伤病员所有。如果捕获的是一艘商船，三分之一归私掠者所有，三分之一归国家，三分之一归伤病员。如果捕获是一艘租用的商船，三分之一归私掠船东，三分之一归伤病员，六分之一归私掠海员，六分之一归国家。捕获的商船被私掠者夺回，原船东要支付给夺回者被劫商船及货物价值的八分之一。①私掠船成为一种被政府认可的报复形式，被视为是保护英国国防安全的有力工具。英国捕获法案的发展是政府规范私掠船活动的重要组成部分。议会关于捕获物法案的修订和撤销时刻紧跟形势发展的需要。

---

① R.G. Marsden, "Early Prize Jurisdiction and Prize Law in England", *The English Historical Review*, Vol.26, No.101（Jan., 1911）, p.37.

与此同时，随着海洋贸易和商业的发展，各国都必须遵守捕获法。护国公奥利弗·克伦威尔认可英国海军有权获得捕获物，但必须完全遵守相关法律和程序规范，防止与货物所属国发生任何外交纠纷。1649年议会开始颁发针对外国商船的报复或捕获许可证，并在该年12月19日对私掠船发出指令。具体规定如下：私掠船在任何情况下都应提供损失证明。每艘载有报复或捕获许可证的船舶必须登记其名称、吨位及相关信息，以便合理核算船东的各项开支。私掠船只能拿走等价于其损失的捕获物。①1650年4月13日议会再次颁布法令规定，如果外国船舶悬挂英国旗帜访问、搜查英国船舶，英国商船应拒绝此类搜查并有权捕获此类船舶。②10月3日法案授权英国私掠者扣押属于巴巴多斯、百慕大、弗吉尼亚或安提瓜岛叛乱分子的船舶或与叛乱分子进行贸易往来的商船。③1649—1652年期间航行到美洲种植园的商船一般都携带捕获许可证，以对抗联邦的敌人或叛乱的殖民地。12月1日议会再次颁布法令禁止英国商船向苏格兰地区运送战争违禁品。

维护完善的捕获法律体系的声誉并尽量减少投诉的风险，成为英国努力规范私掠活动的基本目标。1652年议会对私掠船活

① R.G. Marsden, "Early Prize Jurisdiction and Prize Law in England", *The English Historical Review*, Vol.26, No.101 (Jan., 1911), p.38.

②③ R.G. Marsden, *Documents Relating to Law and Custom of the Sea, Vol. II: 1649-1767*, London: The Navy Records Society, 1916, p.10.

动做了进一步的调整。在正式颁发捕获或报复许可证前,对受害主体的赔偿应由本国君主向外国君主正式提出,但不包括已经爆发战争的地方。从事私掠活动者必须提供损失证明,可以根据以往的损失推定赔偿。授予私人兵舰的委任状包括两类:一类是根据议会法案禁止与英国殖民地贸易或授权扣押保皇派商船,此类情况下捕获物可授予私掠船,国家只保留十分之一;另一类则是在不提供损失证明的情况下,针对荷兰的捕获行为,此类情况下可酌情将捕获物的一部分授予私掠者,按照惯例此类捕获物可以判给私掠者一半。[①]

1653年4月当奥利弗·克伦威尔(Oliver Cromwell)成为英国事实上的独裁者后,试图限制私掠船无节制的劫掠活动,但允许经过授权的报复行动。例如,1637年纳撒尼尔·霍斯(Nathaniell Hawes)和乔治·佩恩(George Payne)所有的商船遭到西班牙臣民的洗劫,遭受了1.2万英镑的损失,通过正常途径无法获得赔偿,海事法庭于1655年3月10日授予其捕获西班牙商船的权利,直到其所遭受的所有损害得以补偿为止。

二、第一次英荷战争期间英国私掠船的军事活动

内战期间议会和保皇派都试图寻求荷兰的支持。然而荷兰

[①] R.G. Marsden, *Documents Relating to Law and Custom of the Sea, Vol. II: 1649-1767*, London: The Navy Records Society, 1916, pp.13-14.

保持中立，甚至试图调停战争。随着查理一世的处决和共和国的建立，激进的下议院议员呼吁对荷兰采取行动。1650—1652年间英国持续袭扰法国的军舰和商业贸易以报复支持保皇派的法国私掠船，荷兰商船因涉嫌携带法国货物而被搜查和扣押。禁止与保皇派所属港口进行贸易和搜查外国商船的违禁品很快使英国与荷兰发生冲突，荷兰反对搜查和逮捕其商人。只要英国港口还在保皇派手中，英联邦就坚持要对荷兰商船进行查访和搜查。但当荷兰对英国商船提出查访和搜查要求时，英国则大为不满。1650年议会法案声称英国商船的货物被法国等外国船只以查访和搜查的名义扣押和掠夺，要求英国商船拒绝并提防此类查访，并应抵制和捕获搜查或阻碍其贸易的船舶。

英国和荷兰之间的矛盾主要集中在商业领域。荷兰海外贸易的扩张是以英国贸易的损失为代价的。根据沃斯利的说法，荷兰企图在所有贸易领域打击和击败英国。鉴于北海对英国和荷兰海洋贸易的重要性，该地区成为1650年后海洋冲突的焦点。因此，1651年10月9日英国议会通过《航海法案》试图保护英国航运。该法案禁止所有未经政府许可的货物进入英国或其殖民地，以牺牲荷兰贸易为代价来加强英国的海外贸易。对于英国颁布的航海条例，荷兰断然拒绝。英荷双方都认识到战争不可避免，开始扩军备战。双方都认识到胜利的关键在于摧毁敌国的海洋贸易。英荷海战取决于双方拥有的海军作战舰队和私人战舰。海军作战舰队很强大，但由于建造和维护成本较高，因此数量较少。

1649年内战结束时，英国政府已拥有72艘战舰，其中包括3艘装备70门大炮的军舰、18艘装备32—44门大炮的大型舰艇、8艘32—38门大炮的护卫舰。[①]1650—1654年英国加快了海军战舰的建造步伐，建造了40艘护卫舰。到第一次英荷战争开启时，英国海军舰艇达到了135艘，超过了欧洲其他国家。私人战舰主要取决于本国商船队的规模，一般数量较多。由于私人战舰无法抵挡强大的海军战舰攻击，因此它们将其目标瞄准商船，因而对商业造成真正损害的仍然是私人舰船。第一次英荷战争期间，英国私掠船给荷兰的商业造成了严重的破坏。事实证明，荷兰海军舰队无力阻止私掠船的袭扰。

1652年5月第一次英荷战争爆发后，英国议会对私掠船发出指示，具体要求如下：载重量不足200吨、装备少于20门大炮的船舶不得服役。所有服役的船舶都应有足够的装备、人员配备和补给。私掠船有义务救助被外国扣押的英国船舶。在特殊情况下，海军上将如有需求，私掠船必须服从其命令。私掠船必须将捕获物带回港口裁决。私掠船有义务向政府通报敌国舰队的相关情报，不得骚扰法国渔民。[②]1653年议会规定在皇家舰队出海前私

---

① Richard Harding, *Seapower and Naval Warfare,1650–1830*, London: University College London Press, 1999, p.62.

② R.G. Marsden, "Early Prize Jurisdiction and Prize Law in England", *The English Historical Review*, Vol.26, No.101（Jan., 1911）, p.41.

掠船不得提前开航。第一次英荷战争期间英国占据优势,荷兰损失的商船至少是英国的三倍。[①]1653年2月和6月英国在波特兰海战和加巴德沙洲海战中击败荷兰舰队,8月英国在斯赫维宁根战役中再次击败荷兰。荷兰无力再战,被迫向英国求和。克伦威尔出于宗教原因也愿意与荷兰达成和平,1654年4月双方签订《威斯敏斯特条约》。此后克伦威尔的活动重心转向西班牙,他认为有必要对西班牙发动一场圣战,打击西班牙的宝藏舰队,进而削弱其国力。

三、克伦威尔时期"西方设计"下的私掠活动

内战的结束使保皇派的私掠船运动接近尾声,1649年克伦威尔的军队推翻了斯图亚特王朝,建立了英国第一个共和国政府。此时共和国政府面临的主要问题是如何开辟在美洲地区的海外贸易,并确保其贸易不受海盗和私掠船的侵害。因为此时英国商人想要进入东印度群岛和西属美洲大陆港口自由经商。与此同时,结束西班牙对美洲贸易的垄断,将英国水手从宗教裁判所中解放出来并实行宗教宽容,也是激励英国海外拓殖的主要因素。作为一个新政权的领导人,奥利弗·克伦威尔希望重建政府权威并获得各国的承认,他希望将其统治延伸到加勒比海地区,

---

① J.R. Jones, *The Anglo-Dutch Wars of the Seventeenth Century*, London: Longman Publishing Limited, 1996, p.29.

向其他欧洲国家展示实力，迫使各国承认英国政权的合法性。此时克伦威尔已然认识到加勒比海的重要性，他认为打击西班牙在美洲的殖民地将有助于英国获得必要的财政收益来继续推行帝国扩张计划。为此他精心设计了"西方设计"，企图在利润丰厚的美洲加勒比海地区建立一个英国殖民地，借此打击西班牙海外帝国的心脏，确保英国在新世界的国家利益。

此时经历三十年战争的西班牙正处于贫困的边缘，在欧洲为捍卫天主教信仰所做的努力耗尽了西班牙的国库，迫切需要时间来恢复元气，导致西班牙没有足够财力来保护其所属的美洲殖民地。加之与法国的战争持续不断，当1654年克伦威尔转向袭击原美洲殖民地时，西班牙的海外领地正处于最脆弱的时期。到1655年，西班牙在美洲大陆的垄断被打破。法国、荷兰和英国殖民者在小安的列斯群岛的许多岛屿上建立了自己的殖民地。继荷兰占领西班牙库拉索岛和法国侵占西班牙伊斯帕尼奥拉岛之后，1655年初克伦威尔决定派遣一支舰队占领防卫不足的伊斯帕尼奥拉岛。这支舰队是在正规军的增援下、由生活在加勒比海域的冒险家组成。经验丰富的指挥官理查德·维纳布尔斯（Richard Venables）被任命为远征队的指挥官，新招募的3000名士兵和大约18艘军舰由其指挥，同时计划在西印度群岛的英国殖民地再招募6000名士兵。①

---

① Angus Konstam, *Pirates: The Complete History from 1300 BC to the Present Day*, Guilford: Lyons Press, 2008, p.111.

　　1655年4月远征舰队抵达巴巴多斯补充兵员后，向伊斯帕尼奥拉岛进发，4月13日抵达圣多明各。近8000名士兵袭击了位于今天多米尼加共和国南部海岸的西班牙港口伊斯帕尼奥拉，但并未取得成功。攻占伊斯帕尼奥拉岛失败后，海军指挥官开始寻找替代方案。最终决定转战西班牙防守薄弱的牙买加。5月远征军在人口稀少、防御薄弱的牙买加卡格威成功登陆。克伦威尔最终为牙买加颁布了官方宪章，并将牙买加作为英国殖民地。他打算将牙买加作为掠夺西班牙财富的基地，占领后最初六年内大约有1.2万名英国人移民牙买加，到1660年，英国在牙买加周围发展起来的殖民地被命名为皇家港。但到1661年却只剩下3470人。[1]英国占据牙买加不仅是对西班牙独占美洲大陆的驳斥，也是对西属美洲大陆最富裕地区的潜在威胁。牙买加离巴巴多斯一千英里，离圣基茨有八百英里，[2]是整个西印度群岛的要塞，其海岸靠近西班牙占领的古巴和伊斯帕尼奥拉岛。如果牙买加的安全受到威胁，只能依靠自身的资源来防御。有鉴于此，牙买加将来自西属西印度群岛的所有迹象都解读为战争警报，一听到西班牙军队集结的消息，牙买加就如惊弓之鸟般害怕西班牙是针对自己。因此，占领之初，牙买加总督非常愿意资助那些与西班牙人作战的海盗。

---

[1] Mark G. Hanna, *Pirate Nests and the Rise of the British Empire, 1570-1740*, Raleigh: University of North Carolina Press, 2015, p.102.

[2] Violet Barbour, "Privateers and Pirates of the West Indies", *The American Historical Review*, Vol. 16, No. 3 (Apr., 1911), p.541.

海军中将威廉·古德森(William Goodson)是驻牙买加的指挥官。古德森是积极防御政策的坚定拥护者,他努力寻求托鲁加海盗的帮助,向其提供劫掠西班牙的捕获许可证,以换取其帮助保卫牙买加。①牙买加总督爱德华·德·伊利完全支持该计划。为了阻止西班牙对牙买加的入侵,伊利不仅利用加勒比地区的海盗来加强牙买加的防御,还多次对西属美洲殖民地发动突袭,但这些突袭大多数并没有征得国内王室的同意。为了获得货币、军用物资和兽皮以换取其他必要品,1655年海军将领威廉·古德森袭击了哥伦比亚的沿海城市圣玛尔塔。1656年4月古德森又洗劫了里约热内卢,但并没有获得太多财物。

古德森被召回国后,1658年2月英国马斯顿沼泽号战舰在皇家港停泊,舰长克里斯托弗·明斯(Christopher Myngs)成为驻守牙买加的舰队指挥官。②明斯同样也认为海盗是该岛安全的第一道防线。到1658年,牙买加总督和舰队指挥官都鼓励加勒比海域的海盗移居牙买加,为其提供安全的避风港和袭扰西班牙的捕获许可证。1658年明斯成功地袭击了托鲁,1659年占领了今天委内瑞拉的科罗、库马纳和卡贝洛港。③突袭的成功吸引了许多海

---

① Angus Konstam, *Pirates: The Complete History from 1300 BC to the Present Day*, Guilford: Lyons Press, 2008, p.112.

② Angus Konstam, *Scourge of the Seas: Buccaneers, Pirates and Privateers*, Botley: Osprey Publishing Ltd, 2007, p.49.

③ John A. Coakley, "Jamaica's Private Seafarers: Politics and Violence in a Seventeenth-Century English Colony", in David Head, *The Golden Age of Piracy: The Rise, Fall, and Enduring Popularity of Pirates*, Athens: The University of Georgia Press, 2018, p.68.

盗从托尔图加来到皇家港。皇家港很快发展成为一个繁忙的港口，成为加勒比地区海盗的主要聚集地。多年的海战见证了私掠船和海盗的巨大增长。西印度群岛的大部分战斗都是私人军舰在捕获许可证的名义下进行的，其利润足以吸引大量的资本和人员。当无法获得捕获许可证时，这些私掠船则投身于海盗，牙买加成为了海盗集聚的天堂。

在英国侵占牙买加的同时，英国与西班牙在欧洲海域的战争也在持续。1654—1659年英西战争期间，西班牙私掠船凭借着与荷兰、葡萄牙和法国长期战争中积累的丰富经验给英国商业造成了严重破坏，英国损失了1200—2000艘商船。[①]因此，1655年11月1日和29日克伦威尔下令对西班牙进行全面报复。海军上将罗伯特·布莱克封锁了加的斯。1656年海军中将理查德·斯泰纳（Richard stayner）拦截了一支试图冲破封锁线返航的西班牙财宝船队，缴获了两艘估计有100万枚埃斯库多货币的大帆船。1657年海军布莱克将军下令摧毁了在圣克鲁斯捕获的西班牙战利品。[②]1658年地中海舰队指挥官约翰·斯托克斯（John Stoakes）接到命令，任何以友邦名义运送西班牙货物的商船都可以视为捕获物。[③]英西在欧洲海域的战争只不过是一种转

---

① Richard Harding, *Seapower and Naval Warfare, 1650–1830*, London: University College London Press, 1999, p.78.

②③ R.G. Marsden, "Early Prize Jurisdiction and Prize Law in England", *The English Historical Review*, Vol.26, No.101 (Jan., 1911), p.43.

移注意力的手段,英国占领牙买加为其后续深入西属美洲大陆铺平了道路。

第四节 查理二世时期英国私掠活动的扩展

为了打击荷兰海上贸易,鼓励和发展英国的航海事业,登基后的查理二世于1651年颁布了保护英国本土航海贸易垄断的《航海条例》,该法案再次激化了英荷两国矛盾,成为1660年和1672年英荷战争的导火索。为了在战争中更好地打击荷兰的贸易优势,英国政府充分利用私掠船的力量加强了对荷兰商船的袭扰,同样也强化了对私掠船的管制,使其能围绕着英国的战略目标开展劫掠活动,保障了英国在两次对荷战争中的优势地位,进而极大地削弱了荷兰的海洋优势。

对荷战争的胜利极大地增强了英国人对外扩张与争霸世界的欲望和信心,英国政府加强了对牙买加的管理,使其成为英国进入西属美洲大陆的桥头堡。

一、查理二世时期英国政府对私掠船的管制

1660年5月25日查理二世回到伦敦,斯图亚特王朝复辟。查理二世默许私掠船在内战期间从保皇派手中夺取战利品,以确保其获取战利品和利润的权利。查理二世对私掠船的宽恕不仅

是一种和解策略，而且也认可私掠船是政府海洋政策的重要组成部分。

为了对抗荷兰的潜在威胁，1660年航海条例进一步限制了殖民地列举产品的进口和运输，该法案规定：殖民地糖、烟草、棉花、靛蓝、生姜、黄颜木或其他染色木等列举产品必须首先运往英国港口，登陆英国征税后才能运往其他地方出售。这些列举商品的销售为英国带来了可观的收入。私掠船和海军舰艇均有权严格按照要求扣押违反法案规定的商船。1660年航海条例不仅允许私掠船参与捕获战利品，还允许他们分享没收货物带来的利润。没收的货物必须送交海事法庭，由海事法庭完成对扣押船只的估价，海事法庭裁决完成后其收益份额就可由私掠船股东及其船员与政府合理分配。[①]

为了规范海军和私掠船的活动，英国政府试图编纂有关其海事力量的法律规范。1661年查理二世通过了《皇家海军管理法案》，该法案禁止诸如谋杀、船员间争斗和咒骂、醉酒等行为，强制在船上举行教堂礼拜仪式。[②]法案不仅适用于皇家海军，也适用于私掠船。该法案将皇家海军和私掠船及海盗进行了严格的区分，任何没有与海盗或私掠者交战就投降的海员都将面临惩罚，

---

① Raymond Wayne Terry, "Piracy by Another Name: The Regulation of English Privateering", Master Thesis, University of Central Arkansas, 2017, p.36.

② Raymond Wayne Terry, "Piracy by Another Name: The Regulation of English Privateering", Master Thesis, University of Central Arkansas, 2017, p.42.

也不得向海盗提供任何物资供给。更具体地说，议会试图消除海员从事海盗活动的潜在因素，诸如打架、赌博、骂人、酗酒等影响军纪的行为也被视为非法。该法案凸显了英国政府对规范海军和私掠船纪律的决心，也表明英国政府将海盗视为合法贸易的敌人。此外，查理二世还试图阻止本国臣民在外国海军服役或接受来自他国的捕获许可证。1662年6月查理二世发布的公告禁止英国臣民在外国海军中服役，否则将面临严重的法律后果。他授权私掠船协助执行该法案，私掠船有权拦截和搜查涉嫌窝藏和运送英国臣民从事外国海事服务的船舶，企图将所有身强力壮的海员留在国内为国王服务。

1662年2月7日查理二世将其海外殖民地敦刻尔克、新英格兰、牙买加、弗吉尼亚、巴巴多斯、圣克里斯托弗、百慕大、安提瓜岛、安哥拉和丹吉尔等地，纳入海军上将约克公爵詹姆斯的管辖范围。[①]颁布了与捕获物有关的法案，私掠船必须拿出4000英镑作为保证金。如果私掠船有不当行为或者从事海盗活动，这些保证金将被没收。因此，此时欧洲水域的私掠船活动完全不同于在美洲海域无法无天的劫掠。与此同时私掠船必须保管好捕获船舶的合法文件，禁止侵占和抢夺捕获物，但明确许可甲板上抢夺财物的习惯，禁止虐待不战而降的敌舰船员。

---

① R.G. Marsden, "Early Prize Jurisdiction and Prize Law in England", *The English Historical Review*, Vol.26, No.101 (Jan., 1911), p.43.

1664年2月22日高等海事法庭进一步明确了裁决捕获物时所遵守的规则,具体内容如下:如果捕获的船舶属于荷兰臣民,此类船舶及其货物是合法的捕获物,则不得对货物索赔,除非国王对上述船舶和货物提供足够的证明。如果捕获的船舶属于友邦臣民,此类船舶上携带有荷兰海员或货物,这类船舶和货物也将视为合法捕获物。如果英国私掠船或皇家海军捕获船舶时曾遭遇抵抗,或船长试图扔掉、焚烧、撕毁或隐藏船舶文件,或没有在船舶上发现任何文件,或向法庭提供虚假文件,此类船舶和货物将被判定为合法捕获物。携带武器、火药、弹药、食物或违禁品的船舶驶向荷兰港口,或企图运输至荷兰殖民地,这类船舶连同其运载的武器、火药、弹药、食物或违禁品将被扣押,视为合法捕获物。如果海事法庭可以推定索赔涉嫌欺诈,法院将对捕获物进行定罪。如果索赔无效的前提下索赔人提出上诉,则被判无效的船舶或货物应立即估价并予以出售,此类船舶或货物的赔偿程序应保留至上诉结束为止。此类情况下,上诉人还应向上诉法庭交纳担保金,以支付法院对其作出不利判决的相关费用。在捕获物带入英国港口裁决前,海事法庭应在公开场所发布通知,允许合法拥有者提出要求。如公布14天后无人索赔,法院将进入裁决程序。如果有人前来索赔,但捕获物是易腐烂类货物,法院应立即予以鉴定和销售。海事法庭每周开庭两次,或视实际需要及时开庭，以处理捕获的船舶和货物。[1]

　　1660年英国航海条例的颁布，导致荷兰对英国的敌意陡增，英国商船经常遭到荷兰的骚扰和劫掠，许多商人不愿用英国商船运输其货物，由此导致英国损失了大约70万—80万英镑的商品，这牵涉到整个国家的财富、荣誉和安全，无疑让英国政府忧心忡忡。1664年3月议会通过了一项防止海员弃船的法案，试图强迫英国商人在受到攻击时保护其商船和货物。法规规定，船长如在受到敌方或海盗攻击时拒绝战斗将面临监禁，并将失去船舶的指挥权。拒绝战斗的普通海员也面临着类似的惩罚，包括扣减工资和人身监禁。与此同时，为了鼓励英国海员保护本国商业和贸易，1664年英国政府颁布了关于捕获物和枪支的公告。为王国服务的商船船长和海员只要捕获一艘商船，每吨可获得10先令的奖金，每一件铁或铜的兵器将获得6镑13先令4便士的奖金。为国王陛下服务的病员和伤员离开船只时，必须妥善解决其工资待遇问题。这一公告下发给港口城镇的市长和行政长官，必须及时处理海员上岸后的膳宿事宜，救济和照顾即将上岸的伤员。所有战争期间用于治疗伤员和病人的医院应予保留，以供在海军服役中受伤的人员使用。[2]

---

[1] R.G. Marsden, *Documents Relating to Law and Custom of the Sea, Vol. II: 1649–1767*, London: The Navy Records Society, 1916, pp.54–56.

[2] R.G. Marsden, *Documents Relating to Law and Custom of the Sea, Vol. II: 1649–1767*, London: The Navy Records Society, 1916, pp.51–53.

1664 年 12 月 23 日枢密院颁布了针对荷兰的私掠船指示。私掠船不需要提供损失证据就可申请捕获许可证。但在接受捕获许可证前,私掠船必须保证捕获的战利品收益不仅要支付属于海军上将的十分之一,而且还要支付属于国王陛下的关税。任何捕获物带入英国港口后,捕获者必须向海事法庭法官出示能证明捕获物品归属的证据,并宣誓所述真实并接受检查。捕获物所属船舶上发现的所有提单、文件和文书均应送交海事法庭登记处,以备后续法院的裁决。①

英国商业在与荷兰的战争中遭受了重大损失,而私掠船则可确保商业活动的继续。因此,1667 年国王发布了《关于航海和私人战舰的公告》。该公告责成私掠船保护来往于英国港口的商船,赋予商船高于私掠船和皇家海军的优先权。例如,商船可先于其他船舶离港。该公告不仅旨在恢复英国的经济,也试图强化海上战争的后备资源。1668 年 2 月 8 日英国政府再次发布公告,禁止外国舰船在英国水域作战,同样禁止其在英国港口附近徘徊威胁往来贸易商。任何一艘带有捕获物的外国军舰不得在英国港口停泊超过 24 小时,也不得在英国本土出售其捕获物,捕获物中属于英国臣民财货的部分都将被扣押并归还原主;英国臣民被禁止购买外国商船携带的捕获物,禁止臣民为外国君主服务或接

---

① R.G. Marsden, *Documents Relating to Law and Custom of the Sea, Vol. II: 1649–1767*, London: The Navy Records Society, 1916, p.408.

受外国君主的委托从事私掠活动。①

　　1670年英国政府通过《海盗法案》(*The Piracy Act*, 1670)。该法案规定,船长必须保护自己的船舶以防海盗的袭击,否则不仅会遭到解雇,而且还会禁止其继续从事该行业。无视该项禁令将面临监禁和罚款。任何未经英国政府许可而在外国海军服役的英国臣民都将视为海盗予以惩处。②此外,任何不从事外交事务或拒绝将英国臣民送回本国接受起诉的英国海员也会被冠以海盗罪行。该公告表明英国政府对海盗的界定已然发生了变化。根据该条款,海上所有的违法者,只要其行为违反法律、不执行本国海洋政策都将被视为海盗行径予以处罚。该公告为英国政府建立了一个无所不包的先例,英国政府现在可以给任何人贴上海盗的标签,并对其进行法律诉讼。同样,英国政府可以给英国海员贴上海盗标签,并对其进行相应的惩罚。

　　随着欧洲海军力量和海外贸易的迅速发展,各国对私掠船的管制也变得更加规范。第三次英荷战争结束时,英国政府开始禁止本国臣民接受外国颁发的捕获许可证,进而控制潜在的私掠活动。1674年12月签订的《英荷商业和海事条约》中,双方就达成了此类协议。1677年2月24日英法两国签订《和平条约》,规定

---

① R.G. Marsden, "Early Prize Jurisdiction and Prize Law in England", *The English Historical Review*, Vol.26, No.101 (Jan., 1911), p.48.

② Sarah Craze, "Prosecuting Privateers for Piracy: How Piracy Law Transitioned from Treason to a Crime Against Property", *The International Journal of Maritime History*, Vol. 28, No.4(2016), p.660.

两国之间可自由贸易,但禁运品除外。禁止与敌国港口间的贸易,被封锁港口的贸易也是禁止的。任何一国货物装载在敌国商船上都可被视为捕获物;所有捕获物的裁决都由本国委员会审查和裁决,任何臣民均不能接受来自敌国委员会的裁决。1678年荷兰在《奈梅亨通航条约》中与法国也达成了类似的协议。[①]

1681年查理二世授权对阿尔及尔进行报复,该年12月14日对私掠船发布了类似于1672年的指令,但增加了一些条款:私掠船必要时可将捕获物带至丹吉尔或其他有海事法庭的英国港口。超过150吨的私掠船需提供3000英镑的担保金。如果英国臣民背弃了自身的宗教信仰,该背弃者将被移交给皇家海军处置。为了鉴别本国与他国的战舰,英国私掠船不得在任何情况下悬挂本国国旗,除非得到海军部长官的批准。如果本国与阿尔及尔政府达成和平条约,私掠活动必须立即停止。1682年与阿尔及尔达成和平后,英国商船在携带通行证的情况下可以在该区域自由贸易。

作为国家海军力量的重要辅助工具,私掠船在查理二世时期发挥着重要的作用。私掠船具有重要的军事、战略和经济效用,而且不需要国家为其付出任何代价。私掠船是合法的国家行动者,受命执行英国的政策目标。私掠船刺激了英国造船业的繁荣,为远洋商船的航行保驾护航。私掠航行获得的海洋阅历也是

[①] Michael Kempe, "Even in the Remotest Corners of the World: Globalized Piracy and International Law, 1500-1900", *Journal of Global History*, Vol. 5, No. 3 (Nov. 2010), pp.362-363.

无与伦比的。从长远来看，对英国殖民扩张做出了积极的贡献，筹集了英国海洋扩张所需的船舶、人员和资本资源。

二、两次英荷战争期间冲锋陷阵的私掠船

17世纪下半叶英国巩固其在欧洲的地位时，私掠船是对抗敌国的重要辅助力量。查理二世统治期间英国与荷兰再次交战，私掠船在第二次和第三次英荷战争中发挥了重要作用。私掠船主要是骚扰荷兰的海外商业贸易，进而损害了荷兰继续从事战争的经济能力。英国政府公开批准私人战舰对其公开宣称的敌国商船进行海上劫掠。私掠船活动通常是战争即将来临的第一个征兆，甚至是作为一种挑起战争的工具。在英国对荷兰宣战前，1664年2月英国派出16艘私掠船从事劫掠活动。

1665年3月英荷战争爆发，皇家海军的主要目标是封锁荷兰海岸进而包围其整个国家。当皇家海军威胁荷兰海岸时，英国的私掠船奉命拦截并捕获意图给围困者提供补给的荷兰商船。但由于封锁的失败，海军舰队撤退到泰晤士河修整。但为了拦截和捕获荷兰商船，私掠船不断地在英吉利海峡和北海巡逻。8月英国在卑尔根战役中战败，未能占领荷兰东印度商船队。此时伦敦城正经历黑死病，加之9月发生大火，极大地抑制了伦敦的贸易量，削弱了英国的士气和继续从事战争的愿望。荷兰舰队在1667年的梅德韦战役中封锁了泰晤士河口，带走了皇家海军的

旗舰皇家查尔斯号,摧毁了军队的士气。第二次英荷战争期间,英国私掠船捕获了323艘荷兰商船,获得了大约30万英镑的货物,而荷兰则捕获了522艘英国商船。[1]

到第二次英荷战争的末年,英国政府开始担心敌方私掠船对英国商船造成的潜在影响。1667年4月10日查理的顾问们报告海上到处都是私掠船和军舰。4月17日顾问们再次报告,从荷兰的法拉盛起航的30艘私掠船只对本国商船造成了很大的伤害。据统计,皇家海军在战争期间损失了许多军舰,其中包括2艘一级军舰、7艘二级军舰、2艘三级军舰、2艘四级军舰、2艘五级军舰。皇家海军给荷兰舰队造成的损失则较少,荷兰海军损失了17艘四级军舰和23艘快速平底船。[2]因为皇家海军遭受重大损失,英国政府担心本国商船的安全。由于没有足够的舰船来保护海外贸易,英国需要私掠船来填补这些空缺。随着私掠船担负起保护英国商业的重任,英国政府加强对私掠船活动的监管力度。1666年查理二世发布了一份皇家公告,宣布撤销埃德蒙·特纳爵士(Sir Edmond Turner)和乔治·卡鲁(George Carew)的捕获许可证,这些劫掠者因攻击与英格兰友好国家的商船而被吊销了许可

---

[1] Richard Harding, *Seapower and Naval Warfare, 1650-1830*, London: University College London Press, 1999, p.104.

[2] Frank Fox, *Great Ships: The Battlefleet of King Charles II*, Greenwich: Conway Maritime Press, 1980, p.183.

证。[1]这一皇家公告表明，私掠船船长不服从或无视许可证规定，将面临政府的惩罚。在战争期间，人们期望私掠船攻击英国的敌人而不是其盟友，这无疑增加了英国政府对私掠船活动的监管力度。此外，鉴于皇家海军在第二次英荷战争期间的糟糕表现，英国政府需要私掠船专注于攻击敌国的商业贸易。

第二次英荷战争期间英国对私掠船发出的指令与以往的指令内容相差不大。私掠船可在河流、小溪或海上私掠，捕获物必须带回英国港口；捕获物在支付关税和海军上将十分之一份额后，其余由私掠船及利益相关方分配。鉴于海事法庭官员裁决捕获物应适用何种法律引发的纠纷，1665年1月28日枢密院颁布了新的指示，具体内容如下：不得提出对荷兰船舶货物的索赔要求，此类捕获船舶和货物都将没收；如友邦或本国臣民携带荷兰臣民及其货物航行将被捕获；只要索赔者得到拥有者的授权，此类索赔请求将被接纳；如船舶拒绝接受搜查，损毁、隐匿和伪造证件，或者没有证件，此类船舶及其货物一律予以捕获；凡向荷兰及其殖民地运送军需品、食物或违禁品的船舶均应予以捕获；如退订索赔涉嫌欺诈，除非提供费用担保，否则此类船舶或货物将被没收；如果对判决提出上诉，船舶和货物将被出售，收益根据最终

---

[1] Raymond Wayne Terry, "Piracy by Another Name: The Regulation of English Privateering", Master Thesis, University of Central Arkansas, 2017, pp.56-57.

判决结果分配。上诉的相关担保费用必须提前交纳。[①]由于长期的船员短缺，1665年12月至1666年5月英国政府不允许任何私掠船航行，而那些在1665年12月之前出海的私掠船被要求不迟于1665年3月20日返回。[②]这些针对英国私掠船的新规定表明，英国政府正在尽力严格管控私掠船的活动。

1666年5月11日英国政府对私掠船发出了新的指令，授权其捕获荷兰和法国的商船及其货物。该法令对1665年的指令内容进行了一些补充和完善，主要的调整体现在如下几方面：私掠船不得在一国大炮射程范围内捕获他国船舶；私掠船可以将捕获物带到其最为方便的英格兰或爱尔兰的某个港口接受裁决，任何情况下都要保证捕获物最终接受英国的判决；[③]在将捕获船舶带进英国港口后，捕获者有义务将3—4名捕获船舶的船长、领航员和其他海员作为证据呈递海事法庭，接受质询和审查。捕获者还必须将捕获船舶上发现的所有租船合同、提单、信件和其他文件一并送交海事法庭。捕获者证明此等文件不存在任何欺诈或挪用。任何情况下被捕获船舶的海员均不得杀害、致残、受伤或施

---

① R.G. Marsden, "Early Prize Jurisdiction and Prize Law in England", *The English Historical Review*, Vol.26, No.101（Jan., 1911）, pp.44–45.

② Richard M. Brabander, "Intersections of Priyvate Interests in Publick Warr: A Prosopographical Analysis of Restoration Privateering Enterprise", Doctoral Dissertation Thesis, Brandeis University, 2013, p.189.

③ R.G. Marsden, "Early Prize Jurisdiction and Prize Law in England", *The English Historical Review*, Vol.26, No.101（Jan., 1911）, p.45.

以酷刑或残忍的方式，不得违反战争的惯例和正义的规定。私掠船不得违反本国与其友邦在战时所议定的有关商业条约条款或签发的某种形式的通行证。[①]5月30日英国政府对丹麦的商船和货物发出了相同的指示。1665年6月10日的一份公告取消了将捕获船舶的海员带回英国港口的规定，因为这些港口存在潜在的危险和不便。1667年7月31日英荷签订《布雷达和平和约》，双方同意不向对方的叛乱分子提供人员、船只、武器或食物。[②]

　　第三次英荷战争爆发后，1672年5月22日和25日英国政府制定新的规则用于裁决海上捕获的船舶，并对私掠船发出了一系列针对荷兰和法国的新指令：所有荷兰船舶及其货物均可捕获；持有捕获许可证的私掠船必须随时与海军上将保持联系，向其提供捕获的进展或遭遇到的情况，通报敌国舰队和商船队的动向以及相关海域、港口敌国商船进出的最新情况。[③]1674年12月1日与荷兰签订的《和平条约》规定，当任何一方与第三国发生战争时，两国之间仍可自由贸易，但禁运品除外。将谷物、烟草、各种食物和运输材料填列为违禁品。[④]

---

① R.G. Marsden, *Documents Relating to Law and Custom of the Sea, Vol. II: 1649–1767*, London: The Navy Records Society, 1916, pp.409–410.

② R.G. Marsden, "Early Prize Jurisdiction and Prize Law in England", *The English Historical Review*, Vol.26, No.101（Jan., 1911）, p.48.

③ R.G. Marsden, *Documents Relating to Law and Custom of the Sea, Vol. II: 1649–1767*, London: The Navy Records Society, 1916, p.411.

④ R.G. Marsden, "Early Prize Jurisdiction and Prize Law in England", *The English Historical Review*, Vol.26, No.101（Jan., 1911）, p.49.

到 17 世纪中叶，海军舰队在战斗中采用前线纵队战术，因而需要强大的舰船来装备皇家海军。这类舰船不仅能承受重型大炮的攻击，还能装上足够多的大炮对敌作战。但武装商船在第二和第三次英荷战争中仍然是作战舰队的主力。大小不一的商船是改装为私掠船的首选。武装商船不会与大型舰队作战，但改装后携带武器装备和船员的能力无疑是最佳的。英国政府往往根据船员数量而不是大炮数量来规定私掠船的担保金额。私掠船一般都极力避免可能导致任何一方船舶受损的冲突，往往在展示武力后登船捕获对方船舶。在英荷战争期间，私掠船仍然是英国海上力量的重要组成部分，他们执行护航、巡逻本土水域、收集情报等众多海防事务。

许多私掠船通常是由皇家海军军官来担任船长。在第二次英荷战争中，87 名私掠船长中有 21 人曾在皇家海军服役。在第三次英荷战争中，30 名私掠船长中有 8 人曾在皇家海军服役。[1] 许多私掠船船长通过私掠航行来获得名声和认可度，从而增加日后在皇家海军任职的概率。大多数曾在皇家海军服役的私掠船船长都是在参加过私掠活动后方成为海军军官的。这意味着私掠船不仅是一种获取社会关注度的可行方法，而且被视为是一个培养未来海军军官的训练基地。在船员严重短缺的情况下，皇家

---

[1] Richard M. Brabander, "Intersections of Priyvate Interests in Publick Warr: A Prosopographical Analysis of Restoration Privateering Enterprise", Doctoral Dissertation, Brandeis University, 2013, p.183.

海军经常在公海或私掠船离开港口的时候扣押其人员。在第三次英荷战争中，由于海员长期短缺，导致私掠船数量急剧下降。到第三次英荷战争结束时，英国已经有了基本的监管机构和必要的财政资金来控制私掠船活动，但私掠船在战后仍有可能会成为一种潜在的危害。

17世纪60年代世界海洋贸易正在不断扩张。虽然地中海和波罗的海仍然是英国海外贸易的主要焦点，但大西洋贸易正在大规模扩增。17世纪50年代护送商船或编队巡航以阻止私掠者袭扰已然成为英国舰队的主要任务。此后海军的活动范围从既定的北海和西地中海中轴线扩展到更遥远的大西洋海域，对战舰的要求也逐渐升级，需要规模更大、巡航时间更长的战舰。轻型商船和私人战舰已经无法在大型海战中维持原有的地位，只能将海战的中心舞台留给专门建造的战舰。这类战舰排水量最高可达2000吨，携带120门大炮。[1]英荷双方在1652年、1660年及1672年进行了三次海上较量，尽管荷兰在军事上并未完全落败，但其贸易和海军实力却被极大地削弱了。英国最终成为赢家，并不是因为英国消灭了更多敌军或获得了更多的领土，而是迫使荷兰最终做出让步，接受了英国颁布的贸易限制法案——《航海条例》。

英荷战争结束后，法国成为英国另一个潜在的对手。英法两

---

[1] Richard Harding, *Seapower and Naval Warfare,1650-1830*, London: University College London Press, 1999, p.40.

国的海外竞争在17世纪末达到了白热化的程度，最终引发了战争。到17世纪80年代，英国海军已完全从"亦商亦战"的模式中脱离出来，成为国家克敌制胜的决定性因素。此前依靠皇室、贵族、商人提供各式战舰的皇家海军已然成长为议会拨款支持的强大国家力量，由各色船舶混杂的舰队也开始发展成为一支装备整齐划一的武装力量，从几乎没有任何行政和后勤支持的弱小力量发展到拥有造船、后勤、财政、招募、培训等完整体系的正规海军力量。①虽然这些只是皇家海军步入现代化的起步阶段，但仍然是一个质的飞跃。

在以后的对法战争中，英国的战略目标仍是保卫国家领土、维护欧洲的力量平衡，以及保护和扩张本国的海外利益。法国在1657年击败西班牙后已然成为西欧大陆最强大的国家。路易十四执政时期，除了法国陆军达到了前所未有的规模，其海上力量也在急剧拓展。在17世纪中期，法国建成了超过英国、荷兰的庞大海军力量。1671年法国海军战舰数量达到196艘，而到17世纪90年代时法国已拥有一支共计221艘战舰的主力舰队。②法国海军的崛起及海外扩张的加剧必然会与英国的利益发生尖锐的冲突，同时也令英国惶恐不安。出于对法国野心的疑忌，1674年英国退出了战争并与荷兰建立了联盟。对英国来说，法国妄图夺

①吴昊:《19世纪英国海军战略与帝国海权》,海洋出版社,2017年,第36页。
②吴昊:《19世纪英国海军战略与帝国海权》,海洋出版社,2017年,第37页。

取大陆霸权是潜在的巨大威胁。与之相比，英荷之间的贸易纠纷就显得微不足道。威廉三世入主英国之后，维持欧洲均势、制止欧洲大陆出现独霸强权开始成为英国的既定国策。

三、英属牙买加殖民地的私掠活动

为了保护和控制牙买加，复辟后查理二世的顾问建议派遣10艘军舰驻扎该地，但查理二世并没有意愿派遣军舰前往，只是于1664年任命了文职总督温莎（Windsor）。①温莎总督上任后，将牙买加皇家港视为私掠船的基地，鼓励人们攻击西班牙商船，并将这一活动作为加强牙买加防御的主要手段。他下令从海上或陆地上征服其面对的敌人，但要求船长必须获得总督和当地议会的许可后方可从事私掠活动，否则将面临20先令的罚款。通过区分无授权的海上抢劫活动与牙买加政府许可的抢劫行为，牙买加当地的私掠活动总量不断累增。1663—1664年期间牙买加地区的私掠活动大多是小规模的私人劫掠。即使是小规模的私掠活动，牙买加当地的船长也声称得到英王室的同意。

1664年已是巴巴多斯最富有商人的托马斯·莫迪福德（Thomas Modyford）爵士开始担任牙买加总督，他带来了数百名巴巴多斯种植园主、仆人和奴隶，试图在牙买加发展种植园经济。

---

① John A. Coakley, "Jamaica's Private Seafarers: Politics and Violence in a Seventeenth-Century English Colony", in David Head, *The Golden Age of Piracy: The Rise, Fall, and Enduring Popularity of Pirates*, Athens: The University of Georgia Press, 2018, p.69.

他试图阻止私掠船袭击西班牙,鼓励与西班牙进行贸易。莫迪福德向圣多明各总督提出了和平方案,建议双方克制一切敌对行为,而且彼此可以自由使用对方港口。[①]与此同时,莫迪福德警告牙买加人:无论在海上或陆地上遇到西班牙臣民都应视为朋友。但受限于牙买加的实际情况,莫迪福德不得不支持私人劫掠活动。在莫迪福德担任总督期间,皇家港兴旺发达,涌现出了亨利·摩根(Henry Morgan)、约翰·莫里斯(John Morris)和大卫·马丁(David martin)等众多私掠者。[②]私掠活动已成为牙买加政府收入的主要来源。一些成功的指挥官通过对西属美洲大陆的掠夺购买了当地的种植园,而投资者和商人则依靠私掠者带回来的战利品发家致富。许多小型私掠船从莫迪福德那里获得授权,将劫掠的货物、奴隶和货币带回岛上。虽然莫迪福德确实以海盗掠夺者的罪名起诉了那些缺乏委任状或妨碍牙买加利益的臣民,但总体而言莫迪福德总督全心全意地支持海盗的私掠活动。

1665年牙买加在第二次英荷战争开始后就加强对周围外国殖民地的劫掠活动频次。在总督莫迪福德的默许下,副总督爱德华·摩根(Edward Morgan)和他的侄子亨利·摩根率领10艘船和500多人突袭了荷兰和西班牙的属地。突袭队暂时占领了荷兰

---

① John A. Coakley, "Jamaica's Private Seafarers: Politics and Violence in a Seventeenth-Century English Colony", in David Head, *The Golden Age of Piracy: The Rise, Fall, and Enduring Popularity of Pirates*, Athens: The University of Georgia Press, 2018, p.72.

② Angus Konstam, *Scourge of the Seas: Buccaneers, Pirates and Privateers*, Botley: Osprey Publishing Ltd, 2007, p.64.

在小安的列斯群岛的圣尤斯提乌斯和萨巴殖民地，并为牙买加的种植园主带回了500多名非洲奴隶，[1]但副总督爱德华·摩根却因此丧生。亨利·摩根接替他叔叔的位置，成为总督莫迪福德授权的海上代理人。莫迪福德以西班牙军队准备入侵牙买加为由多次下令展开劫掠活动。摩根在巴拿马远征之前进行了三次突袭行动，目标都是比巴拿马小的城镇。在第一次突袭中，劫掠者从古巴普林西比港获得了价值约5万枚八里亚尔币比索[2]的赎金。第二次突袭是对中美洲地峡加勒比海沿岸的贝罗港进行的冒险袭击，共缴获了大约21.5万枚八里亚尔币比索。[3]在第三次突袭行动中，他们在马拉开波和直布罗陀周围寻找宝藏，折磨当地居民以获取情报，这次的缴获物同样丰厚。摩根的突袭目的是为了扰乱西班牙在该地区的经济活动而非完全将其彻底驱逐出该区域。

　　随后西属美洲大陆恢复了暂时的和平。但只要莫迪福德听说西班牙已经授权其加勒比总督在该地区攻击英国人，他就会取消这种半心半意的和平。莫迪福德和牙买加议会授权摩根开展

---

① John A. Coakley, "Jamaica's Private Seafarers: Politics and Violence in a Seventeenth-Century English Colony", in David Head, *The Golden Age of Piracy: The Rise, Fall, and Enduring Popularity of Pirates*, Athens: The University of Georgia Press, 2018, p.73.

② 西班牙、葡萄牙探险家及海盗对新大陆实施殖民、掠夺的过程中，使用的银元被称作"西班牙元"。其复数形式在人们的口口相传中成了"八里亚尔币比索"。跟今天的美元一样，"八里亚尔币比索"是当时全世界的储备及贸易货币。

③ John A. Coakley, "Jamaica's Private Seafarers: Politics and Violence in a Seventeenth-Century English Colony", in David Head, *The Golden Age of Piracy: The Rise, Fall, and Enduring Popularity of Pirates*, Athens: The University of Georgia Press, 2018, p.75.

突袭,但没有明确劫掠目标。1671年摩根及其麾下军官决定袭击巴拿马,考虑到该城市在太平洋海岸的位置和坚固的防御,这是一个十分大胆的计划。摩根率领两千人越过中美洲地峡,经过一场艰苦的战斗后占领了巴拿马,拼命地掠夺财富,甚至放火烧毁了该地的建筑物。但令其失望的是,许多巴拿马人已经带着大部分财宝逃走了,摩根的手下每人只得到15英镑。此次行动共掠夺了3万英镑,带回了400名奴隶。①在巴拿马袭击事件发生的一年前,1670年英国和西班牙最终签订了《马德里和平条约》。该条约承认了英国人对美洲土地的所有权,撤销了西班牙人对美洲土地的独占权,禁止该地区所有的非法袭击活动。为了维持这种新的和平,查理二世需要将亨利·摩根和托马斯·莫迪福德从加勒比海赶走,并改变传统上牙买加与其私掠船的雇佣关系。因为摩根在条约签署后袭击了巴拿马,他的行为显然违反了来之不易的和平。莫迪福德早就知道英西谈判,并在1670年12月收到了一份条约副本,但并未命令摩根放弃袭击。②因而,牙买加总督莫迪福德和摩根都面临着为了安抚西班牙而提出的指控。

1671年英国政府最终撤换了莫迪福德,由托马斯·林奇爵士

① John A. Coakley, "Jamaica's Private Seafarers: Politics and Violence in a Seventeenth-Century English Colony", in David Head, *The Golden Age of Piracy: The Rise, Fall, and Enduring Popularity of Pirates*, Athens: The University of Georgia Press, 2018, p.76.

② John A. Coakley, "Jamaica's Private Seafarers: Politics and Violence in a Seventeenth-Century English Colony", in David Head, *The Golden Age of Piracy: The Rise, Fall, and Enduring Popularity of Pirates*, Athens: The University of Georgia Press, 2018, p.77.

(Thomas Lynch)担任牙买加总督，受命执行英西和平条约，逮捕摩根和莫迪福德并将两人遣送回国。起初，林奇下令严格遵守马德里条约，并试图解散牙买加的私掠船。1671年8月他赦免了八个月内主动前来自首的劫掠者，并以货物、土地或海军职位等形式奖励这些投奔者。①但赦免并没有取得实效，许多私掠者从托尔图加得到了法国的委任状继续从事私掠活动。林奇试图用其仅有的海军力量追捕这些私掠者，但并也没有取得任何实效。1671年末至1672年初海上私掠活动还在不断增加。更让林奇苦恼的是，该地区的西班牙总督开始要求他为牙买加私掠者的掠夺活动支付补偿。1672年3月他愤怒地宣称私掠船是牙买加的梦魇。此时林奇意识到，他可以逮捕莫迪福德和摩根，但不可能将数千名从事私掠活动的水手都抓起来，因此他开始转变态度并改变了原有的策略。

为了减少牙买加人袭击西班牙的频次，林奇雇佣了几名"忠诚"的私掠者来追捕那些仍然活跃的所谓"海盗"。他将私掠者普林斯(Prince)擢升为中尉，由其组建的私掠船队负责在伊斯帕尼奥拉岛附近水域追捕法国和英国海盗。②1672年初他派出了

---

① John A. Coakley, "Jamaica's Private Seafarers: Politics and Violence in a Seventeenth-Century English Colony", in David Head, *The Golden Age of Piracy: The Rise, Fall, and Enduring Popularity of Pirates*, Athens: The University of Georgia Press, 2018, p.78.

② John A. Coakley, "Jamaica's Private Seafarers: Politics and Violence in a Seventeenth-CenturyEnglish Colony", in David Head, *The Golden Age of Piracy: The Rise, Fall, and Enduring Popularity of Pirates*, Athens: The University of Georgia Press, 2018, p.79.

4艘船去抓捕在珊瑚礁上巡航的英国和法国海盗。在第三次英荷战争爆发后,他派遣彼得·哈里斯(Peter Harris)船长去抓捕在这片珊瑚礁上经营的荷兰商人。林奇利用牙买加私掠船抓捕海盗的做法十分管用。由于皇家海军在西印度群岛或北美殖民地驻扎的舰队较少,所以私掠船自然而然成为殖民地的御用海军。作为殖民地的海军,私掠船在某种意义上是需要控制和监管的。不分青红皂白地袭击商船的私掠船只能是海盗。1677年牙买加政府通过了私掠船法案,规定接受他国委托从事私掠活动的英国私掠船是违法的。①由于牙买加相对脆弱的地理位置,私掠船法案的通过对这个羽翼未丰的殖民地来说是非常实用的。私掠船法案的实施表明,牙买加政府试图加强对私掠船活动的控制。此外,牙买加当局的行动独立于英国议会之外,这表明对私掠船进行监管的愿望并不只是体现在英国本土。当牙买加对私掠船管制的消息传到伦敦时,其管制措施得到了英国政府的认可。到了17世纪80年代,牙买加历任总督始终雇佣私掠船来追捕其曾经的战友。

与此同时,林奇还雇佣了摩根以前的追随者从事与西班牙殖民者的贸易,他鼓励这些人将非洲奴隶卖给西班牙殖民者,允许其在古巴众多南部海岸及其周围进行非法交易,同时雇佣忠诚的

---

① Raymond Wayne Terry, "Piracy by Another Name: The Regulation of English Privateering", Master Thesis, University of Central Arkansas, 2017, p.66.

私掠者来保护这些航线免受海盗的侵扰，从而将牙买加培育为大西洋奴隶贸易的中心。林奇鼓励牙买加私掠者砍伐并运送尤卡坦州的原木。1672年牙买加议会发现砍伐原木是私掠船盈利的一种主要方式。针对这些行径，西班牙当地官员进行了多次报复。坎佩切总督雇佣了亚拉斯在坎佩切湾劫持英国的原木船。1673年哈瓦那的西班牙总督雇佣了菲利普·菲茨·杰拉德（Philip Fitz-Gerald）袭击原木船。林奇请求英国当局实施报复性袭击，但查理二世却在1674年召回了他，因为担心牙买加的报复可能引发一场代价高昂的战争。但针对西班牙的袭扰时有发生，由于英西条约的限制，发动袭击的牙买加私掠者使用了伊斯帕尼奥拉岛和托尔图加岛的法国总督授权的委任状。1683年夏，多达1000名来自牙买加和其他国家的私掠者袭击了位于墨西哥湾西岸的西班牙城市维拉克鲁斯。参与突袭的牙买加水手们认为，他们是在为原木商人报仇。然而牙买加政府没有授权此次突袭，返回的袭击者被迫远离皇家港。17世纪80年代，出于对牙买加严格法规的震慑，许多私掠者选择在加勒比海以外的地区活动。对和平贸易的渴望以及各国对英国施加的外部压力，迫使英国开启了对牙买加私掠船的严格管制。1684年林奇死后，欣德·莫尔斯沃思（Hind Molesworth）接任牙买加总督，他下大气力严肃镇压肆意妄为的私掠者，开始用牙买加的蔗糖生产和奴隶贸易来取代私掠船的劫掠活动。此时牙买加已不再是私掠者安全活动的港口。此后该地的许多私掠船开始向波士顿和罗德岛等英属北美殖民地转移,因此当地的商人和政治家愿意与其合作,私掠者不仅为北美殖民地带来极度短缺的商品,也成为其对抗美洲原住民的军队。

第五节 奥格斯堡同盟战争①期间英国政府对私掠活动的管控

经过三次英荷战争,英国沉重地打击了荷兰的海上力量,取代荷兰成为海上霸权国家,而在英国确立海上霸权的同时,法国成为欧洲大陆上的霸权国家,成为英国另一个强劲的对手。17世纪80年代,法国在欧洲大陆的霸权达到顶点,其陆军在欧陆所向披靡,其海军舰队也同样庞大且装备精良。英法两国的海外竞争在17世纪末达到了白热化的程度,并最终在威廉三世即位不久后爆发战争。这次战争主要是在欧洲水域展开的,战场先后在爱尔兰海、英吉利海峡、地中海等海域展开。为了削弱法国从事战争的经济潜力,英国政府鼓励私掠船在海上打击法国的商船,袭扰法国的对外贸易航线,使得法国海上贸易被切断、财政入不敷出,欧陆战争陷入僵持状态。虽然这次战争英国并没有取得决

---

① 指1688—1697年法国同奥格斯堡同盟成员国之间所进行的一场战争,又称九年战争。奥格斯堡同盟是1686年荷兰联合奥地利和布兰登堡为反对法国而建立的,英国在1688年光荣革命后也站在联盟一边。这场法国同奥格斯堡同盟的战争是一次从陆地到海上几条战线同时进行的欧洲大战。

定性的胜利，但英国凭借其不断壮大的皇家海军，具备了干预欧洲大陆事务的能力。

一、战争期间英国私掠船法案的颁布与实施

到英王詹姆斯二世统治期间（1685年2月—1688年12月），许多英属北美殖民地都成立了私掠船委员会，为了自身防御和利益都不同程度上向私掠船颁发委任状授权其从事私掠活动。各殖民地私掠船的私掠活动严重影响了正常的贸易往来，也引发了一系列不必要的外交纠纷。随着皇家海军的成长壮大，英国政府开始限制私掠船的使用，尤其是在英属美洲殖民地。1687年詹姆斯二世颁布了《关于更有效地减少和镇压美洲海盗和私掠船的公告》，旨在通过武力或官方赦免来减少海盗和私掠船的数量。该公告宣称，私掠船和海盗对英国和友邦臣民的贸易和商业造成了极大的阻碍，给政府带来了极大的丑闻和干扰。[1]基于殖民地军事资源的匮乏，许多美洲殖民地官员最终选择赦免私掠船的海盗行径，尽量将私掠船活动纳入殖民地政府的监管范围。

1688年路易十四试图占领莱茵河东岸并以此入侵神圣罗马帝国，英国联合荷兰、西班牙、巴伐利亚和勃兰登堡遏制法王路易十四的对外扩张步伐。从1688年11月奥兰治的威廉

---

[1] Raymond Wayne Terry, "Piracy by Another Name: The Regulation of English Privateering", Master Thesis, University of Central Arkansas, 2017, pp.69-70.

姆登陆托贝(Torbay)开始至1697年9月签订《里斯维克和约》
(*Treaty of Ryswick*),英国与法国多次交战。战争期间英国政府授
权私掠船逮捕或摧毁敌国的船只,拦截和搜查涉嫌携带违禁品、
运载敌国货物或在敌国港口间进行贸易的中立国和盟国商船。
1689年6月27日英国发布了针对法国的私掠船指令,其指令内
容基本上与1672年指令类似,主要调整体现在以下两方面:第
一,保证金标准的调整。如果私掠船船员超过150人,保证金为
3000英镑。如果人数少于150人则为1500英镑。[1]第二,私掠船
应将捕获的船舶及其货物带到最方便的英国港口,以便等待海事
法庭的判决。[2]到1692年,私掠船已经成为英国皇家海军的重要
辅助力量,其主要任务是袭扰法国的商业,借以破坏法国的战争
经济及其继续从事战争的潜力。

　　1692年英国政府颁布法令禁止其臣民与法国进行贸易往
来,规定了捕获物的分配原则。私掠船缴获的五分之四货物归私
掠者所有,五分之一归国王所有。如果捕获物都是法国货物,则
全部归私掠者所有。国王船舶所缴获的战利品,其中三分之一归
伤亡者及其家属所有,三分之一归私掠者,三分之一归国王。[3]击

---

① W.R. Meyer, "English Privateering in the War of 1688 to 1697", *The Mariner's Mirror*, Vol.67, No.3(1981), p.259.

② R.G. Marsden, *Documents Relating to Law and Custom of the Sea, Vol. II: 1649–1767*, London: The Navy Records Society, 1916, p.414.

③ Toby Gane, "Aspects of English Law Concerning Piracy and Privateering, 1603–1760", Master Thesis, University of St Andrews, 1990, p.13.

沉或摧毁敌方战舰的私掠者,每缴获一支枪炮奖励10先令。私
掠船在地中海获得的捕获物应带到加的斯、阿利坎特、墨西拿或
那不勒斯等地,在这些指定的地点将捕获物交由伦敦捕获专员指
定的代理人。代理人将与捕获物有关的证据连同捕获物清单递
送伦敦海事法庭,由伦敦海事法庭最终裁决捕获物的归属。①美
洲海域的捕获物在当地裁决。私掠船夺回英国船籍的商船,根据
商船被俘的期限,按八分之一至三分之一不等的比率支付相关赎
买费用。②

1693年5月2日英国政府再次颁布针对法国的私掠船指令,
其指令条文基本都延续了1672年和1689年政府私掠船指令的内
容。私掠船必须遵守本国与同盟国缔结的条约条款,不得无故中
断其正常的贸易往来。他国商船只要驶向法国及其殖民地均可
视为战利品予以捕获。政府授权逮捕与法国或其属地来往的中
立国,以及汉堡等北方港口的船舶,尽管这类船舶对法国怀有敌
意。丹麦船舶上装载的大炮、火枪、迫击炮、炮弹、火药、火柴、子
弹、枪、剑、头饰、铁甲、戟、马、鞍、枪套、腰带、帆、索具、缆绳、绳
索、桅杆、铅、沥青、柏油、大麻、等战略物资,只要运往敌国,都将
视为违禁品。携带护照和宣誓证明材料的丹麦商船可以通行。

---

① W.R. Meyer, "English Privateering in the War of 1688 to 1697", *The Mariner's Mirror*, Vol.67, No.3(1981), pp.260-261.

② R.G. Marsden, "Early Prize Jurisdiction and Prize Law in England", *The English Historical Review*, Vol.26, No.101 (Jan., 1911), pp.52-53.

中立国商船携带的货物，只要前往敌国，都将视为违禁品。得到授权的私掠船不得悬挂英国国旗。每艘私掠船三分之二的成员必须是陆地人。从事私掠航行的海员须遵守关于私掠船的政府规定和指示，违反者将受到严惩。因违反规定而导致的挪用、滞期费或其他损失都由违规者全额赔偿。①1693年6月14日政府发布了关于谷物和违禁品的相关指令：中立国商船携带的货物和各类谷物，只要运往敌国，都视为违禁品。任何一艘装载谷物的货船，无论运往何处，都可能被扣押。②

在对法战争期间，由于私掠船的巡航和袭扰，法国的沿海贸易严重受阻，法国东部地区的物价已然飙升至原先的3倍。英国私掠船不仅夺取了法国商船的许多货物，而且还在法国海岸烧毁、击沉和摧毁了许多商船，削弱了法国从事战争的经济能力。与此同时，私掠船是一种培养优秀海员的机构，这类船舶配备了许多陆地人，使其成为英国潜在的海事人力资源。私掠船的捕获物需向政府交纳关税，私掠船也经常从敌人手中夺回被捕获的英国商船。因此，私掠船对英国是有利的，对敌人则十分不利。有鉴于此，1695年英国政府再次通过鼓励私掠船的法案，进一步强化了私掠船持续打击法国贸易的能力。

---

① R.G. Marsden, *Documents Relating to Law and Custom of the Sea, Vol. II: 1649–1767*, London: The Navy Records Society, 1916, pp.414–418.

② R.G. Marsden, *Documents Relating to Law and Custom of the Sea, Vol. II: 1649–1767*, London: The Navy Records Society, 1916, pp.418–419.

二、战争期间英国私掠船的活动轨迹

1688—1697年战争期间，英国高等海事法庭签发了490份针对法国的捕获许可证。[1]英国高等海事法庭签发的捕获许可证具体数额如下：1689年64份，1690年53份，1691年21份，1692年87份，1693年46份，1694年31份，1695年82份，1696年69份，1697年37份。[2]签发的高峰期是1692年，共签发了87份。该数额还不包括由殖民地总督颁发的捕获委任状。490份捕获许可证并不代表490艘私掠船，因为每当一艘私掠船更换船长或其所有权发生变更时，就必须重新出具新的捕获许可证。490份捕获许可证所代表的实际船舶数量可能约为406艘，其中77%的私掠船为伦敦商人和投资者持有，14%的份额为英吉利海峡臣民所有。[3]根西岛是海峡群岛中最重要的私掠船基地。根西岛的私掠船获得的捕获物达到192项，其中大多数捕获物属于法国，但其捕获物大多为较小的沿海船只。随着战争的进展，布里斯托尔、利物浦、怀特黑文和德文港口等英国港口也相继加入私掠活动行列。

1695年6月至1697年7月期间，服役的155艘私掠船中104艘是携带捕获许可证的武装商船，51艘是专业私掠船，服役的商

---

① Mark G. Hanna, *Pirate Nests and the Rise of the British Empire, 1570–1740*, Raleigh: University of North Carolina Press, 2015, p.142, p.224.

②③ W.R. Meyer, "English Privateering in the War of 1688 to 1697", *The Mariner's Mirror*, Vol.67, No.3(1981), p.261.

船中只有33%是专业私掠船。①从事长途贸易的商船通常都携带捕获许可证，以便其在有利的时机捕获敌方商船。战时模式鼓励着英国商人将其资本投资于特定的私掠船。所有携带捕获许可证的武装商船都是伦敦投资者所有。这些武装商船平均载重260吨，装备23支枪，船员人数达到56人。武装商船通常是远洋贸易商船，配备武器和人员以威慑敌人和保护自身安全，其主要目的是进行远洋贸易，在可乘之机的情况下袭扰敌船。私掠船平均载重55吨，装备8门大炮，船员人数只有39人。②绝大多数只在英吉利海峡航行的私掠船都是快速单桅帆船，它们的进攻能力不是依靠实力，而是依靠狡猾和出其不意取胜。从海军部高级法院的相关裁决记录可以看出，1289项捕获物中，专业私掠船和携带捕获许可证的武装商船占了512项，皇家海军及国王所属商船占据了777项。皇家海军捕获的船舶通常比私掠船捕获的大，皇家海军捕获的平均重达93吨，而私掠船捕获的重量为69吨。③

　　伦敦和海峡群岛商人所拥有的武装商船和私掠船占据了英国私掠船总数的绝大部分。海事法庭裁决的捕获物中，41%判给伦敦投资者拥有的船舶，50%判给海峡群岛臣民所属的船舶。总

①② W.R. Meyer, "English Privateering in the War of 1688 to 1697", *The Mariner's Mirror*, Vol.67, No.3(1981), p.262.

③ W.R. Meyer, "English Privateering in the War of 1688 to 1697", *The Mariner's Mirror*, Vol.67, No.3(1981), p.263.

的来说，亚历山大·里格比爵士（Sir Alexander Rigby）、弗朗西斯·戈斯蒂克（Francis Gosfright）、萨缪尔·谢帕德（Samuel Sheppard）和德·格雷夫（de Grave）等伦敦投资者获得的捕获物价值高于海峡群岛。[①]但1695年伊始海峡群岛臣民获得的捕获物价值后来居上。大多数较小的伦敦私掠船，尽管其自称是伦敦商人，但实际上是五港（Cinque Ports）所有，他们一般将捕获物带到黑麦、多佛和唐斯裁决。在五港私掠船的船东中，著名的是金融城商人约翰·德·格雷夫（John de Grave）、彼得·伊顿（Peter Eaton）、塞缪尔·洛克利（Samuel Lockley）、托马斯·钱伯斯（Thomas Chambers）和约翰·弗兰克（John Frank）。[②]

在战争的前三年里，英国私掠船并不活跃。战争伊始，议会禁止进口任何法国商品，包括私掠船捕获的战利品。未经海关官员允许，进口法国商品的船舶将处以500英镑罚款，事实上，人们发现法国商品通过各种渠道进入英国市场销售，政府根本不可能制止。直到1692年5月英荷在拉霍格战役中大败法国，形势才有所缓解。但真正导致私掠船活动波动的因素主要是政府对私掠船的政策走向。1692年政府鼓励私掠船的法案允许作为捕获物的法国商品进口和销售。私掠船的船东和船员在扣除关税后可

---

①② W.R. Meyer, "English Privateering in the War of 1688 to 1697", *The Mariner's Mirror*, Vol.67, No.3(1981), p.266.

享有法国捕获物价值的四分之三。^①该法案刺激了海峡群岛私掠船的发展,因为海峡群岛私掠船主要以法国商船为捕获对象。1693—1696年期间海事法庭判给海峡群岛私掠船的捕获物达到45项,而非1692年底的10项。^②但与法国私掠船的规模相比,英国私掠船则相对逊色。法国仅圣马洛私掠船获得的捕获物比英国所有港口的总数还多。到战争结束时,圣马洛已经捕获1275艘商船,敦刻尔克捕获了将近4000艘。1688年至1697年期间英国损失了4000艘商船。^③在九年战争的前五年中,法国从布里斯托尔港缴获并摧毁了200多艘船只,总计超过2.1万吨。^④尽管有皇家海军护航,但1693年士麦那商船队都被法国舰队截获。法国成功地骚扰并击沉了许多英国商船,使得从事海外贸易成为一项特别危险的事业。

九年战争期间,虽然袭扰和削弱敌人的商业活动始终是英国私掠船劫掠的目标,但强调保护和维持英国的海外贸易成为17世纪末私掠船活动的重心。随着英国对暴力活动的严格控制,私掠船从追求军事和政治目标转为追求保护本国的商业和贸易。到17世纪末,英国已然发展了一支专业的皇家海军,取代了私掠船在

---

① ② W.R. Meyer, "English Privateering in the War of 1688 to 1697", *The Mariner's Mirror*, Vol.67, No.3(1981), p.269.

③ Richard Harding, *Seapower and Naval Warfare, 1650-1830*, London: University College London Press, 1999, p.158.

④ John Brewer, *The Sinews of Power: War, Money and the English State, 1688-1783*, London: Unwin Hyman Ltd, 1989, p.161.

国家事务中的地位。在奥格斯堡同盟（League of Augsburg）战争期间，皇家海军专注于从事大陆战争和海战，私掠船则负责袭扰敌国商业和保护本国贸易安全，辅助皇家海军维护英国重要的海外贸易航线。

三、战争期间英国海事法庭裁决中面临的困惑

1696年英国政府颁布的《航海条例》是英国控制远洋私掠船活动的关键点。在殖民地海事法庭建立前，殖民地管辖捕获物的机构是混乱的，当地官员在没有任何合法凭证的前提下，凭借主观意愿就决定了捕获物的最终归属。1696年殖民地海事法庭的建立解决了捕获物裁决的法律问题，规范了殖民地的私掠船活动。此后殖民政府着手澄清与捕获物相关的概念界限，开始依据一系列法律条文和实践发布判决，这使得捕获物的判决更加合理，进而塑造了18世纪殖民地私掠船的发展和活动轨迹。捕获法主要涉及两个问题：哪些船只可以捕获，以及谁可以捕获它们。到17世纪后期，关于船舶是否有可能被扣押的问题仍然存在争议。捕获物的裁决原则上是由法律决定的，而不是由暴力或政治决定的。各国签订的条约都明确表示，这个问题在任何情况下都需要一个公正的法庭根据既定的法律惯例作出正式裁决。这是17世纪英国捕获法的基本原则。

17世纪后期，海事法庭裁决中存在的主要问题是：被俘获的船

舶或船上被捕获的货物是否属于与英国交战的国家。为了回答这类问题，海事法庭听取了被捕获船船长及其船员的陈述并查阅各种文件（租船合同、提单、托运单据等），尽量确定船只和货物的所有权。①在决定一艘船是否是合法捕获物时，海事法庭也使用了一系列假设来加以确定。例如，拒绝合法搜查和暴力反抗搜查、未能就被捕获船只提出合理诉求、船员试图销毁该船的文件，这些行为都被法院视为是合法捕获物的依据。所有这些证据都是以书面形式收集整理，并由海事法庭（捕获法院）作出裁决。

至于谁可以充当私掠船的问题，在17世纪后期也得以澄清。捕获许可证和委任状的授权越来越规范，日益成为控制海上暴力的实际举措。英国将长期以来从外国君主获取捕获许可证的行为视同海盗行为。1695年约翰·布鲁姆（John Broome）船长在没有委任状的情况下在几内亚海岸缴获了一艘装有黄金、白银、象牙和大约200名奴隶的法国商船。他将捕获物带到牙买加出售。海军部就这一行为提出诉讼，海事法庭认定该捕获行为违法。布鲁姆案表明在殖民地水域非法处置货物的可能性仍然存在，但英国政府及其殖民地正齐心合力地挤压这类非法行为的生存空间。

到17世纪末，在迅速增长的商业化和全球化背景下，存在于

---

① Matthew Norton, "Temporality, Isolation, and Violence in the Early Modern English Maritime World", *Eighteenth-Century Studies*, Vol.48, No.1(2014), p.51.

战争与和平中的政治因素,使捕获法成为其自身独立的受害者。与民法律师在管辖权方面的冲突,加上政府部门的干预,使得海事法官的工作变得困难重重。当法官竭尽全力维护法律的神圣性时,对外关系的浪潮常常将其裁决偏离法律。

四、詹姆斯二世私掠船事件引发的争论

詹姆斯二世和奥兰治王子威廉之间因争夺英国王位引发的战争促进了英国海盗法规的发展。1688年英国议会宣布詹姆斯二世退位。在法王路易十四和爱尔兰天主教臣民的支持下,詹姆斯二世并没有接受该决定,而是于1689年3月抵达爱尔兰,决心利用其西部王国的力量作为其攻打威廉、收复英格兰和苏格兰的跳板。为了实现这一野心,他委托私掠船以其名义攻击威廉名下的船舶,实质上就是授权英国人攻击英国船只。詹姆斯二世授权约翰·戈尔丁(John Golding)及其7名爱尔兰同胞派出私人军舰袭扰英国航运和贸易。[1]1693年7月英国枢密院提议将被俘的叛军海员定性为罪犯,1694年英国政府开始审判詹姆斯二世授权的8艘私掠船。海军部法庭根据1536年的《海上罪行法案》起诉了这些私掠船,该法案将此类私掠船的私掠活动视为叛国。在审判之前,海事法庭唯一可依据的海盗法律是1670年的海盗法案,该

---

[1] Sarah Craze, "Prosecuting Privateers for Piracy: How Piracy Law Transitioned from Treason to a Crime Against Property", *The International Journal of Maritime History*, Vol. 28, No.4(2016), p.654.

法案规定船长和船员有责任阻止海盗袭击，并未规定英国臣民不能充当海盗。

在此次庭审中，马修·廷达尔（Matthew Tindal）认为，一个试图毁灭和奴役本国人民的国王，已经失去了其该有的法律效力。①与之形成鲜明对比的是，威廉·奥尔迪什（William Oldish）拒绝将这些人视为海盗。他认为，尽管詹姆斯二世失去了王位，但仍有权发动战争，使用他所掌握的战争工具，例如授予捕获许可证的权力，因为国王可以被废黜王位，但不能失去其权利。奥尔迪什将法治置于政治原则和宗教信仰之上，他认为既然詹姆斯没有自愿退位，他的退位在国际法中并没有依据。②然而他没有提及的是，詹姆斯1692年2月底才开始向私掠船下达命令，授权私掠船攻击英国商船。海事法庭在审判期间保持了这一态度，认为詹姆斯二世放弃了王位，不再管理国家事务，失去了其主权，因此也就失去了授予这种委托的权力。为了确保定罪，法庭拒绝奥尔迪什参与案件审理，并用托马斯·利特尔顿（Thomas Littleton,）代替其职位。最终，海事法庭只认定6人有罪，其中2人是因叛国罪而非海盗罪被处决。两年后，法院赦免了剩余4人，将他们

---

① Sarah Craze, "Prosecuting Privateers for Piracy: How Piracy Law Transitioned from Treason to a Crime Against Property", *The International Journal of Maritime History*, Vol. 28, No.4(2016), pp.662-663.

② Sarah Craze, "Prosecuting Privateers for Piracy: How Piracy Law Transitioned from Treason to a Crime Against Property", *The International Journal of Maritime History*, Vol. 28, No.4(2016), pp.663-664.

送往美洲殖民地服刑7年。詹姆斯二世党人没有再因海盗罪出庭受审。相反,他们开始在法王的旗帜下航行,直到1697年战争结束。

因詹姆斯二世而引发的私掠船事件使私掠船的委任状成为焦点。英国人在没有有效委任状的前提下就不能作为私掠船对其他英国人主张交战国的权利。这对海盗法的发展影响深远,因为它挑战了叛国罪和海盗行为之间根深蒂固的联系。1698年生效的海盗法案有效期仅为7年。效忠君主成为一种选择而不是一项义务。海盗活动最终的罪行是侵犯财产罪,而不是叛国罪。①

五、英属美洲殖民地的私掠活动

九年战争期间,英国政府大肆鼓励私掠船的发展,西印度群岛和美洲海岸到处都是私掠船。牙买加于1690年1月13日宣布对法作战,1692年开始发放捕获许可证,数月内加勒比海域遍地都是私掠船的身影。但1692年6月7日皇家港发生地震。第一次地震之后,又发生了更强烈的余震,几分钟内整个城镇建筑物都倒塌了。皇家港的北部沉入大海,大部分码头被冲走。数千人被困在废墟中或在随后的海啸中淹死。当天约有2000名居民死

---

① Sarah Craze, "Prosecuting Privateers for Piracy: How Piracy Law Transitioned from Treason to a Crime Against Property", *The International Journal of Maritime History*, Vol. 28, No.4(2016), p.666.

亡,在接下来的几周内许多人死于伤病。①1702年的一场大火摧
毁了在废墟中重建的大部分建筑物,作为曾将私掠船集聚点的皇
家港就此没落。

　　尽管英国政府鼓励私掠船的发展,但英属殖民地统治者抱怨
繁重的规章制度和高额的费用,使得一些私掠者被迫从事海盗行
径,进而导致许多臣民无视政府法规。私掠船对殖民地防御至关
重要,但因为皇家海军只保护最有价值的航道,而罗德岛等人烟
稀少的私人殖民地海岸线则毫无设防。即便在皇家殖民地,皇家
海军的存在也可能是个麻烦。殖民地总督并不清楚战争何时终
结,而皇家海军开启战争的许可又源于何处。当私掠船将当地劳
动力吸引到私掠活动中时,皇家海军军官不加区分地强迫将其驱
散。海军官员还公然蔑视殖民地总督的权威,拒绝服从总督的命
令。1696年皇家海军的到来不仅吓跑了牙买加的私掠船,而且
还阻止北美殖民地商人将粮食运至该岛。

　　战争结束后,殖民地总督面对的最艰巨的任务之一就是镇压
海盗。在审判海盗的过程中原有的法规无法应对新情况。亨利
八世处罚海盗的旧法案并不适用于殖民地,海盗不能在殖民地受
审。伊丽莎白时代的私掠船经常受外国君主的委托从事私掠活
动,违反本国君主的公告,不被英国法律承认。但严格来说,这类

---

① Angus Konstam, *Pirates: The Complete History from 1300 BC to the Present Day*, Guilford: Lyons Press, 2008, p.117.

私掠者并不是海盗，不能被判处死刑，最多处以罚款和监禁。1686年新英格兰总督受命将任何劫持外国商船或未经授权就劫持船只的私掠者视为海盗予以惩罚，但效果微乎其微。许多所谓的私掠船实际上就是海盗。许多私掠船的海盗行径已然成为英国海外贸易的累赘和国家丑闻。

因此，1699年议会通过镇压海盗的法案，法案扩大了海盗的定义范围并鼓励商船水手反抗海盗。海盗法案对政府管制私掠船的活动至关重要，因为它将从事谋杀、抢劫和叛国的罪行定义为海盗。该法案还认定任何未经授权、针对外国船只的劫掠行动都是海盗行径。根据英国政府对海盗的释义，海盗法案正式将私掠船与海盗加以区别。私掠船只能在政府的授权范围内活动，如果私掠船在授权范围外从事劫掠活动，他们将被定义为海盗。如果被指控犯有海盗罪，海员将面临绞刑。海军上将、海军中将和皇家海军的指挥官有权审判有关海盗的指控。许多殖民地立法机构也相继通过了限制私掠船和惩罚海盗的法案。但在北美殖民地，海盗们仍能得到殖民地总督的支持。

此外，英国政府也试图根除红海海域猖獗的海盗活动。1696年1月政府委任私掠船舰长威廉·基德（William Kidd）在印度洋打击海盗。基德的主要任务是追捕源自殖民地的海盗。他的委任状目标指向了新英格兰和纽约海盗托马斯·图（Thomas Tew）、约翰·爱尔兰（John Ireland）、托马斯·威克（Thomas Wake）及威廉·梅斯

（William Mayes）等人。[1]1702年西班牙王位继承战争爆发，西印度群岛的多数海盗被重新授予捕获许可证，使其能袭扰法国和西班牙的海外商业贸易。

---

[1] Mark G. Hanna, *Pirate Nests and the Rise of the British Empire, 1570-1740*, Raleigh: University of North Carolina Press, 2015, p.225.

第三章 盛极而衰:18世纪英国私掠船活动的大扩张与衰退

18世纪是英国殖民扩张和夺取海洋霸权的关键期,在与欧洲列强西班牙和法国的海权争霸赛中,英国充分利用皇家海军和私掠船的军事力量助力其打败竞争对手,取得海上优势,最终成长为世界上最强大的海洋强国。私掠船是18世纪历次英国对敌作战的重要军事力量,协同皇家海军共同护卫英国本土和海外贸易的安全,为英国的对外扩张和殖民霸权的建立提供了重要的军事支撑和财政保障。然而七年战争结束后,皇家海军已然成长壮大,其在后续的美国独立战争、法国大革命和拿破仑战争中发挥着主导作用,决定着战局的最终走向。英国私掠船的作用已然退化,反而是美国和法国私掠船的劫掠活动成为英国政府的心头大患。因此,18世纪既是英国私掠船活动的扩张期,又是其衰退和没落的时代。

第一节　西班牙王位继承战争期间英国私掠船活动的扩展

西班牙王位继承战争是因西班牙哈布斯堡王室绝嗣、法国的波旁王室与奥地利的哈布斯堡王室争夺西班牙王位而引发的一场大规模战争。这场战争从1701年一直延续到1714年，以英国、荷兰、奥地利、葡萄牙和大多数德意志诸侯国所组成的"大同盟"对阵法国和西班牙。虽然陆上战场是这场战争的决定性主战场，海外战场只起到辅助作用，但海外战场不仅影响着整场大战的进行与结束，更对英国海上力量的发展意义重大。英国在战争期间充分利用私掠船力量袭扰对方的商业贸易，扩大了其在美洲殖民地的范围，为英国商业和殖民霸权的建立奠定了基础。

一、战争期间英国私掠船活动概况

西班牙王位继承战争期间，战争的主力是皇家海军，但也包括由私掠船组成的大规模海上力量。私掠船被证明是重要的力量倍增器，是英国海洋争霸赛中重要的军事力量。战争爆发后，1702年5月底议会颁布法令鼓励私掠船对敌劫掠。政府通过颁发捕获许可证或特许状来管制私掠船活动，并保留收回许可证的权力，所有捕获物由海事法庭裁决，但政府对私掠船的指示随着事态的发展而不时地加以调整。

1704年12月23日英国政府发布的私掠船指令主要针对法国和西班牙。经政府授权的私掠船可以夺取法国和西班牙及其殖民地的船舶和货物，但不得在友邦的领水和大炮射程内夺取战利品，不得将违禁品、物资或战争给养运往西属美洲种植园。丹麦和瑞典商船或所有往来法国的中立国船舶，在租船运货时均应提供租船合同。如私掠船在海上或沿海碰到丹麦船舶，丹麦船长必须出示证明其身份的相关证件。私掠船应将其扣押的捕获物带至方便停靠的某个英国港口，以便由海事法庭裁决。在地中海或直布罗陀海峡地区扣押的捕获物，可运到盟国或友邦的港口。在西印度群岛或美洲扣押的捕获物，可运往英属美洲殖民地的某一港口。在东印度群岛或好望角以外海域扣押的捕获物，可带到邻近的某一英国港口。私掠船应尽其所能帮助和救助所有被敌国扣押或劫持的英国船舶及其货物。私掠船还应遵守女王陛下发布的其他指示和命令，以便更好地开展行动。①

1705年2月上旬，海军部发布管理私掠船的相关指令。获得授权的私掠船可以合法地攻击向法国运送商品及其货物的军舰和商船。来自西属美洲的货物可以豁免，但如果是法国货物或走私货物则一律扣押。任何与法国和西班牙交战的他国商船，只要

---

① R.G. Marsden, *Documents Relating to Law and Custom of the Sea, Vol. II: 1649–1767*, London: The Navy Records Society, 1916, pp.420–424.

驶往法国或西班牙的港口都可视为捕获物。这些国家包括阿尔托那、格吕克施塔特、汉堡、吕贝克、什切青以及波罗的海、易北河、威悉河等地区。从法国或西班牙驶往交战港口的商船都可能被扣押。所有向法国和西班牙运送违禁品的船舶均可扣押。丹麦或中立国船舶上携带的敌国战争物资将被视为违禁品，可予以扣押。允许持有特定通行证的丹麦船舶自由通行。[1]经过一些细微的调整，这项政策一直沿用至 1708 年。1706 年 5 月 2 日，针对往来于法国和西班牙的私掠船指令增加了一些条款。凡驶往或驶离法国或西班牙港口的商船，只要携带英国和荷兰政府颁发的通行证，私掠船待检查符合相关规定后方可放行。装载在荷兰船舶上的货物都不应视为违禁品，除非是英荷 1674 年海运条约规定的相关货物。[2]

在西班牙王位继承战争期间（1701—1714），英国海军部高级法院共签发了 1622 份捕获许可证。[3]1702 年 5 月 4 日至 1707 年 8 月 22 日期间，针对法国和西班牙签发了 918 份捕获许可证。1707 年 8 月 22 日后，针对法国和其他国家签发了 704 份许可证。[4]战争开始后的 20 个月内一共签发了 478 份捕获许可证，1704—

---

① John B. Hattendorf, "A Study in the English View and Conduct of Grand Strategy, 1701-1713", Doctoral Dissertation, University of Oxford, 1979, p.238.

② R.G. Marsden, *Documents Relating to Law and Custom of the Sea, Vol. II: 1649-1767*, London: The Navy Records Society, 1916, p.425.

③④ W.R. Meyer, "English Privateering in the War of the Spanish Succession, 1702 - 1713", *The Mariner's Mirror*, Vol.69, No.4(1983), p.435.

1706年捕获许可证的数额分别为149、125和91份。捕获许可证的签发份数从1707年的103份增加至1711年的161份，1713年又回落至80份。[①]因船舶的船长或所有权更替时就得申请新许可证，因而1622份捕获许可证只涉及1380艘船舶，其中58%属于伦敦船东，16%属于海峡群岛船东。剩下的份额被其他英国港口占有，其中布里斯托尔派出了138艘，爱尔兰派出了26艘。[②]截至1712年1月，海事法庭裁决了2239项捕获物，其中1176项属于私掠船和携带捕获许可证的武装商船。大部分判给私掠船的船舶和货物，都来自伦敦和海峡群岛商人所属的船舶，它们占据了定罪捕获物的83%。[③]海峡群岛一直处于领先地位，根西岛仍然是海峡群岛最重要的私掠船基地。到1712年1月，142艘根西岛的私掠船在战争中捕获了622项战利品。[④]在西班牙王位继承战争期间，布里斯托尔港就有200多艘船舶服役，伦敦有800艘私掠船出海。[⑤]

[①] W. R. Meyer, "English Privateering in the War of the Spanish Succession, 1702 - 1713", *The Mariner's Mirror*, Vol.69, No.4(1983), p.435.

[②] W. R. Meyer, "English Privateering in the War of the Spanish Succession, 1702 - 1713", *The Mariner's Mirror*, Vol.69, No.4(1983), pp.435-436.

[③] W. R. Meyer, "English Privateering in the War of the Spanish Succession, 1702 - 1713", *The Mariner's Mirror*, Vol.69, No.4(1983), pp.435-437.

[④] W. R. Meyer, "English Privateering in the War of the Spanish Succession, 1702 - 1713", *The Mariner's Mirror*, Vol.69, No.4(1983), pp.437-438.

[⑤] David J. Starkey, *British Privateering Enterprise in the Eighteenth Century*, Exeter and Devon: University of Exeter Press, 1990, pp.88-89.

二、1708年美洲法案的出台

威廉三世统治末期，战争的爆发也不可避免，1702年1月10日政府任命了一个专门委员会来审议私掠船议案。[①]专门委员会主席是托利党康沃尔议员弗朗西斯·斯科贝尔，由18名辉格党和13名托利党委员组成。[②]该议案的主要推动者是下议院海军军官、与海军事务有关的官员和那些与西印度群岛和北美殖民地有利益瓜葛的海外贸易商人。议案中最重要的部分涉及美洲捕获物管理处。该部门经常被指控业务效率低下并屡有违规行为，如盗用捕获物、操纵捕获物的销售价格，人们普遍认为维持这一部门的成本过高。为解决相关问题，有人提议由海关专员接管其业务。但是海关总长以工作负担过重为由拒绝承接该业务。2月21日该议案在下院二读后提交给下议院全体成员审议。[③]3月4日下议院任命了一个委员会负责审议鼓励西印度群岛私掠船的建议。议案在经过一些修改后于5月6日提交给上议院。5月15日上议院将修正后的议案发回下议院重新审议。

然而由于下议院反对上议院的修正案，该法案最终没有通过，理由是该项修正案改变了原有关税和公共资金的筹集和处理

---

① Journals of the House of Common, Vol. XIII, p. 665. 10 January 1702.

② Shinsuke Satsuma, "Ideas about the Economic Advantages of Colonial Maritime War and their Impact on British Politics and Naval Policy, 1701–1729", Doctoral Dissertation, University of Exeter, 2016, p.179.

③ *Journals of the House of Common, Vol. XIII*, p. 754. 21 February 1702.

方式,这是下议院特有的权利不容颠覆。尽管1702年私掠船议案因货币供应问题未能通过,但该议案得到了辉格党和托利党及与海军事务利益相关商人和议员的支持。1702年5月23日下议院向女王提交了一份报告,鼓励私掠船捕获敌国的资产,特别是向那些试图征服东印度群岛或西印度群岛的私掠者发放现金奖励和特许状。同日上议院提交给女王的报告也要求鼓励私掠船保护英国海上贸易免受法国的攻击。①两院在致女王的报告中都强调了私掠船保护英国贸易免受法国攻击的必要性,同时鼓励私掠船对西属美洲殖民地的劫掠行为。

6月1日颁布的皇家公告在一定程度上回应了两院的要求,该公告开始向私掠船提供枪支资金并允许其保留捕获物。与此同时,政府试图加强对私掠船的管控,禁止其侵占、拷打和攻击英国盟国的臣民,并详细规定了捕获物保管、裁决和出售的程序。皇家公告在某种程度上鼓励了私掠船夺取敌国战利品。特别是在捕获物裁决缴纳关税后,将十分之九的奖励交给私掠者,十分之一留给海军上将。②该公告还涉及捕获物分配的原则,明确规定了海员在捕获物分配中应占的份额,要求船长提交私掠船海员

---

① Shinsuke Satsuma, "Politicians, Merchants, and Colonial Maritime War: The Political and Economic Background of the American Act of 1708", *Parliamentary History*, Vol.32, No.2 (2013), p.321.

② Shinsuke Satsuma, "Ideas about the Economic Advantages of Colonial Maritime War and their Impact on British Politics and Naval Policy, 1701-1729", Doctoral Dissertation, University of Exeter, 2016, p.183.

名单，对私掠船非法侵占捕获物的行为予以处罚。与此同时，在皇家公告发出的同一天，给私掠者也下达了新的指示。该指令详细规定了捕获物裁决、保管和出售的程序，例如核查证人和证据的合法性，以及为遵守指示必须交纳的保证金。[①]其中一些条款旨在防止私掠船挪用公款、对海员施以酷刑以及攻击英国及其盟国的商船。可见，该指令主要是为了加强对私掠船活动的管控。

11月18日，下议院议员威廉·克莱顿（William Clayton）和副总检察长西蒙·哈考特（Simon Harcourt）提交一份鼓励私掠船的议案，但该议案在议会一读后就被抛弃。[②]1703年2月9日一份关于更好地在西印度群岛开展海上和陆地战争的议案提交给上议院。该议案授权个人或团体夺取法国或西班牙财产的特权，允许英国船舶不受限制地雇佣外国海员。外国海员在西印度群岛服役一年后就可认定为英国人，从而减轻殖民地海战人员配备紧张的问题。该议案于2月15日提交给下议院，[③]但遭到抵制后于该年11月最终搁置。

---

① Shinsuke Satsuma, "Ideas about the Economic Advantages of Colonial Maritime War and their Impact on British Politics and Naval Policy, 1701–1729", Doctoral Dissertation, University of Exeter, 2016, p.184.

② Shinsuke Satsuma, "Ideas about the Economic Advantages of Colonial Maritime War and their Impact on British Politics and Naval Policy, 1701–1729", Doctoral Dissertation, University of Exeter, 2016, p.185.

③ *Journals of the House of Lords, Vol. XVII*, p. 277, 12 February 1702/3; p. 278, 15 February 1703.

　　1703年1月英国政府暂时搁置了袭击西属美洲殖民地的计划，采取了一种更为温和的方式来恢复英西贸易，那就是说服西班牙加入同盟国阵营。1704年2月英国政府向殖民地总督发出通函，允许英国与西班牙殖民者贸易，禁止攻击从事贸易的荷兰船舶，除非其携带海军补给或战争违禁品。然而该项政策存在一个很大的漏洞，牙买加私掠船不仅袭击了法国商船，也袭击西班牙殖民者的商船。为了限制西属美洲私掠船的活动，1704年5月英国政府再次发布指令，禁止私掠船在西班牙殖民地进行任何袭扰活动，不允许攻击与西属美洲殖民地进行贸易的英荷船舶，除非发现其载有法国货物或违禁品。[①]这并不是要完全禁止袭击敌国的商业活动，私掠船和海军袭击西班牙商船仍然是合法的。然而这种妥协使得控制私掠船的政策不严密，牙买加私掠船继续骚扰西属美洲贸易商船。1707年7月英国贸易委员会曾报告私掠船袭击与英贸易的西班牙商船，并警告此类行径将毁灭英西贸易。

　　在1707年末的议会辩论中，英国对美洲殖民地海战的热情再次复活。由于商船损失不断增加，英国在战争中面临着严峻的困境，法国在南美洲贸易的快速发展也威胁着英国在该地区的贸易。这些潜在危险使得下议院批评政府对海军事务管理不当，要求在美洲地区开展军事行动。1707年9月辉格党所属报纸《观察

---

① Shinsuke Satsuma, "Politicians, Merchants, and Colonial Maritime War: The Political and Economic Background of the American Act of 1708", *Parliamentary History*, Vol.32, No.2 (2013), p.325.

者》(*Observer*)声称,如果英国把战争精力集中在海战上,并协助盟军进行陆战,就有可能彻底摧毁敌国商船。[1]该报纸支持政府远征西印度群岛,恢复英国与西属美洲的贸易往来,确保英国在西属美洲贸易基地的安全。1707年11月12日一场关于海军事务的激烈辩论在上议院上演。沃顿伯爵(Earl of Wharton)带头指出了贸易的衰落和货币的匮乏。他的指责得到了萨默斯(Somers)、白金汉公爵(Duke of Buckingham)、罗切斯特伯爵(Earl of Rochester)和格恩西男爵(Baron Guernsey)等保守党议员的支持。议会最终成立一个由赫伯特勋爵(Lord Herbert)为首的调查委员会,负责审议皇家海军和海外贸易的现状。[2]11月19日伦敦金融城商人向委员会递交了一份请愿书,商人们抱怨由于护航队和巡洋舰数量的不足致使商船损失不断扩大。[3]随着争论的持续,一些议员提出了如何挽救英国商船损失的建议。哈利法克斯(Halifax)提议任命一个委员会来鼓励英国在西印度群岛的贸易和私掠船活动,该提议得到了财政大臣戈多尔芬(Godolphin)的支持。

---

① Shinsuke Satsuma, "Politicians, Merchants, and Colonial Maritime War: The Political and Economic Background of the American Act of 1708", *Parliamentary History*, Vol.32, No.2 (2013), p.326.

② Shinsuke Satsuma, "Politicians, Merchants, and Colonial Maritime War: The Political and Economic Background of the American Act of 1708", *Parliamentary History*, Vol.32, No.2 (2013), p.327.

③ Shinsuke Satsuma, "Ideas about the Economic Advantages of Colonial Maritime War and their Impact on British Politics and Naval Policy, 1701–1729", Doctoral Dissertation , University of Exeter, 2016, pp.194–195.

议会对海军事务的激烈争论致使政府成立了两个委员会来处理相关问题。一个是审议商人请愿的委员会,由博尔顿公爵(Duke of Bolton)担任主席;另一个是鼓励西印度群岛私掠船活动的委员会,由哈利法克斯担任主席。①之所以鼓励西印度群岛私掠船活动,主要是为了平息海上损失引发的抱怨。私掠船被认为是抗衡法国贸易战的有效防御力量,鼓励私掠船活动可以缓解海外商人的焦虑。负责私掠船事务的委员会成立后,11月21日与戈多尔芬有关系的约翰·多本(John Dolben)被召集至委员会介绍殖民地私掠船的情况。多本认为,捕获物分配管理的不善和海军对海员的强征加剧了牙买加海员的逃亡,削弱了该岛的防御实力。

1707年11月25日,作为私掠船委员会成员之一的多本提出了一项与私掠船和海外贸易有关的建议,并于第二天提交委员会审议。该建议中的首个提议就是废除英属北美的捕获物管理处。殖民地当局在捕获物分配上的不规范行为极大地阻碍了殖民地私掠船的活动。在多本的建议中,最好是消除殖民地总督和捕获物管理处对捕获物分配的干预。另一项重要建议是保护私掠船和商船的在册海员不受皇家海军强征。强征海员对牙买加私掠

---

① Shinsuke Satsuma, "Ideas about the Economic Advantages of Colonial Maritime War and their Impact on British Politics and Naval Policy, 1701-1729", Doctoral Dissertation, University of Exeter, 2016, p.195.

船的潜在危害在战争初期已然显现。①牙买加总督威廉·塞尔温
(William Selwyn)认为强征摧毁了该地的私掠船贸易，把私掠者
驱赶到了荷兰的殖民地库拉索岛。因而，多本建议强制征兵的对
象仅限于海军急需的必要海员。事实上，1700年在巴巴多斯颁
布的鼓励私掠船法案中已经免除了私掠船的税款，并允许其保留
捕获的部分货物。1702年巴巴多斯颁布的另一项装备战船的法
案也有类似奖励私掠船的条款。然而这些法案遭到巴巴多斯新
任总督比维尔·格兰维尔爵士(Sir Bevil Granville)、总检察长爱德
华·诺西(Edward Northey)和贸易委员会的质疑，他们认为这些法
案侵犯了王室特权，致使这些法案于1706年6月被废除。②1703
年8月牙买加通过的一项名为鼓励私掠船并防止强征海员的法
令禁止强征殖民地居民，但仅仅实施三个月后，该项法案也因侵
犯皇家特权并妨碍海军活动而被取缔。从某种意义上说，多本的
建议是试图恢复这些因宪法问题而被撤销的殖民地法律条款。

　　11月26日私掠船委员会审议了多本议案中的所有建议。关
于废除英属北美捕获物管理处的建议博得了大家的赞许。但是，
关于强征的事项争议颇多，主要是如何协调私掠船活动与海军人

---

① Shinsuke Satsuma, "Ideas about the Economic Advantages of Colonial Maritime War and their Impact on British Politics and Naval Policy, 1701–1729", Doctoral Dissertation, University of Exeter, 2016, pp.196–198.

② Shinsuke Satsuma, "Ideas about the Economic Advantages of Colonial Maritime War and their Impact on British Politics and Naval Policy, 1701–1729", Doctoral Dissertation, University of Exeter, 2016, p.199.

员配备不足的问题。私掠船、海军和商人之间在殖民地争夺人力资源的现象时有发生。战前商船海员的工资是每月24—25先令，到1702年工资已涨至30先令。1708年工资飙升至每月45—50先令，这无疑加剧了各方对海员的争夺。[1]1702年12月海军少将惠茨通（Whetstone）报告，由于殖民地私掠船的存在，牙买加殖民政府无法向海军舰艇提供充足的人员供给。鼓励私掠船可能会加剧已有的矛盾，并导致大量海员从事私掠船活动。[2]11月28日与会专家发表了各自的看法。琼斯（Jones）船长坚持认为必须保护私掠船活动，否则私掠船不会相信政府。海军中将詹宁斯（Jennings）也承认，为了让逃跑的水手回归，有必要鼓励私掠船，但也必须考虑海军的人员配备问题，他建议前往西印度群岛的商船和商人应该为海军配备额外的海员，收留海军舰艇逃兵的私掠船则应严惩。[3]

12月15日私掠船委员会把多本和其他商人提出的所有建议纳入哈利法克斯的调查报告。随后爱德华·沃德爵士（Sir Edward Ward）和约翰·史密斯（John Smith）奉命准备一份议案。然

---

[1] Ralph Davis, *The Rise of the English Shipping Industry in the Seventeenth and Eighteenth Centuries*, Newton Abbot: England David & Charles, 1972, p. 136.

[2] Shinsuke Satsuma, "Politicians, Merchants, and Colonial Maritime War: The Political and Economic Background of the American Act of 1708", *Parliamentary History*, Vol.32, No.2（2013）, p.333.

[3] Shinsuke Satsuma, "Ideas about the Economic Advantages of Colonial Maritime War and their Impact on British Politics and Naval Policy, 1701–1729", Doctoral Dissertation, University of Exeter, 2016, p.202.

而该法案并未提交给上议院。相反，哈利法克斯报告被纳入了一项关于更好地鼓励美洲贸易的法案，这是理查德·翁斯洛（Richard Onslow）爵士于12月19日提交给下议院的。该法案于1708年3月17日在下议院通过并送交上议院审议。上议院于3月24日通过了该法案，最终于4月1日获得皇家批准，①也就是著名的《1708年美洲法案》。

《1708年美洲法案》规定了英国及其所属美洲殖民地私掠船必须遵守的规则，终结了17世纪以来私掠船活动存在的诸多不确定性。法案第一节规定所有捕获物在海事法庭裁决后方可成为私掠者的个人财产。第二节保障了皇家海军征用商船和海员的权利。第三节保障了私掠船的财产权利，以前所有捕获物价值的十分之一属于最高海军上将，现在取消了海军上将享有的份额，增加了私掠船船东和海员的利润空间。英国商船只需申请并交付保证金就可获得捕获许可证。私掠船船东有权分配其捕获物，皇家海军必须遵守关于捕获物分配的皇家公告。这些法规条款为那些对私掠船感兴趣的投资者提供了额外的安全保障。第四节建立了一套统一的捕获物裁决规则，规定了海事法庭应遵循的法定程序。在捕获物提交海事法庭五天内，法院法官必须完成对证人和船舶文件的审查。为了防止因缺席而被定罪，与被捕获

---

① *Journals of the House of Lords, Vol. XVIII*, p. 550, 24 March 1708, pp. 562–563, 31 March 1708, p. 566, 1 April 1708.

船舶及其货物有关的当事人，需在法院裁决前二十天内向海事法庭提出索赔。索赔人必须提供足够的担保，支付捕获物两倍的费用以防捕获物被判定为合法的战利品。如果无人索赔，法官就须立即裁决该捕获物的归属。[1]

法案第六和第七节涉及遏制捕获案件徇私枉法行为的条款。私掠船进入港口后应立即将其捕获物交付海事法庭，不得私自拆卸货物。海事法庭法官裁决捕获物有了规定的时限，法官因不必要的延误会面临500英镑的罚款。明确了海事法庭的收费标准：载重吨位低于100吨的船舶，法院收取的总费用不得超过10英镑；载重吨位超过100吨的船舶，费用总额不高于15英镑。[2]第八节规定了捕获物的相关上诉程序。各方都可向枢密院就海事法庭的裁决提起上诉。上诉必须在裁决公布后的14天内提出，而且必须提供担保以支付相关上诉费用。如果枢密院维持海事法庭的裁决，上诉人必须支付三倍的诉讼费。海事庭裁判决的执行不会因上诉而中止。法案其余内容主要涉及私掠船和皇家海军之间的关系以及调整《航海条例》对商船和外国水手的限制。皇家海军不得强征私掠船海员，私掠船则禁止收留皇家舰艇上的逃兵。为了增加可供英国私掠船使用的海员和船舶数量，议会放松了对

---

[1] Carl E. Swanson, *Predators and Prizes: American privateering and Imperial Warfare, 1739-1748*, Columbia: University of South Carolina Press, 1991, pp.34-35.

[2] Carl E. Swanson, *Predators and Prizes: American privateering and Imperial Warfare, 1739-1748*, Columbia: University of South Carolina Press, 1991, p.35.

雇佣外国海员和船舶的限制。为了吸引外国海员在英国船舶上服役，相关条款放宽了在英国船舶上服役两年后入籍的规定。[1]

《1708年美洲法案》旨在将殖民地私掠活动置于政府的管控下，在此前提下鼓励海军和私掠船对敌国的捕获活动，增强了大英帝国的海上殖民战力。从长远来看，有其潜在的积极影响。法案首次规范了殖民地有关捕获物的法律程序，英国私掠船在殖民地的运作机制得以建立。该法令放弃了王室在捕获物中应享有的份额，废除了捕获物管理处，将昂贵且低效的美洲殖民地捕获物裁决转归海事法庭负责。私掠船从政府给予其捕获物的全部收益、限制海事法庭的裁决费用、免除私掠船海员强征等法规条款中受益。对私掠船的鼓励从根本上改变了海事法庭的性质，海事法庭从令人厌恶的皇室特权机构转变成了为殖民地港口带来合法利润的赚钱机器。以布里斯托尔私掠船船长伍德斯·罗杰斯（Woodes Rogers）为例，他在1709年12月的环球航行中捕获了一艘在马尼拉和阿卡普尔科之间进行贸易的马尼拉大帆船"纽斯特拉夫人号"（Nuestra Senora de la encaracion）[2]。据估计，罗杰斯从中获得了大约10.6万英镑的净利润。但该法案在短期内并没有取得预期效果。事实上，它在某些方面加剧了现有的矛盾冲突，

---

[1] Carl E . Swanson, "Predators and Prizes: Privateering in the British Colonies during the War of 1739–1748", Doctoral Dissertation, The University of Western Ontario, 1979, pp.52–53.

[2] Mark G. Hanna, *Pirate Nests and the Rise of the British Empire, 1570–1740*, Raleigh: University of North Carolina Press, 2015, p.359.

引发了新的争端。在美洲法案中，私掠船缴获的捕获物不仅要在殖民地交税，如果进口至英国本土也须交税，这招致了进口捕获物的英国商人批评。另一项有争议的条款是禁止强征美洲海员。美洲法案颁布后，海军上将要求西印度群岛的海军舰艇指挥官严格遵守该条款。然而这一条款抵消了海军指挥官为其舰船配备人员的努力。此外，该法案的有效期也存疑，战后殖民地总督抗议英国海军在殖民地的强征政策，声称美洲法案仍然有效，由此引发了美洲殖民地强征海员合法性的长期争论。

三、英属美洲海域猖獗的海盗活动

西班牙王位继承战争不仅是一场争夺西班牙王位的战争，也是一场争夺西属美洲财富的战争。西属美洲殖民地是西班牙和法国从事战争的财力源泉，切断其海外贸易供给路线是打压西班牙的最主要方式。加之西属美洲贸易和英属殖民地安全对英国的重要性，美洲尤其是加勒比海地区也是战争期间英国政府关注的重点。欧洲海外殖民经济的扩张意味着战争的重心已然转移到了美洲，来自马提尼克岛的法国私掠船，来自哈瓦那等地的西班牙私掠船和英属美洲私掠船在大西洋彼岸造成了前所未有的破坏。英属美洲私掠船已然成为英国海上力量不可或缺的重要组成部分。在欧洲，法国敦刻尔克和英国布里斯托尔等港口是主要的私掠船港，而在加勒比海地区，马提尼克岛的法兰西堡、巴巴多斯岛的布里奇顿、圣多米尼的小戈阿韦、牙买加的皇家港挤满了携带着捕获许可证的私掠船。

1702年6月下旬,当西班牙王位继承战争的消息传到英属美洲殖民地后,各殖民地颁发了大量的捕获许可证,将私掠船视为殖民地海上防御的主要防线。

战争期间法国私掠船对英国商船造成的巨大破坏,促使英国议会于1708年通过了《鼓励对英属美洲贸易法案》(即《1708年美洲法案》)。该法案减少了王室在私掠船捕获物中应享有的份额,促进了私掠船活动的发展,但也增加了私掠船在未来战争结束时转变海盗的潜在风险。现在海盗和私掠船的区别仅在于是否拥有捕获物许可证或委任状,而此时英国原有的海盗法条文却一直模棱两可。1698年英国海盗法案并没有将海盗行为视为叛国罪,而是将其定性为抢劫。该法案禁止英国人从外国君主获得捕获委任状,从法律上区分了叛国和海盗罪行。①然而,该法案于1706年到期,亨利八世海上罪行法案的恢复再次将叛国罪和海盗罪行联系在一起,推翻了最近施行的法律先例。

当战争结束时,英国政府取消了战时的所有捕获许可证。1713—1715年皇家海军的人数从5万人锐减至1.35万人。②多达

① Sarah Craze, "Prosecuting Privateers for Piracy: How Piracy Law Transitioned from Treason to a Crime Against Property", *The International Journal of Maritime History*, Vol. 28, No.4(2016), p.666.

② Christopher Lloyd, *The British Seaman, 1200–1860: A Social Survey*, London: Paladin, 1970, p.287.

6000名私掠船船长失业，英国及其殖民地的港口挤满了私掠船。①许多海员沦落为海盗，被迫继续从事劫掠活动，试图利用原有的私掠船捕获许可证来掩盖其非法行为，但其攻击目标仅限于英国的宿敌法国和西班牙。也有一些如黑胡子和巴塞洛缪·罗伯茨这样的海盗肆无忌惮地攻击所有途经的商船。因此，战争的结束意味着海盗活动的猖獗和潜在受害者的增加。尽管受影响最严重的地区是加勒比海域和英属北美的大西洋沿岸，但海盗劫掠的范围在不断扩展，西非海岸和印度洋也成为其劫掠活动的海域。尽管这类海盗不像17世纪的海盗那样拥有庞大的舰船，但其攻击并不局限于加勒比海地区或某类敌人，因此对海外贸易的破坏性更大。加之由于美洲殖民地缺乏强有力的政府管控，大西洋沿岸成为海盗肆虐的主要活动地区。英国政府于1717年颁布了海盗法案来打击猖獗的海盗活动。该法案将海盗活动定性为侵犯财产罪，并主张将海盗发配至美洲接受惩罚。私掠船虽然是西班牙王位继承战争期间英国对敌作战的重要军事力量，但战争结束时大量私掠船无法充分就业，大量的海员沦落为海盗，成为大西洋海域的一颗毒瘤，威胁着欧洲各国的对外贸易安全，政府不得不下大气力来打击猖獗的海盗。

---

① Angus Konstam, *Pirates: The Complete History from 1300 BC to the Present Day*, Guilford: Lyons Press, 2008, p.152.

第二节　詹金斯耳之战和奥地利王位继承战争
期间英国私掠船活动的大扩张

　　西班牙王位继承战争结束后,英国加紧了向海洋和殖民地扩张的步伐,英国对西属美洲大陆财富的觊觎和西班牙坚决捍卫殖民地利益的矛盾,因詹金斯耳事件引发了1739年詹金斯耳之战,战争主要在加勒比海地区进行。一年后,以法国、西班牙、普鲁士等国为首的联盟,与以奥地利、英国、荷兰、俄国等国为首的另一方,因奥地利的王位继承权问题再次引发大规模战争。两场战争融为一体,超出了欧洲地域,最终演变为一场带有浓厚商业竞争和殖民争霸色彩的长期消耗战。面对西班牙和法国等欧洲强国的攻击,英国发动英属美洲大陆的私掠船参战,将战争扩展至整个大西洋。殖民地的私掠船活动抵消了敌国的类似努力,夯实了英国在北美的优势地位,成为英国海洋争霸赛中不可或缺的军事力量。

一、詹金斯耳之战的爆发

　　1713年西班牙王位战争结束后,英属美洲大陆的殖民开拓达到了高峰。到1739年,从佐治亚、安纳波利斯山谷到纽芬兰等沿大西洋海岸定居的人口不断增加,北美各地已经从当初的简陋定居点发展为规模较大的城镇和农业社区。英属美洲殖民地经济、政治和军事力量等各方面都有了长足的发展。

自18世纪以来，英国和西班牙之间不断升级的海上冲突使得双方的关系骤然降至冰点。到18世纪30年代，西班牙把控着西属美洲大陆的贸易往来，利用海岸警卫队保护着其水域不受走私者的侵犯。而英国及其殖民地的商人则一直试图扩大在美洲大陆的商业贸易。虽然《乌得勒支条约》禁止英国在西属美洲的贸易往来，但英属殖民地商人基本无视该条约的存在，悄悄地从事着各类非法交易，由此导致美洲大陆非法贸易盛行。为了遏制此类非法贸易，西班牙海岸警卫队（Guard-Costa）加紧了在加勒比海域巡逻的力度，频繁拦截遇到的每一艘英国商船。如果认定某商船携带西班牙产地的货物，就会将该船视为战利品予以捕获。大西洋两岸的英国臣民对西班牙海岸警卫队的行为十分愤懑，英国及其殖民地的报纸经常可见西班牙肆意掠夺英国商人的报道。例如，1730年3月5日《波士顿新闻快报》（*Boston News-Letter*）报道西班牙在洪都拉斯湾劫持了14艘英国船只。[1]最著名的一次是发生在1731年与哥斯达黎加警卫队的血腥冲突。当时罗伯特·詹金斯上尉指挥的"丽贝卡号"商船在从牙买加前往伦敦的途中被劫持。西班牙官员无情地割下了詹金斯的左耳，并命令其

---

[1] Carl E. Swanson, *Predators and Prizes: American privateering and Imperial Warfare, 1739-1748*, Columbia: University of South Carolina Press, 1991, p.9.

带给乔治国王。1731年10月7日《宾夕法尼亚公报》连篇累牍地报道了该事件，进一步激发了民众对西班牙的仇视。[1]

为了遏制西班牙警卫船的袭扰活动并维护英西和平，1738—1739年冬英国和西班牙政府就海岸警卫队、非法贸易等事宜举行了一系列会谈，双方最终于1739年1月签订了《帕尔多公约》（Convention of Pardo）予以和解。该条约规定，西班牙应支付9.5万英镑来赔偿西班牙海岸警卫队给英国商船造成的损失，这笔钱应在四个月内支付。[2]到1739年5月，西班牙并没有履约。西班牙宣称只要英国商船还在地中海和西印度群岛从事非法贸易，西班牙就不会支付赔偿。该笔赔偿金的拒付成为英西爆发战争的直接原因。当英国外交官就此事展开外交斡旋之际，英国商人却呼吁对西班牙进行报复。为数众多的伦敦商人不断向政府施压要求签发捕获或报复许可证，以便英国臣民可以自由地扣押西班牙船舶。1739年夏英国臣民支持对西班牙进行报复的舆论达到了顶峰，许多殖民地商人和海员渴望装备私掠船，在与海岸警卫队算账的同时发家致富。伦敦金融城向议会两院请愿反对与西班牙签订和约，私掠船利益集团要求获得报复或捕获许可证来报复西班牙。1739年6月英国政府最终在枢密院的建议下，下令对西

① Mark G. Hanna, *Pirate Nests and the Rise of the British Empire, 1570–1740*, Raleigh: University of North Carolina Press, 2015, p.411.

② H.W. Richmond, *The Navy in the War of 1739–1748*, Cambridge: Cambridge University Press, 1920, p.11.

班牙及其臣民的财产进行全面报复。①6月15日负责殖民地事务
的纽卡斯尔公爵(Duke of Newcastle)授权各殖民地总督颁发捕获
许可证，准许私掠船劫掠西班牙商船。

二、英属美洲殖民地的私掠船活动

随着殖民地的发展成熟，私掠船在英帝国冲突中扮演了更为
重要的角色。1739年8月13日《波士顿晚报》头版大篇幅报道纽
卡斯尔公爵的公告，该公告授权马萨诸塞总督乔纳森·贝尔彻
(Jonathan Belcher)签发捕获许可证。②两周后，《晚间邮报》再次
头版刊登了英国鼓励私掠船的相关文件。纽约报纸也刊登了总
督贝尔彻和副总督乔治·克拉克(George Clarke)发布的授权公
告。费城、威廉斯堡和查尔斯敦的报纸相继在头版刊登了其总督
授权捕获许可证的公告。1744年法国参战后，私掠船在英属北
美地区变得更为活跃。1744年夏，《宾夕法尼亚公报》和《纽约邮
报》都报道称私掠船在该地非常盛行。战争期间英属美洲报纸上
出现了大量歌颂私掠船船长功绩的记录。波士顿、纽约、费城和
查尔斯敦出版的每一份殖民地报纸都刊登了有关私掠船捕获活
动的文章。战争期间私掠船得到了英国殖民地政府的大力支持。
1740年当纽卡斯尔公爵写信通知殖民地总督授权私掠船活动时，

①② Carl E. Swanson, *Predators and Prizes: American privateering and Imperial Warfare*, *1739-1748*, Columbia: University of South Carolina Press, 1991, p.12.

他强调私掠船将获得所有捕获物,希望各地尽快动员私掠船开展劫掠活动。宾夕法尼亚州副总督乔治·托马斯(George Thomas)鼓励费城居民装备私掠船,并声称将给予尽可能的帮助。罗得岛州的立法机关为戈弗雷·马尔博恩(Godfrey Malbone)、约翰·布朗(John Brown)和乔治·旺顿(George Wanton)等私掠船船东提供了大量小型武器、弯刀和大口径手枪,以备必要时装备私掠船。[①]纽约的私掠船也得到了该地海事法庭和行政长官的支持。1744年10月13日,马萨诸塞州众议院决定本辖区内的所有捕获物均将减免关税。

1739—1748年战争期间,英属美洲殖民地从事劫掠西班牙和法国商船的群体主要包括殖民地海岸警卫队、携带捕获许可证的商船、私掠船和海军军舰。殖民地海岸警卫队是英国殖民地当局装备的武装船只,由殖民地政府负责购买船舶、提供给养和军械,以及拨付船员工资。海岸警卫队负责巡逻管辖区域的海岸,防止敌方军舰拦截英国商船。[②]纽约、弗吉尼亚、南卡罗来纳、佐治亚、牙买加和安提瓜等美洲殖民地都为海岸警卫队配备了船舶。由于海岸警卫队的活动区域主要局限于本地海岸线,因而其无法在商业繁忙的航道上寻找战利品,但他们偶尔也会捕获航行

---

① Carl E. Swanson, *Predators and Prizes: American privateering and Imperial Warfare, 1739–1748*, Columbia: University of South Carolina Press, 1991, p.15.

② Carl E. Swanson, *Predators and Prizes: American privateering and Imperial Warfare, 1739–1748*, Columbia: University of South Carolina Press, 1991, p.50.

中的敌国商船或私掠船。携带捕获许可证的武装商船可捕获敌国商船。但与私掠船相比，捕获敌国商船只是武装商船的附带业务。此类武装商船船员依靠工资维持生存，其主要业务是运输货物和乘客至特定的港口，而不是追赶法国和西班牙的商船。因此武装商船并不是依靠捕获物来获得利润，但如果遇到敌国商船，他们也有权捕获。海军军舰和私掠船是战争中的主角，其捕获物占所有战利品的93%以上。[①]海岸警卫队和携带捕获许可证的武装商船占比很小。尽管海军舰艇有更多的机会捕获敌国商船，但俘获商船并不是海军战时唯一的任务。交战双方的海军舰艇以舰队作战、护送商船、封锁港口、轰炸敌方防御工事、追击敌人的私掠船都是海军的任务。即使是最小的海军舰艇，如六级护卫舰和单桅战船，也比典型的私掠船大得多。皇家海军的护卫舰平均重约450吨，通常配备24门马车炮，携带130人的标准补给。[②]因此，袭扰和捕获敌国商船是专属于私掠船的主要任务。

　　能作为私掠船的船舶通常是单桅帆船和双桅帆船。单桅纵帆船几乎占了美洲私掠船总量的多数。这些私掠船携带的武器包括马车炮、旋转炮和小型武器。马车炮是私掠船的重炮，尺寸

---

① Carl E. Swanson, *Predators and Prizes: American privateering and Imperial Warfare, 1739–1748*, Columbia: University of South Carolina Press, 1991, p.54.

② Carl E. Swanson, *Predators and Prizes: American privateering and Imperial Warfare, 1739–1748*, Columbia: University of South Carolina Press, 1991, p.64.

从3磅至9磅不等，装有实心炮弹，可以重创敌人的船体。[1]旋转炮是一种杀伤性武器，对敌舰造成的伤害很小，但对敌舰人员的攻击却是致命的，主要用于击退登船部队或在发动登船攻击前杀伤敌人。尽管马车和旋转炮是私掠船武器装备的重要组成部分，但船员却是最重要的进攻武器。一艘私掠船通常比敌国商船拥有更多武器，但私掠船指挥官一般不想向船舶的侧面开火，因为那样可能会击毁甚至击沉船舶。此外，严重受损的捕获船舶价格更低，这意味着船东和船员所占有的捕获物份额更小。一般私掠船会登船直接占有该船，扣押部分船员，将捕获物运至英国港口，等待海事法庭的裁决。因此，庞大的船员数量决定了私掠船巡航袭扰的成功与否。

私掠船从纽芬兰航行到西属美洲大陆，但其巡航区域主要集中在最富有的加勒比海域，这里是西班牙和法国商船必经的重要航道。西印度群岛糖、糖蜜、可可、咖啡、靛蓝、原木等货物的价值远高于北美地区的货物。墨西哥、路易斯安那、中美洲、南美洲和亚洲的商船都要经过加勒比海域。古巴和伊斯帕尼奥拉岛周边的海上航线是西班牙商业贸易的聚集地，来自墨西哥湾的韦拉克鲁斯、来自新格拉纳达海岸的波多贝罗和卡塔赫纳的财宝舰队在哈瓦那会合。马提尼克岛和瓜德罗普岛是法国最重要的蔗糖殖

---

[1] Carl E. Swanson, *Predators and Prizes: American privateering and Imperial Warfare, 1739–1748*, Columbia: University of South Carolina Press, 1991, p.60.

民地。1744 年 3 月法国参战后，英属北美私掠船开始在圣劳伦斯湾和法属西印度群岛附近活动。1744 年 6 月两艘纽约私掠船捕获了价值超过 1.1 万英镑的法国战利品。1745 年携带 20 支枪的私掠船雪莉号在加拿大水域捕获了八艘法国船只。[1]海事法庭的记录显示，私掠船捕获物在定罪方面取得了非凡的成功。马萨诸塞、罗德岛、纽约、宾夕法尼亚和南卡罗来纳的海事法庭记录显示，私掠船带进港口的捕获物 90% 以上都被定罪，宣判非法捕获的案件极为罕见。[2]在对捕获物裁决的过程中，殖民地法官们任意曲解伦敦制定的指示和法规，试图从私掠船活动中获利，少数法官甚至拥有私掠船的股份。

战争期间英国及其所属殖民地私掠活动中存在的主要问题是海员人力资源的匮乏。战争冲突增加了对熟练海员的需求，并导致殖民地港口海员的严重短缺。皇家海军、殖民地海岸警卫队和私掠船似乎有无限的人力需求。战争状态下对海员需求的激增，导致海员工资急剧上升。据《波士顿晚报》报道，1745 年至 1748 年海员月工资平均为 55 先令。[3]商人支付了比和平时期高出一倍多的工资来吸引海员，而私掠船则用美洲大陆的黄金和加

---

[1] Angus Konstam, *Privateers and Pirates, 1730–1830*, Oxford: Osprey Publishing Limited, 2001, p.7.

[2] Carl E. Swanson, *Predators and Prizes: American Privateering and Imperial Warfare, 1739–1748*, Columbia: University of South Carolina Press, 1991, p.43.

[3] Carl E. Swanson, *Predators and Prizes: American Privateering and Imperial Warfare, 1739–1748*, Columbia: University of South Carolina Press, 1991, p.96.

勒比海的捕获物来吸引追随者。许多海员选择在商船或私掠船
服务，而非在皇家海军或殖民地海岸警卫队服役。这无疑造成了
皇家舰艇的人力短缺，许多皇家海军人员常常受到商船高薪或私
掠船劫掠的诱惑，从殖民地港口跳槽至商船或私掠船。为了遏制
海员工资的螺旋上升，英国政府发布法定工资，控制其上涨。然
而该行动以失败收场。当停靠港海员的稀缺导致当地工资普遍
高于正常水平时，开小差的海员人数就会陡增。因此，商人通常
会预付海员一些工资来履行职责。殖民地海岸警卫队和皇家海
军在吸引海员方面无法与商船和私掠船竞争，政府当局被迫依赖
于强征。虽然强征海员能保证人力资源的补充，但海军大量的人
力需求限制了商船船员的可用性，迫使其余类别雇佣船员的工资
水平不断上涨。一些殖民地商人将海员短缺归咎于私掠船，但大
多数商人则批评海军的强征。海员短缺的问题一直持续到战争
结束，英国政府并没有有效的措施来彻底解决这一难题。

三、英属殖民地私掠船制度的修订

当1739年7月20日枢密院授权殖民地总督签发捕获许可证
时，《1708年美洲法案》是当时英国唯一规范殖民地捕获物裁决
的法规。1739年所有捕获物案件都是依据《1708年美洲法案》裁
决的，因为只有美洲法案规定了海事法庭裁决的规则。马萨诸塞
总督贝尔彻在其鼓励私掠船的公告中承诺所有私掠船海员均将

免除强征。纽约和查尔斯镇的报纸转载了贝尔彻的宣言，南卡罗来纳州副总督威廉·布尔（William Bull）的宣言也承诺私掠船海员免于强征。虽然英国授权殖民地政府颁发私掠船捕获许可证或委任状，但英国政府并没有制定殖民地私掠船的申领标准。因此，罗德岛签发捕获许可证的程序十分简单，船东和船长向公证人提交1000英镑的保证金，公证人在保函上填上船东（船长）其姓名、住所和船名即可。①这份委任状规定船长应追击乔治二世的敌人并遵守委任状上的相关指示。纽约的船东向总督申请捕获许可证时，如果总督认为船长可信，就授权海事官员签发捕获许可证。

随着战争的进行，英国枢密院意识到殖民地捕获许可证的发放存在较大的问题，于1739年11月26日发布了新的私掠船指示，要求所有殖民地总督在签发捕获许可证时必须遵守该指令。该指令包含了16项条款，规定了哪类船舶可以作为捕获物，要求所有被捕获船舶均不得私自拆卸，必须运至英国或其殖民地海事法庭裁决。②私掠船船长必须携带三至四名囚犯（其中两名必须是船长和领航员）作为证据。私掠船可以帮助任何与敌国交战或被俘的英国商船。私掠船在航海日志中必须记录其所有捕获活

---

① Carl E. Swanson, *Predators and Prizes: American Privateering and Imperial Warfare, 1739–1748*, Columbia: University of South Carolina Press, 1991, p.30.

② Carl E. Swanson, *Predators and Prizes: American Privateering and Imperial Warfare, 1739–1748*, Columbia: University of South Carolina Press, 1991, p.31.

动。在接受捕获许可证前,船东须提供私掠船的基本信息,包括船舶名称、吨位、船东和所有船员的信息、携带的军械和补给。为了确保私掠船遵守相关规定,船舶人数超过150人的私掠船必须缴纳3000英镑的保证金,少于150人的私掠船则只需缴纳1500磅。每艘私掠船三分之一的船员必须是陆地人。①由此可见,英国政府试图管控殖民地的私掠船活动,使其按照政府的规定来行事。

与此同时,英国下议院也认真审查了《1708年美洲法案》。1740年3月19日一项新的私掠船法案颁布,取代了原先的美洲法案。该法案规定,英国船舶的合法所有权不会因敌方私掠船捕获或海事法庭定罪而改变。船舶的原船东有权恢复其财产。夺回英藉被捕获船舶的私掠船将获得一笔救助金,救助金的最高限额为该船舶及其货物价值的一半。该法案减少了捕获上诉案件中胜诉当事人的潜在损失。负责审判的基层海事法庭也应提供担保,如果上诉人胜诉,必须偿付捕获船舶及其货物的损失。如果捕获物存在共谋窃取嫌疑,政府有权没收所有货物和船舶。为了鼓励私掠船攻击敌方的舰艇,私掠船每捕获一名敌方船员,海军财务主管付给其5英镑的赏金。②法案最主要的调整是私掠船或殖民贸易中服役的英国海员不再享有强征豁免权。然而混乱

① Carl E. Swanson, *Predators and Prizes: American Privateering and Imperial Warfare, 1739-1748*, Columbia: University of South Carolina Press, 1991, pp.32-34.

② Carl E. Swanson, *Predators and Prizes: American Privateering and Imperial Warfare, 1739-1748*, Columbia: University of South Carolina Press, 1991, p.37.

仍然存在,因为英国政府并没有明确废除美洲法案,许多官员仍按照《1708年美洲法案》执行。而海军指挥官则按照1740年颁布的私掠法案对私掠船和商船海员实施强征。英国政府显然意识到了这种混乱。1743年夏海军大臣托马斯·科贝特(Thomas Corbett)通知殖民地总督美洲法案已于1713年到期,1743年10月英国政府重申海军有权对从事私掠和殖民贸易的英国海员实施强征。然而三年后,海军上将沃伦抱怨美洲法案在殖民地仍然有效。虽然英国政府支持强征,但它指示皇家海军军官在胁迫殖民地海员时要视具体情况而定。

当1744年法国成为西班牙的盟友时,英国议会又起草了另一份针对法国和西班牙的私掠船法规,进一步加强了对殖民地私掠船的管控。法规主要的调整表现在如下两方面:第一就是海事法庭裁决程序上的调整。以往只有索赔人向法庭提供担保金以防捕获物被裁决为合法,现在私掠者也需要提供保证金以防所谓的捕获物被判无罪。海事法庭对捕获物的裁决可能阻止私掠船进行可疑的扣押。第二就是英国政府将适用于皇家海军的纪律同样应用于私掠船。任何在私掠船犯罪的军官或海员,都将受到与皇家海军同等的惩罚。[1]战时英国政府制定的关于私掠船的皇家指示和法规为殖民地设立了一套较为系统的捕获物裁决规则。

---

[1] Carl E. Swanson, *Predators and Prizes: American Privateering and Imperial Warfare, 1739-1748*, Columbia: University of South Carolina Press, 1991, p.37.

四、西班牙和法国私掠船对英属美洲商业贸易的劫掠

在将近十年的时间里，西班牙和法国所属的私掠船在英属美洲水域袭扰着英国商船。战争早期西班牙私掠船重创切萨皮克海上运输航线。1741 年春，五艘敌方巡洋舰威胁着弗吉尼亚海角，其中一艘哈瓦那私掠船圣约班号在老多米尼海岸俘获了五艘英国商船。1742 年在臭名昭著的唐·胡安·德·莱昂·凡蒂诺（Don Juan de Leon Fandino）船长的带领下，西班牙继续对切萨皮克的商业展开袭扰。[①]法国参战后，北美海域和加勒比海的敌国私掠船数量显著增加。1744 年西班牙和法国的捕获活动比前一年增长了 245%。[②]1747 年是西班牙和法国劫掠活动最为繁忙的一年，比 1743 年增长了 620%。[③]法国的参战标志着欧洲海事冲突进一步扩大。西班牙和法国的私掠船袭击了北美海岸最薄弱的卡罗来纳海岸、弗吉尼亚角和特拉华州角。相关统计数据表明，北美和西印度群岛殖民地为敌人提供了大量的劫掠机会。每年英国运至欧洲大陆的出口额达到 229 万英镑，约占英属北美地区出口总量的五分之三；西印度群岛每年运送价值超过 145.5 万英

---

① Carl E. Swanson, *Predators and Prizes: American Privateering and Imperial Warfare, 1739–1748*, Columbia: University of South Carolina Press, 1991, p.147.

②③ Carl E. Swanson, *Predators and Prizes: American Privateering and Imperial Warfare, 1739–1748*, Columbia: University of South Carolina Press, 1991, p.148.

镑的货物，约占英属北美地区出口总额的五分之二。[1]

牙买加是英属西印度群岛最主要的出口港，每年出口额达50万英镑。运载蔗糖的商船从牙买加出发，通过古巴西部的尤卡坦海峡到达佛罗里达海峡，或者通过古巴和伊斯帕尼奥拉岛之间的逆风通道航行。这些航线上巡弋着大量的敌国巡洋舰。1745年夏18艘法国私掠船在该岛附近的航道上巡航，前往英属北美殖民地的商人在试图通过牙买加海峡和迎风通道之前，被迫在莫兰特岬角等待。1745年末牙买加商船损失达到13万英镑。[2]1747年7月敌国的私掠船劫持了19艘从加勒比海域前往北美殖民地的商船。卡罗来纳地区的大米和海军物资贸易也是西班牙和法国私掠船的打击目标。卡罗来纳繁荣的商业、薄弱的海岸防御以及靠近西班牙港口使得该地区易受私掠船袭扰。北卡罗来纳海岸外的许多海角和岛屿为西班牙和法国军舰提供了隐蔽的藏身之所。敌国的巡洋舰从西印度群岛或圣奥古斯丁的港口出发，在佐治亚和卡罗来纳海域或在弗吉尼亚和特拉华角海域袭击英国商船。

英属美洲殖民地出口的产品绝大多数是农作物。来自大西洋中部地区的面粉和小麦，来自切萨皮克的烟草，来自卡罗来纳

---

[1] Jack P. Greene, *Settlements to Society: 1584–1763, Volume I: A Documentary History of American Life*, New York: Mcgraw-Hill Book Company, 1966, p.278.

[2] Carl E. Swanson, *Predators and Prizes: American Privateering and Imperial Warfare, 1739–1748*, Columbia: University of South Carolina Press, 1991, p.153.

的大米和军粮，以及来自加勒比海域的糖、糖蜜、咖啡、靛蓝和可可构成了该地区贸易的主要部分。因此，农作物的种植周期在很大程度上决定了商船的运输时间段。此外，北大西洋11月至初春的恶劣天气和西印度群岛7—10月中旬的飓风季节也限制了海洋运输的时间段。英属北美地区所有私掠船活动的三分之二春夏两季。随着冬天的临近，私掠船活动几乎陷入停滞。由于西班牙和法国商船从欧洲出发，没有受到北大西洋风暴的阻碍，商船在冬天抵达加勒比海域，因而英属北美私掠船的繁忙期主要是从当年11月至次年3月。这些掠食者十分清楚大西洋商业的运转周期，并将其航行时间与航运旺季相匹配，肆意地破坏着英国的海外贸易。

　　西班牙和法国私掠船活动的成功暴露了英属美洲殖民地商业的脆弱性，引发了大量对皇家海军保护不周的批评。英国商人严厉指责海军未能阻止英国商船落入敌手。海军部意识到商业界对英国政府的影响力，保护海外贸易的护航行动受到各方的高度重视。加勒比地区的海军指挥官弗农从1739年到1742年向下属发出了无数保护西印度群岛商船的命令。例如，1739年10月弗农命令单桅帆船德雷克号的指挥官哈考特继续在牙买加北部巡航，以保护安东尼奥港和牙买加的沿海贸易。[①]在英属北美地

---

① Carl E. Swanson, *Predators and Prizes: American Privateering and Imperial Warfare, 1739–1748*, Columbia: University of South Carolina Press, 1991, p.172.

区,海军军官也接到了保护英国商船的命令。然而皇家海军无法阻止数百艘商船被敌国私掠船扣押。毫不奇怪,那些受到敌方私掠船打击最严重的地区不断地抱怨海军的无能。数以百计的西班牙和法国私掠船在西印度群岛、北美和欧洲海域袭扰英国商船,皇家海军面对的是一项根本无法完成的艰巨任务。海军指挥官彼得·沃伦(Peter Warren)认为即使整个英国舰队都被派到美洲水域也无力确保所有商船不落入敌手。

西班牙和法国的私掠船在加勒比海、卡罗来纳海岸、弗吉尼亚角、特拉华角和英属北美海岸徘徊,使美洲海域对外贸易的危险性陡增。在北大西洋上航行的数百艘私掠船肆意拦截英国商船,几乎所有的跨大西洋贸易都面临着被捕获的风险。私掠船捕食来自北美北部的鱼、面粉和其他农产品。从切萨皮克运来的烟草和从卡罗来纳运来的大米成为西班牙和法国私掠船利润丰厚的战利品。加勒比海域的糖贸易吸引了更多的敌国私掠船。那些在美洲水域侥幸逃脱了的船长,当其接近欧洲时又遇到了另一群掠食者。敌国的巡洋舰缴获了价值几十万英镑的英国商船及货物。尽管有皇家海军、海岸警卫队和英国殖民地私掠船的努力,但直到战争结束西班牙和法国私掠船的袭扰仍然有利可图。敌国的私掠船扰乱了英属美洲最重要港口的贸易,同时私掠船将捕获物运回佛罗里达、古巴、圣多明克和马提尼克岛,增加了西班牙和法国殖民地的财政盈余,间接夯实了西班牙和法国的海上力量。

五、战争期间私掠船活动对海洋贸易的影响

英国、法国和西班牙处于争夺全球海洋贸易和政治控制权的最前沿。各方都力图争夺更多的领土和商业影响力以便在跨大西洋贸易中占据主导地位。战争期间英法西三国都利用私掠船来攻击敌国商船以削弱竞争对手的实力。1739—1748年期间,大约有超过3.6万名来自英国殖民地港口的海员参与了这场战争。[1]英国私掠船活动随着西班牙和法国商业的起伏而波动,大致可分为1739—1743年和1744—1748年两个阶段。第一阶段只有西班牙的商业被英国私掠船袭扰。因为法国远离战争,其商业并不受影响,因此第一阶段的冲突不如第二阶段活跃,每年从事劫掠活动的私掠船数量和规模相对较小。1744年3月法国参战后,情况发生了巨大的转变,许多殖民地投资者资助私掠船活动。到1746年,私掠者发现西班牙和法国的贸易不可能无限期地带来丰厚收益。此外,法国海军部长莫雷帕斯伯爵设计的护航系统也减少了英国私掠船活动。这标志着私掠船的繁荣期已然结束。到1748年夏,私掠船活动已经下降至1745年高峰期的一半。[2]

---

[1] Carl E. Swanson, *Predators and Prizes: American Privateering and Imperial Warfare, 1739–1748*, Columbia: University of South Carolina Press, 1991, p.118.

[2] Carl E. Swanson, "American Privateering and Imperial Warfare, 1739–1748", *The William and Mary Quarterly*, Vol. 42, No. 3 (Jul., 1985), p.373.

英国私掠船严重扰乱了法国殖民地贸易。1743—1745年期间法国和西印度群岛之间的贸易下降了近50%。①格兰维尔是法国纽芬兰渔业的主要港口，1730—1744年期间法国平均每年派出76艘渔船捕鱼，但到1745—1748年期间平均每年出海的渔船只有5艘。②法国和法属西印度群岛之间的贸易也受到了影响。1743—1744年这些岛屿对魁北克的出口下降了39%。法国对安的列斯群岛的出口也出现了类似的下降，1743—1744年下降了近60%。③与此同时，英国私掠船的捕获活动使西班牙商人暂停了与美洲的正常贸易往来，西班牙的殖民商业也大受影响。向西班牙殖民地提供货物并带回金银的财宝舰队在18世纪40年代并没有航行。西班牙政府授权携带捕获许可证的武装商船从事殖民贸易，但这些武装商船中近60%的船舶被英国私掠船扣押，古巴向西班牙出口的烟草和糖都大幅减少。尽管到1745年贸易有所恢复，但哈瓦那在加勒比海域的出口仅是其1735年出口价值的三分之二。④总体而言，私掠船的劫掠活动是成功的，捕获了价值数百万英镑的捕获物。然而个体私掠船的命运却难以确定，四分之一的英国殖民地私掠船并没有获得任何战利品。

---

①④ Carl E. Swanson, *Predators and Prizes: American Privateering and Imperial Warfare, 1739–1748*, Columbia: University of South Carolina Press, 1991, p.184.

②③ Carl E. Swanson, "American Privateering and Imperial Warfare, 1739–1748", *The William and Mary Quarterly*, Vol. 42, No. 3 (Jul., 1985), p.378.

西班牙和法国的私掠船同样给英国殖民地贸易带来了毁灭性的打击。法国的参战标志着战争的急剧升级，导致英国殖民地贸易总量持续下降。1744年英属西印度群岛对母国的出口下降了18%，北美对英国本土的进口下降了25%。[①]加勒比地区对英国商品的购买减少了16.27万英镑，而北美地区的消费减少了20.15万英镑。[②]运费、海上保险费和海员工资的大幅上涨，极大地增加了战时英国海洋运输的成本。敌国军舰和私掠船袭扰造成的海洋运输的不确定性使得海洋贸易量大幅缩水。查尔斯镇商人亨利·劳伦斯（Henry Laurens）指出，1748年春将一吨大米运往伦敦的成本为6英镑10先令，比1739年上涨了86%。[③]西印度群岛是交战双方私掠船活动最为繁忙的战场。从巴巴多斯运至伦敦的一英担糖的运费通常是3先令6便士，战争爆发后运费达到7先令6便士至8先令。[④]战争也导致了海员工资的急剧上涨。由于水手短缺，商船、皇家舰艇、私掠船和殖民地海岸警卫队的船舶无法得到及时的补充。这种对海员的超额需求使商船队的月工资从和平时期的23—25先令增加到冲突最激烈时期的50—55

---

① ② Carl E. Swanson, *Predators and Prizes: American Privateering and Imperial Warfare, 1739–1748*, Columbia: University of South Carolina Press, 1991, p.186.

③ Carl E. Swanson, *Predators and Prizes: American Privateering and Imperial Warfare, 1739–1748*, Columbia: University of South Carolina Press, 1991, p.188.

④ Richard Pares, *War and Trade in the West Indies, 1739–1763*, London: The Clarendon Press, 1936, p.500.

先令。①加上港口延误时间的延长，进一步增加了海洋运输的潜在成本。

重商主义时代战争的目的是为了扩大或保护本国贸易。私掠船能摧毁竞争对手的商业贸易，拦截敌人的商船不仅可以增加本国财富，同时还可以剥夺敌国的宝贵资源，这对持有贸易平衡和零和观念的官员而言无疑极具吸引力。如果捕获物是黄金和白银，私掠行动无疑增加了本国的货币供应。在一个重商主义思想主导的世界里，私掠船无疑是一种流行的作战方式。交战双方的海上实力因私掠船的加入得以增强，而国库不必为袭扰敌国贸易支付费用，却可以有效地破坏对手的商业生命线。私掠船为英属北美商人提供了获得可观利润的机会，因为成功的航行能产生130%~140%的资本投资回报。北美海员也可以通过私掠航行来提高其收入，捕获物份额平均是商船月工资的两倍多，是皇家海军月工资的六倍。投资于私掠船的商人、船长和船员对帝国的海洋争霸赛作出了重大贡献。伦敦和殖民地的帝国官员含蓄地承认，英国皇家海军无法胜任这项任务，他们强烈鼓励英属北美地区私掠船参与这场冲突。据统计，1739—1748年间英国事实上从事私掠活动的私掠船大约有1191艘。②英属美洲大陆的私掠

---

① Carl E. Swanson, *Predators and Prizes: American Privateering and Imperial Warfare, 1739–1748*, Columbia: University of South Carolina Press, 1991, p.194.

② David J. Starkey, "The economic and military significance of British privateering, 1702–1783", *The Journal of Transport History*, Vol.9, No.1(1988), p.52.

船加强了英帝国的海上力量,他们的活动不仅平衡了敌国的类似努力,还帮助维持了帝国的海外商业生命线,夯实了英国在北美的优势地位。在一个国库疲软、国家财富只能通过削弱竞争对手来增加的时代,私掠船是欧洲列强战争努力中不可或缺的一部分。私掠船的"丰功伟业"增强了英国的海上力量,而从敌人手中夺取的战利品一定程度上也扩充了英国商船队的规模。

第三节 七年战争期间英国私掠船活动的鼎盛

1756—1763 年的七年战争是欧洲两大军事集团,即英国和普鲁士同盟,与法国、奥地利和俄国同盟之间,为争夺殖民地和海洋霸权而进行的一场大规模商业争霸战争,战场遍及欧洲大陆、地中海、北美、古巴、印度和菲律宾等地。七年战争期间,英国以其强大的舰队封锁法国,利用皇家海军和私掠船在大西洋、英吉利海峡、地中海、印度洋和非洲海岸与法国抗衡。战争以英国的胜利告终,英国利用其海上优势摧毁了法国的海军力量,夺取了北美、印度、加勒比地区等大量殖民地,奠定了其在欧洲乃至世界上的霸主地位。

一、英国私掠船活动的概况

战争爆发前,1755 年 7 月英国军舰已然开始劫持法国商船,有多达三百艘商船被英国巡洋舰扣押，商船及其货物价值约三千万里弗。[1]1756 年 5 月 17 日英国向法国宣战。英国政府没收了被扣押的法国商船及其货物，议会授权英国军舰和私掠船扣押所有法国及其殖民地臣民的财产。英王乔治二世在宣战时警告任何携带士兵、武器、弹药或其他违禁品的商船，只要驶往法国及其殖民地，均将被视为合法的捕获物予以裁决。[2]

6 月 5 日英国发布了针对法国的私掠船指令。凡载有士兵、武器、弹药或任何其他违禁品的商船，只要驶往法国及其殖民地，英国私掠船均应将其作为战利品予以扣押。私掠船的船长或指挥官应将俘虏及其捕获物交给指定专员或海港指定的看守员，俘虏必须服从上述专员的命令或指示。任何一艘私掠船的指挥官或其他官员不得以任何借口勒索俘虏。如私掠船指挥官违反指令，将撤销其职务，没收保证金，依法起诉。[3]6 月 10 日第一份私掠船捕获许可证正式签发。第一艘返回利物浦的私掠船带回了 2 万英镑的捕获物。6 月 30 日枢密院指示英属美洲殖民地总督必须遵守英国制定的私掠船法规，[4]下令将海军部签发的捕获许可

---

[1] John J. McCusker, *Money and Exchange in Europe and America, 1600–1775*, Chapel Hill: University of North Carolina Press, 1978, pp.87‐99.

[2] Bruce A. Elleman and S. C. M. Paine, *Commerce Raiding: Historical Case Studies, 1755–2009*, Newport: Naval War Collegs Press, 2013, p.11.

[3] R.G. Marsden, *Documents Relating to Law and Custom of the Sea, Vol. II: 1649–1767*, London: The Navy Records Society, 1916, p.431.

[4] James Munroed, *Acts of the Privy Council of England: Colonial Series, Vol. IV 1745–1766*, Herford: Herford Times Limited, 1911, p.335.

证或委任状副本送交各殖民地总督参阅。1757年私掠船捕获的法国商船及其货物达到390宗,其中私掠船252宗,皇家海军132宗,202艘商船被海事法庭裁定为合法捕获物。到1763年战争结束时,海事法庭共签发2105张捕获许可证,授权大约1679艘私掠船从事劫掠活动。①

英国商人不仅装备了其现有的商船,而且还开始建造专为私掠活动设计的船舶。为了给私掠船配备海员,私掠船的船东经常在当地报纸、公报和各类传单上发布广告招募人员。据罗德岛新港郡长乔治·加德纳(George Gardner)估计,至少有一万名身强力壮的人员在财富和名声的诱惑下在私掠船工作。②由此导致的海员紧张局面再次在七年战争期间上演。加德纳为攻打路易斯堡所需的战船和运输船都闲置在纽约码头,因为大批水手被私掠船引诱纷纷弃船而去。这个问题在整个战争期间始终存在,皮特不断收到要求增派人手的函件,抱怨无法招募到足够的水手。1757年5月30日加德纳写给皮特的一封信中特别指出,所有身体强壮的海员都会躲在城市里,直到他们能登上一艘远航的私掠船。③1759年3月16日马萨诸塞州总督托马斯·波纳尔(Thomas Bonnard)写给皮特的信中抱怨找不到所需的海员,其主要原因是没有足够

① David J. Starkey, *Privateering Enterprise in the Eighteenth Century*, Exeter: Liverpool University Press, 1990, p.164.
②③ Lawrence Henry Gipson, *The Great War for the Empire: the Victorious Years, 1758-1760*, New York: Alfred A. Knopf, 1949, pp.69-70.

的资金来补偿海员服务。^①这些海员可以在私掠船上找到更有利可图的工作，有更多的机会返回母港。如果他们报名参加皇家海军，将面临多年的苦役，却无法保证回到母港及其附近港口。然而最重要的是，私掠船提供了一个获得更多金钱和财富的机会，这是普通海员在皇家海军服役无法企及的。因此，许多海员心甘情愿地成为私掠船的一员。

战争爆发后，英国下令禁止商人与法国进行贸易往来，但许多殖民地商人并不愿意放弃此类贸易。随着英国私掠船捕获了大量荷兰和法国商船，许多殖民地商人看到了其中的潜在利润。一些海事法庭法官与私掠船船东勾结，从中获得巨额收益。这种混乱的局面是普遍存在的，中立国也十分清楚这一情况。随着战争的持续，皮特试图对海事法庭施加更大的政治压力以期其谨慎地遵守法律。罗得岛海事法庭的罗伯特·莱特福特（Robert Lightfoot）法官在裁决捕获物时因严遵法规而闻名。纽约海事法庭因刘易斯·莫里斯（Lewis Morris）法官对私掠船的宽大处理也十分知名，导致纽约成为许多私掠船停靠在北美的首选目的地。西印度群岛托尔托拉的海事法庭法官也总是以私掠船利益为重。1760年11月1日汉密尔顿在给皮特的一封信中指出，牙买加、普罗维登斯、路易斯和纽卡斯尔等港口的裁决十分宽松，明显偏祖

---

① Gertrude Selwyn Kimball, *Correspondence of William Pitt: When Secretary of State, with Colonial Governors and Military and Naval Commissioners in America, Vol. 2*, New York: The Macmillan Co., 1906, p.71.

殖民地私掠船。这种为了利益而歪曲私掠船规则的乱象在整个战争中一直困扰着英国政府。

二、皇家海军在七年战争中的重要支撑作用

西班牙王位继承战争结束后,英国海军已然成长为一支强大的海上力量,在规模上远远超越了其他国家。而此时法国则国库空虚且装备紧缺,甚至新造的舰船也往往装备不足。据统计,1756年法国海军有63艘战列舰,其中45艘状态良好,但缺少装备和舰炮。西班牙有46艘战列舰,但其海军战斗力十分薄弱。而此时英国有130艘战列舰。[①]由此可见,英国海军一线战舰数量超出了法西海军总和,在海权掌控方面具有明显的优势。英国十分清楚其利益所在,因此在战略的制定上也以海洋控制为着眼点,把主要力量集中在海洋和殖民地,皇家海军的实力足以拦截任何出港敌舰,就连一艘小小的巡航舰也无法逃遁。1757年冬,英国地中海舰队重创了法国土伦4艘战列舰,俘获2艘并击伤1艘。[②]

1756年6月9日法国向英国宣战,派出军舰和私掠船劫掠英国商船。1760年法国停止海军出海活动,专注于利用私掠船袭扰英国商船。在英属北美海域游弋的法国大型私掠船对英国大

---

① [美]阿尔弗雷德·塞耶·马汉:《海权论:海权对历史的影响》,冬初阳译,时代文艺出版社,2014年,第270页。
② 吴昊:《19世纪英国海军战略与帝国海权》,海洋出版社,2017年,第41页。

西洋贸易来说是一个持续的威胁。其中一些私掠船船长成为令人闻风丧胆的名人，最有名的是帕兰基，他在战争中劫持了69艘英国商船。[①]成群的法国小型私掠船游弋在加勒比海地区，至少有2400艘英国商船在西印度群岛附近被法国私掠船劫持，其中大部分私掠船驻扎在马提尼克岛。[②]几乎所有的英国港口城镇都感受到了法国私掠船掠夺的刺痛。为了应对法国私掠船的袭扰，英国采取了护航、袭击敌人私掠船基地等应对措施。1758年6月英国入侵圣马洛，摧毁了大量法国私掠船和海军补给。尽管皇家海军进行了不懈的努力，俘获或摧毁了大量的法国私掠船，但不可能取得绝对的成功。到1759年11月，皇家海军已经有效地将法国海军遏制在其本土港口，但法国还是有效地组织了一场反对英国商业的私掠船运动。驻扎在敦刻尔克、圣马洛和莫莱克斯的法国私掠船最为活跃，这些港口靠近英吉利海峡，而英吉利海峡不仅是英国海外贸易的重要通道，也是英国沿海贸易的重要活动场所。虽然法国在西大西洋的商业突袭给英国造成了严重的破坏，但对战争结果的影响甚微。

　　皇家海军是英国削弱法国海外贸易的主要利器，其在东大西洋夺取了一半以上的捕获物。皇家海军拥有足够的实力来阻止

---

① Bruce A. Elleman and S. C. M. Paine, *Commerce Raiding: Historical Case Studies, 1755–2009*, Newport: Naval War Collegs Press, 2013, p.16.

② N. A. M. Rodger, *The Command of the Ocean: A Naval History of Britain, 1649–1815*, New York: W. W. Norton, 2004, p. 277.

荷兰、丹麦、西班牙等中立国参与法国殖民地的对外贸易。私掠船则是皇家海军的重要补充，到1757年底皇家海军和私掠船横扫了法国的海外贸易。1759年秋驻扎在牙买加皇家港和安提瓜英吉利港的皇家海军中队很少在加勒比海海域遇到法国军舰。战争期间，英国以海峡舰队封锁法国罗什福尔、圣马洛及瑟堡等大西洋港口阻止法国舰队出港，以机动分舰队袭击法国大西洋及海峡海岸，以游而击之的袭扰战扰乱法国陆上行动，同时部署地中海和直布罗陀舰队隔离法国地中海舰队和大西洋舰队的联系。①在皇家海军的封锁下，1760年法国海军已被完全压制在本国港口内。

　　除欧洲之外，英法双方还在殖民地展开了激烈争夺。英国将战略重点放在北美大陆，依靠海军控制了法属加拿大东西两端的路易斯堡和杜奎斯要塞，继而占领了魁北克和蒙特利尔等军事重镇。在南亚，1757年1月出征东印度的英国军队在海军的支持下夺取了加尔各答及昌德纳戈尔港，并于1761年攻占了为地治里。②法国与西印度群岛殖民地的联系也被英国海军切断。皇家海军在七年战争中发挥了至关重要的作用，英国对海洋的控制使得其在美洲大陆、西印度群岛和印度次大陆取得了决定性的胜利。

---

① 吴昊：《19世纪英国海军战略与帝国海权》，海洋出版社，2017年，第42页。
② 吴昊：《19世纪英国海军战略与帝国海权》，海洋出版社，2017年，第42—43页。

三、1756年战争规则和私掠船法案的出台

随着大量获得捕获许可证的英国私掠船出海游弋，对私掠船的抱怨也纷至沓来。许多官员抱怨私掠船没有严格遵守政府的相关法令，侵犯了中立国的权利。战争期间许多英国私掠船想当然地认为可以继续把携带违禁品的中立国商船视为敌舰。因此，英吉利海峡上很快挤满了一群与海盗毫无区别的私掠船，这些私掠船不加区分地扣押友邦、中立国或交战国商船。自英国向法国宣战以来，西班牙商船经常停靠法国大西洋和地中海港口，在法属圣多明克、马提尼克岛和瓜德罗普岛等地从事贸易往来，英国私掠船肆意袭扰并扣押西班牙商船，显然违反了两国1667年签署的条约。1756年10月5日英国发布新的私掠船指令，严禁私掠船随意骚扰和扣押西班牙商船，除非该船携带违禁品。[①]要求私掠船必须严格遵守英西签订的相关条约条款，避免与西班牙商船发生不必要的争端。尽管西班牙和法国之间有确凿的贸易往来证据，但是英国始终尊重西班牙的中立地位。然而皇家海军和私掠船指挥官经常扣押与法国合作的西班牙商船，偶尔还会进入西班牙领海追捕法国商船，导致英西因私掠船问题经常发生外交纠纷。与此同时，英国私掠船也经常拦截载有小型武器、大炮、火

---

① James Munroed, *Acts of the Privy Council of England: Colonial Series, Vol. IV 1745–1766*, Herford: Herford Times Limited, 1911, p.336.

药、子弹和其他战争物资的荷兰商船。在战争爆发后的两个月内至少有 48 艘荷兰商船被私掠船扣押。[①]被扣押并被裁决为合法捕获物的荷兰商船急剧增加。1757 年 11 月 11 日,荷兰驻伦敦大使收到了一份 33 艘荷兰商船被英国私掠船非法劫掠的报告。1758 年 7 月 27 日,阿姆斯特丹商人向本国政府提交了一份 56 艘商船被劫的清单。[②]

荷兰官员坚持认为,1674 年签订的英荷条约允许荷兰商船及其货物在战时自由流动。事实上,以荷兰为首的中立国在 18 世纪的每一场战争中都设法扩大其海运市场,到七年战争爆发时他们经常利用中立国航运的合法性,以及交战国需要中立国商船运输货物的迫切性来维持其海洋贸易。丹麦航运业从 1730 年的 4000 艘商船增长至 1800 年的 1 万艘,[③]这一增长在很大程度上是因为丹麦在战争期间能够利用中立国航运的合法地位从事运输。对许多中立国而言,这不仅仅是为了赚钱,主要是刺激了海运业的发展,为本国海洋经济扩张提供了便利,使其得以扩大全球贸易网络。尽管荷兰和丹麦都在西印度群岛拥有殖民地,但其殖民地产量不足以维持重要的海外市场,也无法支撑跨大西洋贸易。

---

① Bruce A. Elleman and S. C. M. Paine, *Commerce Raiding: Historical Case Studies, 1755–2009*, Newport: Naval War Collegs Press, 2013, p.14.

② Francis Raymond Stark, *The Abolition of Privateering and the Declaration of Paris*, New York: Columbia University, 1897, p.74.

③ David J. Starkey, *Pirates and Privateers: New Perspectives on the War on Trade in the Eighteenth and Nineteenth Centuries*, Exeter: University of Exeter Press, 1997, pp.228–229.

鉴于荷兰的中立国地位，荷兰鼓励商船及其货物在阿姆斯特丹、鹿特丹和西印度群岛等地自由贸易。荷兰在西印度群岛的殖民地圣尤斯特歇斯岛和库拉索岛是跨国贸易的十字路口，非常适合作为法国殖民地贸易的转运港。鉴于皇家海军强大的实力，战时法国第一次完全中止了其殖民地专属航海条例，以挽救其西印度群岛贸易。法国宣布包括战争违禁品在内的所有殖民地贸易都向中立国开放。例如，当法国商船不能安全进入波罗的海时，法国就利用荷兰商船充当其波罗的海海军物资的运输商。因此，荷兰和丹麦的商船忙着向法属西印度群岛的殖民地运送给养，并将糖、咖啡和靛蓝运往欧洲。①

　　荷兰等中立国按照"免费船舶，免费货物"原则从事法国与其殖民地的贸易运输，严重削弱了英国海军和私掠船的战争努力。这无疑加剧了英国和中立国之间的紧张关系，正如英国评论员约翰·阿尔曼（John Allman）所说，当首相皮特发现荷兰诚心实意地帮助法国运输补给品时，他毫不客气地下令所有装载货物供法国使用的荷兰船舶都应视为敌国商船予以捕获。这使得私掠船可以合法地拦截并检查中立国商船，他们开始频繁扣押中立国商船检查其是否携带违禁品。1758年英国政府颁发给无畏号私掠船船长理查德·菲茨赫伯特（Richard Fitzherbert）的委任状中，要求

① Daniel Baugh, *The Global Seven Years War 1754–1763*, Harlow: Pearson Education Limited, 2011, p.323.

菲茨赫伯特船长密切关注荷兰、丹麦和瑞典等中立国商船的动向，仔细检查这些商船，但必须谨慎行事以免带来不必要的麻烦。[①]这个委任状不仅证明了中立国商船携带违禁品的嫌疑，也说明了中立国船舶仍有自由航行的特权。如果一艘私掠船非法占有一艘中立国船舶，那么该私掠船的船东将面临较高的法律诉讼成本。1758年8月17日海事法庭对被捕获的荷兰商船玛丽亚·特蕾莎号作出了最终裁决。法院认定该商船货物应当被假定属于敌国，应予以没收。根据这一裁决，法院宣布该船货物应作为合法捕获物予以没收，但随后又宣布该船属于原船东，应予以归还。荷兰强烈反对这一裁决，并通过海事法庭予以上诉，使得这艘私掠船的船东陷入一场漫长而昂贵的官司，最终上议院推翻了法院裁决结果，该船及其货物一并归还荷兰，并要求劫持者支付相关费用。这只是少数成功的上诉案件，然而大多数中立国的投诉并没有得到满意的结果。

面对法国在战争中的一连串胜利，英国对中立国帮助法国继续战争的现实十分愤怒，声称"免费船舶，免费货物"原则已经严重不符合战争时期大西洋贸易的现实，加之中立国经常抱怨英国私掠船非法劫持其船舶，英国政府于1756年通过了《1756年战争规则》，对与敌国进行贸易的中立国商船权利进行了严格的界定。哈

---

① John Williams Damer Powell, *Bristol Privateers and Ships of War*, London: J.W. Arrowsmith LTD., 1930, p.371.

德威克伯爵菲利普·约克(Philip York)在给其兄约瑟夫·约克(Joseph York)少将的一封信中,谈到了将战争规则扩大到所有中立国和交战国造成的运输贸易困难。哈德威克认为,如果法国货物由法国商船运至西班牙港口,然后再由荷兰商船运至法国港口,本质上仍是原航程的延续。无论是否有虚假的提单或文件,只要证明货物是法国财产,就应该予以定罪。[1]英国司法部副部长曼斯菲尔德勋爵(Lord Mansfield)认为,既然欧洲国家在和平时期将外国排除在其殖民地贸易之外,那么他们也应该在战争时期同样将外国排除在殖民地贸易之外。因此,战争时期的法国应与和平时期享有同样的适用标准。因此,英国不允许中立国商船从事和平时期法国不允许的殖民地贸易。[2]由此英国声称在中立国商船上发现的敌国货物是合法的捕获物。因此,英国规定在战争期间中立国不得与交战国殖民地进行任何在和平时期通常被拒绝的贸易。1756年的战争规则于1758年8月29日由高等海事法庭和枢密院正式通过并写入法律。这项法规推翻了原先中立国商船携带违禁品的传统解释,获得法国官方许可的外国船舶只要在法国或其殖民地港口装载货物,就可认定为法国船舶。如果一艘中立国船舶的最终目的地是敌方港口,英国有权在其航行过程中扣押该船。

---

① Philip C. Yorke, *The Life and Correspondence of Philip York, Earl of Hardwicke Lord High Chancellor of Great Britain, Vol. II*, Cambridge: Cambridge University Press, 1913, p.313.

② G. J. Marcus, *A Naval History of England: The Formative Centuries*, Boston: Little, Brown and Co., 1961, p.337.

《1756年战争规则》的出台助长了英国私掠船对中立国商船的掠夺，由此导致扣押的中立国商船急剧飙升。1757年英国海事法庭裁决了153艘法国商船和35艘中立国商船，1758年私掠船扣押了128艘法国商船和130艘中立国商船。[1]尽管大多数商船最终被释放，但中立国愤懑的抱怨充斥着英国海军部、议会和海事法庭。1759年1月23日威廉·皮特(William Pitt)写给下风群岛总督托马斯(Thomas)的信中提及对西班牙商船的非法扣押。[2]5月18日皮特写给波普尔(Popper)总督的信中再次提及对中立国商船的扣押。[3]英国政府收到报告称英国私掠船正在进行海盗式的劫掠活动，这种行为已将激怒的中立国推向战争边缘。尽管皮特坚持认为英国有权搜查涉嫌与敌人通商的船舶，但到1758年末他开始向海事法庭施压，要求释放被捕获的中立国商船，并竭尽全力通过行政和立法措施来限制私掠船的违规举动。[4]1758年12月皮特下令释放了一些荷兰商船并承诺缩短扣押船舶的留置时限。[5]

---

[1] Francis Raymond Stark, *The Abolition of Privateering and the Declaration of Paris*, New York: Columbia University, 1897, p.74.

[2] Gertrude Selwyn Kimball, *Correspondence of William Pitt: When Secretary of State: With Colonial governors and Military and Naval Commissioners in America, Vol.2*, New York:The Macmillan Co., 1906, p.18.

[3] Gertrude Selwyn Kimball, *Correspondence of William Pitt: When Secretary of State: With Colonial governors and Military and Naval Commissioners in America, Vol.2*, New York:The Macmillan Co., 1906, p.107.

[4] G.J. Marcus, *A Naval History of England, Vol I: The Formative Centuries*, Boston: Little, Brown and Co., 1961, p.338.

[5] Daniel Baugh, *The Global Seven Years War 1754-1763*, Harlow: Pearson Education Limited, 2011, p.324.

与此同时,英国 1756 年战争规则的颁布挑战了阿姆斯特丹、鹿特丹、哥本哈根、加的斯等其他中立国的商业利益。在该战争法则颁布后,英国与中立国之间的冲突陡然升级。俄国在 1757 年已然提议与瑞典和丹麦订立条约,禁止所有外国商船进入波罗的海。在法国顾问的影响下,瑞典立即加入该条约。为了抗议英国私掠船的暴行,荷兰也开始与丹麦和瑞典合作,建立海上中立国联盟,对英国贸易实施禁运并阻止英国船舶进入欧洲港口。

基于各方的压力,1759 年 6 月 1 日英国议会通过了一项私掠船法案,该法案将私掠船的规模限制为 100 吨以上且携带 10 门大炮的船舶。不符合该要求的船舶将被吊销其捕获许可证。私掠船船东不得为投资的私掠船提供担保,私掠船的指挥官必须提供私掠船的所有信息。[1]但该法令允许酌情向海峡群岛的小型船舶签发捕获许可证。[2]该法案一定程度上回应了欧洲国家的抱怨。丹麦政府很快就放弃了直接与法属西印度群岛进行贸易的要求。瑞典虽然怀有敌意,但并没有强大到单独行动的地步。英国在波罗的海的贸易并没有受到阻碍。尽管私掠船船东起初强烈反对这一法案,但却不得不接受。那些失去私掠船委任状的大多数海员和船长很快应征加入了皇家海军。据估计,由于对私掠船条件

---

① David J. Starkey, *Privateering Enterprise in the Eighteenth Century*, Exeter: Liverpool University Press, 1990, p.163.

② Julian Stafford Corbett, *England in the Seven Years' War: A Study in Combined Strategy, Vol.II*, London: Longmans, Green and Co.,1918, p.8.

的限制,英国皇家海军新增了7500名海员。[①]但殖民地私掠船对中立国的袭扰并没有停息,1759年12月19日纽约副总督德·兰西(De Lancie)在给威廉·皮特的一封信中提及英国私掠船最近对西班牙单桅帆船的袭扰。兰西认为当地海事法官刘易斯·莫里斯(Lewis Morris)不过分关注遵守英国私掠船的相关法律条文和中立国的合法权利。[②]

四、英国私掠船在七年战争中的重要作用

在一个重商主义时代,人们普遍认为贸易是有限的,殖民地的商业只属于母国。基于这种推理,一个殖民帝国所享有的利益是以其竞争对手的损失为代价的。在一个国防开支失控的时代,各国政府都小心翼翼地保护其海外贸易,因为海外贸易是其收入的主要来源。国家的安全与殖民地的商业状况也密切相关。海外贸易中断对各国财政收入构成了直接的致命威胁,而破坏敌人的贸易在战争时期总是合理的。英法在争夺北美和西印度群岛的统治权时都把破坏敌人在大西洋两岸的贸易作为首要任务。在加勒比地区,双方都不遗余力地扼杀对方的岛间贸易,使其种植园经济陷入混乱。在东大西洋、地中海和波罗的海,交战双方

---

① Daniel Baugh, *The Global Seven Years War 1754-1763*, Harlow: Pearson Education Limited, 2011, p.426.

② Gertrude Selwyn Kimball, *Correspondence of William Pitt: When Secretary of State: With Colonial governors and Military and Naval Commissioners in America, Vol.2*, New York:The Macmillan Co., 1906, p.227.

的目标和战术各不相同。松散的法国私掠船试图以任何可能的方式破坏英国的海洋贸易。为了剥夺现金匮乏的法国并从其商业帝国中获利,英国利用皇家军舰和私掠船将敌人的商船围困在本地港口。

英国私掠船战争对法国大西洋和地中海港口经济产生了潜在的危害。法国拉罗谢尔、勒阿弗尔、布雷斯特、洛里昂、南特、波尔多、马赛、土伦等大西洋和地中海城镇的海洋经济蒙上了一层阴影。[①]1756年波尔多当地贸易公司达103家,1758年锐减至4家。1757年拉罗谢尔57艘商船中有45艘失踪,1758年从事贸易的39艘商船中34艘被英国私掠船捕获,致使拉罗谢尔海运被迫停止。[②]南特远洋商船从1756年的55艘锐减至1760年的11艘,波尔多的进出口贸易从1753—1755年每年3000万里弗下降至1760年的400万里弗。[③]总体而言,到1758年底,法国与西印度群岛的贸易量锐减了四分之三,1759—1760年间双方贸易完全陷入停滞。[④]因此,私掠船的劫掠活动削弱了法国通过跨大西洋贸易维持其战争经济的能力,也破坏了法国殖民地自保的能力。

---

① John G. Clark, *La Rochelle and the Atlantic Economy during the Eighteenth Century*, Baltimore: Johns Hopkins University Press, 1981, pp.151, 155-156.

②④ Daniel Baugh, *The Global Seven Years War 1754-1763*, Harlow: Pearson Education Limited, 2011, p.321.

③ David J. Starkey, *Privateering Enterprise in the Eighteenth Century*, Exeter: Liverpool University Press, 1990, p.167.

随着英国私掠船对法国商船的扣押增多，英国监狱监禁的法国海员人数也在累增。尽管人满为患，暴乱和传染病的威胁日益严重，英国政府却坚持不与法国交换囚犯。1756年底超过5500名训练有素的法国海员被关押在英国监狱，1758年底该数字上升至1.5万人。[①]到1763年，英国监狱关押了6万多名法国囚犯，其中70%的囚犯是熟练海员。[②]当法国的人力资源日渐枯竭时，英国军队却在壮大。皇家海军从1752年的1万人增加至1755年的3万人，到1756年扩大至近5万人。[③]但英法双方都为私掠船的商业劫掠活动付出了高昂的代价。海洋贸易的紊乱，导致海洋运输费用急剧上升，水手工资不断上涨，海洋保险费也在飙升，商船可用货舱面积不断缩小。事实上，私掠船活动对经济发展起到了反周期的刺激作用。私掠船的装配涉及资本投资、劳动力雇佣、海洋工业生产和商品消费，一般私掠船通过购买、扣押或建造船舶来增加港口的船舶库存。无论是对那些操纵私掠船的船长还是对那些投资私掠船的船东而言，经济回报都是可观的。

七年战争期间私掠船在英国的军事和外交活动中发挥着重要作用。战争期间英国私掠船不仅削弱了法国跨洋派遣人员和补给的能力，也损害了法国为其殖民地提供补给和维持海洋经济

---

①②③ Richard Harding, *Seapower and Naval Warfare, 1650–1830*, London: University College London Press, 1999, p.210.

的能力，使得法国不得不求助于中立国来维持殖民地贸易及提供补给。英国私掠船熟知法国的困境，持续袭扰俄国、瑞典和荷兰等中立国商船，肆无忌惮地扣押中立国商船，也把英国推向了新的世界战争的边缘，迫使英国政府出台法规进一步管控私掠船的劫掠活动。虽然1759年的私掠船法案使英国免于与中立国发生战争，但并没有影响英国私掠船在大西洋上的劫掠活动。

1763年签订的巴黎条约结束了这场长达七年的战争，法国的海外帝国基本上被摧毁，西班牙失去了佛罗里达。英国理所当然地成为最大的获利者。英国凭借其海上实力成为一个真正的海洋强国，其殖民帝国得到了极大拓展，海权控制力极度膨胀。英国的海洋力量不仅依赖于比以往任何时候都庞大的皇家海军舰队，还依赖于不断扩大的哈利法克斯、波士顿、皇家港、英吉利港、孟买、马德拉斯等海外中队基地。作为这场旷日持久、代价高昂战争的胜利者，英国进行了一系列的战后改革，旨在约束殖民地的商业活动来增加国家收入。议会在签署巴黎条约后几周内通过了《1763年关税加强法案》（*Customs Enforcement Act of 1763*），该法案要求委任皇家海军官员作为海关税收的执法代理人，助推了母国与其殖民地之间的紧张关系，这种敌对关系在之后的美国独立战争中达到了高潮。①

---

① Bruce A. Elleman and S. C. M. Paine, *Commerce Raiding: Historical Case Studies, 1755-2009*, Newport: Naval War Collegs Press, 2013, p.21.

第四节　美国独立战争期间英国
对美国私掠船的遏制

七年战争结束后，英国为了填补财政缺口加大了对北美殖民地的掠夺。英国向北美殖民地征税而引发的英国与殖民地的矛盾日益尖锐，由此引发了战争。由于北美殖民地军事和财政实力孱弱，不得不依靠私掠船来劫掠英国商船和军用补给船，借此削弱英国的海洋优势。面对英属北美地区私掠船的袭扰，英国政府加大了在北美海域的海军力量部署，持续地为在北美作战的英国陆军提供后勤补给支援，组织了广泛的商业护航舰队来保障英国海外贸易的安全。但随着法国和西班牙等国的介入，美国独立战争由一场速决战演变成了一场长期消耗战，英国最终不得不与美国签署《巴黎条约》结束了这场战争。

一、美国私掠船的活动概况

1775年4月19日列克星敦上空打响了独立战争的第一枪，拉开了美国独立战争的序幕。战争初期英国决定扣押开往美国的商船及其货物，试图彻底封锁波士顿等港口。美国大陆会议对此极为不满，认为该举措无异于经济战，并要求禁运英国商品作为报复。当时美国既没有正规的海军，也没有专门建造的私掠船。为对抗英国皇家海军，北美大陆军于1775年10月成立了海军委员会，10月30日大陆会议批准购买4艘军舰。[1]当年12月美国订购了第一艘专门建造的护卫舰，临时拼凑了一支海军舰队。除新泽西和特拉华外，各殖民地也都组织了自己的小型舰队。这些杂牌海军主要由浅水驳船、单层甲板帆船和炮艇组成，根本无力与皇家海军相抗衡，只能用于近岸防御或运输弹药、粮草等后勤补给运输。鉴于海军实力的孱弱，私掠船巡航劫掠成为战争期间美国长期使用的主要海洋战略。

1775年11月25日大陆会议首次授权私掠船扣押所有英国商船及运送英国陆军和海军军需品或给养的运输船。[2]大陆会议建议各殖民地建立海事法庭审理本地捕获物案件，所有案件的上诉均由其负责。私掠船可以将捕获物运至其方便停靠的港口，交由当地海事法庭裁决。当时北美殖民地共有纽芬兰、新斯科舍、马萨诸塞州、罗德岛、纽约、马里兰州、宾夕法尼亚州、弗吉尼亚州、乔治亚州、北卡罗来纳州和南卡罗来纳州等11个海事法庭。自掏腰包装备的私掠船可以保留捕获物的三分之一，其余根据捕获许可证的规定交由当地或大陆会议。如能捕获一艘英国军舰，

---

① Richard Harding, *Seapower and Naval Warfare, 1650–1830*, London: University College London Press, 1999, p.238.

② Christopher P. Magra, "Guerre de Course and the First American Naval Strategy", in Bruce A. Elleman and S. C. M. Paine, *Commerce Raiding: Historical Case Studies, 1755–2009*, Newport: Naval War Collegs Press, 2013, p.27.

私掠船可以分得战利品的一半。①最初美国从事袭扰的私掠船都是由匆忙改装的商船和小型近海划艇组成的。由于殖民地贸易几乎陷于停顿，许多美国商船都转为私掠船谋生。随着第一波改装商船、捕鲸船和渔船被皇家海军巡逻艇俘获，美国开始建造从事劫掠活动的专用私掠船。

基于英国对美国航运和商业采取的敌对措施，1776年3月23日大陆会议通过决议允许殖民地居民装备私掠船。②4月3日大陆会议颁布私掠船指示，允许私掠船以武力夺取公海上或涨落潮期间属于英国臣民的船舶和货物，私掠船可以捕获运送士兵、武器、弹药、给养或其他违禁品的英国船舶。但打算在殖民地定居的人员向殖民地运送武器、弹药或军用物资以供殖民地居民使用的船舶除外。私掠船捕获的船舶及其货物应运送至其方便停靠的港口，由当地的海事法庭裁决捕获物的归属。私掠船应将扣押船舶的船长、领航员及其海员带至港口，接受海事法庭法官的质询，船舶通行证、租船合同、提单、公文信件及其他文件和文书均应递交法官查阅。妥善保管劫掠的船舶和货物，不得提前出售和损坏，直至法庭裁决为合法捕获物为止。不得虐待和杀害扣押船舶的船员，否则将予以严惩。扣押船舶船员的基本信息、有关敌人舰

① Theodore M. Cooperstein, "Letters of Marque and Reprisal: The Constitutional Law and Practice of Privateering", *Journal of Maritime Law and Commerce*, Vol.40, No.2 (Apr., 2009), p.226.
② Richard Harding, *Seapower and Naval Warfare,1650-1830*, London: University College London Press, 1999, p.238.

队计划等相关情报必须告知政府。至少有三分之一的私掠船成员是陆地人。不得私自允许敌方赎回俘虏，私掠船应将其交由政府处置。如果违反政府的相关指示，私掠船的保证金将被没收，还得为其违法行为承担责任。[1]十天后，大陆会议核准了美国私掠船捕获许可证或委任状的标准范式，进一步详细规定了捕获中立国商船上敌方货物、夺回被英国捕获的美国商船及货物、没有委任状的私掠船捕获商船等情况的裁决规定。[2]大陆会议也明确规定其颁布的私掠船决议和法令在殖民地各海事法庭裁决中享有优先权。

1776年大陆会议只发布了34份委任状，而各殖民地委员会授权的私掠船却多达数百艘，其中大部分来自马萨诸塞州。[3]到1776年底，美国共捕获342艘商船，海军只捕获了60艘商船，其余均是私掠船的杰作。与此同时，皇家海军缴获了140艘美国商船。[4]美国私掠船的劫掠活动增强了美国民众继续战争的决心。

---

[1] Gardner W. Allen, *A Naval History of the American Revolution, Vol.II*, Boston and New York: Houghton Mifflin Company, 1913, pp.695–697.

[2] Theodore M. Cooperstein, "Letters of Marque and Reprisal: The Constitutional Law and Practice of Privateering", *Journal of Maritime Law and Commerce*, Vol.40, No.2（Apr., 2009）, p.227.

[3] James Richard Wils, "In Behalf of the Continent: Privateering and Irregular Naval Warfare in Early Revolutionary America, 1775–1777", Master Thesis, East Carolina University, 2012, p.81.

[4] James Richard Wils, "In Behalf of the Continent: Privateering and Irregular Naval Warfare in Early Revolutionary America, 1775–1777", Master Thesis, East Carolina University, 2012, p.82.

1777年11月19大陆会议通过的《邦联条例》明文规定，政府认可私掠船的法律地位。《邦联条例》第九条规定美国大陆会议有权制定规则来决定捕获物的合法性及其分配原则。在没有大陆会议授权的情况下，各殖民地禁止授权私掠行动。[1]虽然《邦联条例》赋予大陆会议广泛的权力，但却没有执法的必要辅助措施。尽管殖民地海事法庭的上诉案件由大陆会议设立的司法机构负责审理，但双方因此经常引发争议，导致大陆会议裁决的结果始终无法落地生效。

　　1775年夏至1777年末美国11个殖民地先后颁发捕获许可证132份，具体分布如下：马萨诸塞的波士顿、塞勒姆、马布尔黑德、格洛斯特、波特兰和新贝德福德等地共颁发53份许可证，新罕布什尔的朴茨茅斯颁发了7份，罗德岛的普罗维登斯颁发6份，康涅狄格的布里奇波特、纽黑文和新伦敦等地颁发22份，纽约颁发7份，新泽西的新不伦瑞克颁发1份，宾夕法尼亚的费城颁发21份，马里兰的巴尔的摩和安纳波利斯颁发6份，北卡罗来纳的威明顿市颁发3份，南卡罗来纳的查尔斯顿颁发6份。[2]到1777年底，美国军舰和私掠船已经在爱尔兰海至比斯开湾的欧洲水域从事私掠活动。此后大陆会议授权的捕获许可证数量不断增加。

---

[1] Theodore M. Cooperstein, "Letters of Marque and Reprisal: The Constitutional Law and Practice of Privateering", *Journal of Maritime Law and Commerce*, Vol.40, No.2（Apr., 2009）, p.227.

[2] Angus Konstam, *Privateers and Pirates, 1730-1830*, Oxford: Osprey Publishing Limited, 2001, p.9.

1780年大陆会议颁发了301份捕获许可证，1781年颁发了550份捕获许可证，1782年授予私掠船的捕获许可证达383份，到1783年下降至22份。[①]与此同时，私掠船规模也在累增。最早的私掠船大多由小型商船改装而成，最多携带30—60名海员、装备10门大炮，到战争后期招募150—200名海员、装备20—26门大炮已然成为美国私掠船的常态。[②]美国私掠船基地主要集中在波士顿、塞勒姆、纽黑文和布里奇波特等地。一位波士顿观察家在1776年末记录了美国私掠船的概况，20—400吨不等的私掠船最初的目标是在大浅滩附近作业的英国和加拿大渔民。随着战争的发展，更大的私掠船能够远航至西印度群岛和英国本土水域。

美国私掠船捕获许可证的颁发最初是由各殖民地总督负责。1776年4月大陆会议设置了私掠船委员会专责私掠船事务，1780年7月废除了各殖民地私掠船委员会，统归大陆会议负责。捕获许可证上详列了船东、船长和高级船员姓名，登记了船舶的名称、吨位、船员数量和武器配置。1781年4月7日大陆会议对原先的私掠船指示作了进一步的补充，要求私掠船必须尊重中立国的权利和相关惯例，不得以任何借口擅自夺取或扣押与本国结盟的他国船舶。允许中立国商船在美国海岸或公海自

---

① Gardner W. Allen, *A Naval History of the American Revolution, Vol.II*, Boston and New York: Houghton Mifflin Company, 1913, p.717.

② Edgar Stanton Maclay, *A History of American Privateers*, New York: D. Appleton and Co., 1899, pp.113–114.

由航行,但运送英国兵员或违禁品的船舶除外。不得在中立国
商船上扣押或捕获属于交战国的货物,除违禁品外。违禁品仅
适用于1778年2月6日贸易条约中明文规定的相关货物,具体
包括:武器、炮弹、火药、剑、矛、戟、迫击炮、盾牌、头盔、锁子甲和
马匹等战略物资。①12月大陆会议通过决议宣布英国及其属地
的所有商品都将被视为捕获物予以扣押,即使由中立国商船装
运的英国货物亦不例外。大陆会议声明对北美大陆上所有的英
国商品予以收缴。作为报复,英国采取了更为严厉的封锁措施,
不仅切断了美国与欧洲及加勒比海域的联系,还试图断绝北美
各殖民地间的贸易往来。

据1906年美国大陆会议图书馆出版的《美国独立战争海军记
录》(*The Naval Records of the American Revolution*)一书统计,独立
战争期间美国私掠船总数约为1697艘,具体分布如下:新罕布什
尔州43艘,马萨诸塞州626艘,罗得岛15艘,康涅狄格州218艘,
纽约1艘,新泽西州4艘,宾夕法尼亚州500艘,马里兰州225艘,弗
吉尼亚64艘,南卡罗来纳州1艘。按年度统计如下:1776年34艘,
1777年69艘,1778年129艘,1779年209艘,1780年301艘,1781年
550艘,1782年383艘,1783年22艘。私掠船携带枪炮14872支,

---

① Gardner W. Allen, *A Naval History of the American Revolution, Vol.II*, Boston and New York: Houghton Mifflin Company, 1913, p.698.

参与海员达到58400人。[①]

二、英国在美洲的军事行动和应对私掠船的举措

美国独立战争期间,英国加强了皇家海军在各地的军事部署。1776年初皇家海军在北美服役的军舰为51艘,约占海军军舰总数的三分之一。[②]1780年军舰总数增加至538艘,雇佣了8.5万名海员。[③]1782年军舰飙升至688艘,海军人数达到10万人。[④]皇家海军加强了对美国海岸的封锁,可以轻而易举地控制北美东部海港与河口,但深入打击却只能依靠陆军。对英国陆军而言,取得战果的关键战术是保持充足的后勤供应,源源不断地向殖民地运输人员和物资,以优势力量压制美国大陆军。但由于北美地区贫穷落后,很难供养庞大的军队,部队给养只能依靠远距离的商船运输来完成。加之北美地区水网稠密,皇家海军不仅需要为陆军提供后勤保障,还需要封锁北美海岸线以禁止武器和弹药输入各殖民地,同时还要对付私掠船对军需船的袭扰,无疑迟滞了英国陆军的军事行动。

---

① Gardner W. Allen, *A Naval History of the American Revolution, Vol.II*, Boston and New York: Houghton Mifflin Company, 1913, p.716.

② Richard Harding, *Seapower and Naval Warfare,1650–1830*, London: University College London Press, 1999, p.239.

③ Gardner W. Allen, *A Naval History of the American Revolution, Vol.II*, Boston and New York: Houghton Mifflin Company, 1913, pp.544–545.

④ Gardner W. Allen, *A Naval History of the American Revolution, Vol.II*, Boston and New York: Houghton Mifflin Company, 1913, pp.613–614.

到 1777 年底，当美国海军艰难地对抗皇家海军时，美国私掠船在国际水域的劫掠活动已取得实效。小型巡洋舰和私掠船给英国的商业造成了实实在在的打击，当年英国损失 464 艘商船。①从宏观上看，英国经济保持稳定，美国革命只给英国商业造成了轻微地破坏。然而战争在微观经济层面上对英国商业造成了巨大的损害，尤其是在跨大西洋贸易领域。美国私掠船对英国商业造成的损失超过了英国军事规划者最初的预期。两年内商船保险费率上升了 30%，加剧了英国商人对战争的恐慌情绪。私掠船持续骚扰和劫掠英国商船，推高了保险费率，迫使英国政府采用护航队来保护其海外贸易。

实际上，当美国装备私掠船的消息传到伦敦时，1775 年底英国政府已然开始建立有限的护航制度。从事海外贸易的商船由皇家海军护航。一个港口被指定为前往某一特定目的港的船舶集合地，船队将在指定的日期起航。从理论上讲，所有护航船舶都由一名海军高级军官指挥，他所在的军舰是护航队的旗舰。在实践中，几乎不可能向护航船队的商船船员灌输海军纪律，战舰大部分时间都充当牧羊人的角色，不断告诫所辖船舶保持队形和速度。大多数私掠船对护航队的攻击都在晚上进行，所以一到晚上商船尽可能地聚集在海军旗舰周围。英国护航制度的引入迫

---

① Gardner Weld Allen, *A Naval History of the American Revolution*, New York: Houghton & Mifflin Co., 1913, pp.289–290.

使私掠船改变了原有独立行动的惯例，2—3艘私掠船开始联合攻击英国护航队，有时多达8艘私掠船一起行动。一些私掠船负责引诱护航军舰离开船队，另一些私掠船则伺机捕获商船。黑暗、恶劣天气或大雾的掩护有助于私掠船的行动，使得护航船队很难保持严密的防御阵形。

随着战争的持续，美国私掠船开始在欧洲海域游弋，企图将皇家海军的注意力吸引至欧洲海域，从而将欧洲海域作为战争的主战场。据估计，到1777年1月美国私掠船给英国造成的损失超过150万英镑，其中三分之二是捕获来往于西印度群岛的英国商船。[1]所有从美洲进口的货物价格都大幅上涨，烟草从每磅7.5便士上涨至每磅2先令6便士，沥青每桶从8先令上涨至35先令，焦油、松节油和生铁的价格也都大幅上涨。[2]因此，英国政府被迫采取进一步的防卫措施来保护其商船在欧洲海域不受攻击。政府下令建造了更多的护卫舰和单桅战船，租用武装商船进行商业护航。在商人利益集团的强烈要求下，英国的护航系统得到了极大的扩展。到1777年底，英国海上贸易的主要分支都处于皇家海军的护航保护下。所有的军用补给和运输船舶都由海军护航。皇家海军为西印度群岛、纽芬兰岛、加拿大和波罗的海等地贸易

---

[1] James Richard Wils, "In Behalf of the Continent: Privateering and Irregular Naval Warfare in Early Revolutionary America, 1775–1777", Master Thesis, East Carolina University, 2012, p.86.

[2] Gomer Williams, *History of the Liverpool Privateers and Letters of Marque with an Account of the Liverpool Slave Trade*, London: William Heinemann, 1897, p.216.

提供护航,英国与葡萄牙和西班牙等地中海港口的贸易也建立了护航制度。①

虽然皇家海军军舰在大多数情况下都能击败单一私掠船,但护航会导致海军多项任务顾此失彼。商船护航意味着用于战时国家至关重要的海岸防御和其他军事需求的军舰数量减少。当时英国海岸巡洋舰竭尽全力满足战争需要,北美巡洋舰正试图封锁美国港口,护航任务加剧了海军人力资源的短缺。1777年海军部开始向本国私掠船签发捕获许可证,并在该年6月将这一做法扩展至西印度群岛。以利物浦为例,1778年8月至1779年4月期间,利物浦至少有120艘私掠船整装待发,总吨位达30787吨,携带1986门大炮,招募了8754名海员。②虽然英国私掠船俘获了300多艘美国商船,但所起作用十分有限。1779年7月2日英国政府颁布法令禁止所有商船出港,除非现役海军军舰装备和人员配备齐全。

为了阻止法国援助物资流入北美民兵手中,1777年秋皇家海军开始对法国船舶进行例行搜查,一旦有法国船舶在北美海岸游弋,就会遭到皇家海军的扣押。1778年初许多英国战列舰被派往特拉华和切萨皮克的河口协助护卫舰巡逻。1778年6月英

---

① David Syrett, *The Royal Navy in European Waters during the American Revolutionary War*, Columbia: University of South Carolina, 1998, pp.9-10.

② Gomer Williams, *History of the Liverpool Privateers and Letters of Marque with an Account of the Liverpool Slave Trade*, London: William Heinemann, 1897, p.183.

法宣战前，英国捕获了134艘法国舰船，同时停靠于英国港口的21艘法国商船亦遭扣留。①战争期间法国不仅允许美国在其市场出售殖民地产品和购买急需的战争物资，还允许其进入法国港口出售其捕获物。在法国敦刻尔克服役和装备的美国私掠船大多数在法国旗帜下航行，约有78艘敦刻尔克私掠船由美国人指挥，这些私掠船经常出没于英吉利海峡或英国沿海。随着英法关系的恶化，法国最终放弃中立的立场，于1778年2月6日与美国签订军事同盟条约并正式承认美国，6月17日法国正式对英作战。②法美同盟条约规定任何一方的私掠船和战船都可利用对方的港口。法国参战后，西班牙和荷兰相继于1779年和1780年对英宣战。到1780年，英国与法国、西班牙、荷兰和北美大陆处于战争状态。英国虽然可以集结约30%的世界吨位，但其敌人却拥有46%的吨位。③所谓英雄难敌四手，皇家海军面临的压力与日俱增。虽然皇家海军能阻止法国和西班牙舰队控制英吉利海峡的西部航道，④但很难阻止法国和西班牙向北美海域派遣增援部队支持美国的军事行动，从而陷入空前的孤立局面。

---

① Lance Davis, *Naval Blockades in Peace and War*, Cambridge: Cambridge University Press, 2006, p.62.

② 吴昊：《19世纪英国海军战略与帝国海权》，海洋出版社，2017年，第46页。

③ Richard Harding, *Seapower and Naval Warfare,1650–1830*, London: University College London Press, 1999, p.219.

④ David Syrett, *The Royal Navy in European Waters during the American Revolutionary War*, Columbia: University of South Carolina, 1998, p.163.

三、对美国私掠船的评价

18世纪的殖民战争中，美国私掠船代表大英帝国从事劫掠活动已然是常态，私掠船对于北美殖民地军民来说是十分受欢迎的。法国、荷兰和西班牙都曾遭到美国私掠船的袭扰，许多私掠船通过捕获敌方商船获得了可观的利润。由于殖民地政府没有雄厚的军事和财政实力来支撑战争，他们不得不依靠私掠船来增强其海军力量，私掠船也是许多殖民地军民获取财富的主要来源。英美间贸易的停滞扼杀了美国的对外贸易，但随着英国商船及其货物被美国私掠船劫掠，对外贸易再次复苏。仅1777年夏美国私掠船就掠夺了464艘英国商船及其货物，[①]成功地弥补了美国军事物资的损失，同时也补贴了美国较为薄弱的战争经济。

美国私掠船并没有在与英国战舰的战斗中取得重大胜利，也没有像殖民地海军那样帮助革命者进行海岸防御。私掠船的主要贡献是坚持不懈地劫掠英国商船和军用补给船，有效地削弱了英国军队在北美殖民地作战的后勤补给能力，间接给予美国一种抗衡英国海军优势的力量，使得一场速决战演变成了一场长期消耗战，最终为美国独立战争的胜利奠定了基础。美国私掠船确实给英国商业造成了损失，但并没有对英国海洋霸权造成决定性的

---

① Theodore M. Cooperstein, "Letters of Marque and Reprisal: The Constitutional Law and Practice of Privateering", *Journal of Maritime Law and Commerce*, Vol.40, No.2（Apr., 2009）, p.228.

打击，它对英国臣民的心理影响远大于物质影响。

对英国而言，虽然美国独立战争并未使英国本土安全受到威胁，但长期的资源消耗必将拖垮英国经济。由于皇家海军不仅承担封锁北美大陆、英国本土防御、人员物资运输、海外殖民地防卫及护航等诸多任务，而且还要与法国、西班牙等海上强国作战，其负担显而易见。在没有任何盟友的情况下，英国不可能负担起一场旷日持久的战争。因而交战双方最终于1783年9月3日签署《巴黎条约》结束了战争。英国被迫承认美国的独立，承认美国在纽芬兰水域捕鱼的权利。法国获得圣皮埃尔岛和密克隆岛，接收了西印度群岛的圣卢西亚和多巴哥。西班牙获得了米诺卡岛和东佛罗里达。[①]

第五节　法国大革命和拿破仑战争期间英国对法国私掠船的反制

18世纪末19世纪初的英法战争是海权大国与陆权强国之间的激烈交锋。在法国大革命和拿破仑战争期间，皇家海军已然是英国对法战争的主力，是英国制胜的最关键因素，通过打击法国海军、阻断其航道、夺占海外要地等方式不断地形成对法国的长

---

① Richard Harding, *Seapower and Naval Warfare, 1650–1830*, London: University College London Press, 1999, p.250.

效打击,自始至终都将所能及的全部海域纳入掌控之中,保证了战时英国能源源不断地从海外获取战争资源,保障了对法战争的最终胜利。

一、法国私掠船猖狂的劫掠活动

虽然法国战时私掠船的劫掠活动本质上是私人行为,但法国政府积极支持了私人的劫掠活动。捕获英国商船及其货物不仅是一项重要的海军战术,能有效打击英国的对外贸易,削弱皇家海军在各大洋的兵力配置,而且也是法国政府避免任意掠夺外国财产的合法举措,借此可以增加国家的财政收入。因此,私掠船对法国政府而言是一种战略工具。从船东、船长和海员的角度来看,私掠船是战时维持航运和贸易的一种重要选择。战时私掠船对投资者和海员而言是主要的收入来源。捕获物也是法国当地供应市场的重要货物来源,捕获的船舶也为活跃的二手市场注入活力。

1789年伊始法国国内持续的混乱与政权更迭严重削弱了法国海军的作战能力,贵族出身的海军军官不是被杀就是逃亡海外,停泊在军港的战舰大多年久失修。法兰西第一共和国时期的法国陆军在欧洲大陆高歌猛进,但是海军却跌入低谷。1793年2月1日法国向英荷宣战后,8月土伦军港爆发叛乱,法国地中海舰队向英西联军投降。9月布雷斯特军港发生兵变,法国国民公会委员让邦·圣安德烈(Jeanbon Saint André)清洗了法国大西洋舰队的管理层，逮捕了6名舰长并押送至巴黎治罪，在浮动码头上架设断头台处决了兵变人员，强令舰队官兵驻留码头观看行刑经过。大整肃过后的法国大西洋舰队面目全非，新近提拔的军官占了战舰舰长总数的一半，其中包括9名商船船长。[1]圣安德烈也意识到海军舰队军官素质的良莠不齐，他向巴黎的汇报中曾认为，大西洋舰队中只有几个舰长受过良好训练，其他军官的无知低能让人难以想象。[2]战争初期，法国大西洋舰队被英国皇家海军封锁在港口内无法出海作战。到雅各宾派执政时期，法国革命法庭几乎清洗了贵族出身的全部海军军官。此后海军军官的遴选由水兵直接选举产生，选举产生的军官虽然满腹爱国热情与战斗激情，但却由于素质低下而无法迅速成为可用的军舰指挥官。因此，战争期间法国海军舰队一直尽量避免与英国舰队决战，而是放手组织私掠船袭扰和劫掠英国商船，私掠船成为法国攻击英国航运和对外贸易的利器。

法国拥有悠久的私掠船巡航传统。许多水手在美国独立战争期间曾在美国私掠船上服役，劫掠经验十分丰富。1793年1月31日法国政府授权其公民装备私掠船。为鼓励私掠船出海，海军部长甚至签发空白的捕获许可证或委任状以支持私掠船尽快武装起来对抗英国。但法国政府只允许船员总数的六分之一参与

---

[1] 沈洋、徐海鹰：《略论海上私掠的历史作用——以17至19世纪法国"海上游击战"为线索》，《法国研究》2016年第2期。

[2] 史鉴：《大不列颠演义》，山东画报出版社，2014年，第252页。

私掠航行。①起初私掠船只能袭击英国商船,1793年5月法国政府宣布携带敌方货物的中立国船舶也可扣押。②考虑到中立国航运在战时的重要性,这一因素极大地调动了法国私掠船的积极性。法国船东踊跃装备私掠船,尤其是在食品严重短缺的情况下,捕获物是法国市场上紧俏的商品。在5个月的时间里,敦刻尔克装备了49艘私掠船,马赛27艘,圣马洛23艘,巴永15艘,布洛涅13艘,波尔多12艘,南特10艘。③此外,法国私掠船被部署至欧洲和美国的中立港口和法属西印度群岛。1793年2月1日至1795年法国私掠船共捕获2099项捕获物,损失人员仅319人。1794年法国政府开始为入侵英国做准备,对所有法国船舶实施禁运,私掠船的活动随之减少。然而入侵英国的计划并没有实施,所以1795年末更多的私掠船从事劫掠活动。最初法国私掠船由投资者配备,船舶可能是新建或二手的法国和外国商船。1803年法国政府规定私掠船必须由法国制造,外国制造的私掠船则需政府特别许可。法国沿海私掠船的吨位大多在20吨以下,公海上的私掠船通常在80吨以上,最高可达五六百吨。④不过,在圣马洛装备的

---

① Francis Raymond Stark, *The Abolition of Privateering and the Declaration of Paris*, New York: Columbia University, 1897, pp.105-106.

② Silvia Marzagalli, French Privateering during the French Wars, 1793-1815, in Bruce A. Elleman and S. C. M. Paine, *Commerce Raiding: Historical Case Studies, 1755-2009*, Newport: Naval War Collegs Press, 2013, p.43.

③ Patrick Crowhurst, *The French War on Trade: Privateering, 1793-1815*, Aldershot: Ashgate Publishing Limited, 1989, p.7.

④ Patrick Crowhurst, *The French War on Trade: Privateering, 1793-1815*, Aldershot: Ashgate Publishing Limited, 1989, pp.46-83.

327艘私掠船，平均吨位不到100吨。[①]

　　战争期间法国私掠船对中立国航运的负面影响也在陡增。1793年4月法国驻美国公使埃德蒙·热内（Edmond-Charles Genet）允许私掠船以美国领土为基地进攻英属殖民地商船，[②]在未征得美国政府同意的情况下向美国私人船舶颁发捕获许可证，授权其劫掠英国商船，这一行径明显违背了美国政府中立的立场，遭到美国官方的抗议，由此法美矛盾逐渐激化，最终演变为一场不公开宣战的战争。1798年7月1日新组建的美国海军首要任务就是清除美国周边海域中的法国私掠船。到1801年，美国周边海域的法国私掠船基本被肃清。[③]中立国商船经常在海上被交战方搜查，偶尔也遭到劫掠。为了保护自身不受私掠船的侵害，中立国商船经常加入英国护航队行列。英国商人经常伪造双重国籍文件或虚假行程，利用中立国航运来完成其贸易航程，这不得不迫使拿破仑采取严厉措施来遏制中立国贸易往来。1805年10月21日特拉法加海战后，拿破仑先后颁布柏林敕令、华沙敕令、米兰敕令和枫丹白露敕令等政府法令，进一步扩大了法国对英国的

① Silvia Marzagalli, "French Privateering during the French Wars, 1793–1815", in Bruce A. Elleman and S. C. M. Paine, *Commerce Raiding: Historical Case Studies, 1755-2009*, Newport: Naval War Collegs Press, 2013, pp.45–46.

② Samuel Flagg Bemis, *A Diplomatic History of the United States*, New York: Henry Holt and Company, Inc., 1942, p.97.

③ 沈洋、徐海鹰：《略论海上私掠的历史作用——以17至19世纪法国"海上游击战"为线索》，《法国研究》2016年第2期。

经济战规模。私掠船不仅袭扰英国的海上交通线,而且积极配合大陆封锁政策在帝国境内缉拿走私。法国经常派出小股舰队和大量私掠船突破英国的海上封锁袭扰其商船。1814年拿破仑帝国倾覆后,失去国家支持的私掠船活动也随之偃旗息鼓。战争期间法国捕获的英国商船多达1.1万艘,但却无助于改变战争的结局。尽管如此,法国私掠船为法国掠获了大量的战略物资,扰乱和破坏了英国的海上贸易,使得海上贸易航运危险系数陡增,推高了航运保险的价格,削弱了英国反法战争的潜力。

二、英国与丹麦围绕法国私掠船的争论

法国大革命和拿破仑战争期间,丹麦中立国地位和法国私掠船的争论始终是英丹两国关系紧张的主因。这场争论涉及一系列与中立有关的核心问题,包括丹麦战时行为是否符合中立性质、是否允许法国私掠船利用中立国港口作为基地来袭扰英国贸易。战争期间英国和法国都派出私掠船劫掠对方的商船,但法国派出的私掠船数量远超英国。法国私掠船经常利用挪威港口攻击波罗的海的英国商船。由于所有进出波罗的海的商船都必须通过丹麦和瑞典之间的狭窄海峡通道,英国驻丹麦领事馆官员尼古拉斯·芬威克(Nicholas Fenwick)密切关注通过丹麦的船舶数量。据1791年统计数据显示,通过丹麦所辖海峡的10452艘船舶中,英国商船占了三分之一,法国商船仅有88艘。1792年的统计

数据同样表明，通过海峡的12114艘船舶中，4349艘船舶属于英国商船，法国商船只有25艘。[①]换言之，法国私掠船利用丹麦港口可以劫掠大量的英国商船，但英国私掠船却只能捕获数量极少的法国商船。

1793年2月英国对法战争爆发后，英国驻哥本哈根外交代表丹尼尔·海尔斯（Daniel Hailes）收到了第一份法国私掠船出现在挪威港口的报告。据报告称，该私掠船携带20门大炮，出现在挪威南部海岸的曼达尔镇。[②]英国随即向丹麦政府提出抗议，认为其允许法国私掠船停靠挪威海域有违中立原则，随后英丹围绕法国私掠船使用中立国港口展开了交涉。私掠船在中立国水域是不可以捕获的，因而经常看到一艘法国私掠船向挪威海岸疾驶，而英国军舰在其后紧追不舍。尽管英国也派出了大量私掠船，但私掠船对英国的重要性远不及对法国重要。法国大革命爆发时，英国拥有比法国更强大的皇家海军和更广泛的海洋贸易。法国大量的私掠船不仅可以在短时间内下水，而且可以在零成本的前提下攻击英国商船。1793年2月法国政府为了鼓励私掠船的劫掠活动，甚至决定放弃从战利品中抽取收益。[③]法国私掠船不仅能破坏英国赖以生存的海外贸易，同时也迫使大量的英国海军资

---

①② Atle L. Wold, *Privateering and Diplomacy, 1793–1807: Great Britain, Denmark–Norway and the Question of Neutral Ports*, New York: Palgrave Macmillan, 2020, p.10.

③ Patrick Crowhurst, *The French War on Trade: Privateering, 1793–1815*, Aldershot: Ashgate Publishing Limited, 1989, p.88.

源用于护航。而法国海军的实力因逃兵和雅各宾派对海军军官的迫害而遭到削弱，使得大量闲置人员在私掠船上服役。因此私掠船成为法国海上战争的重要组成部分，它对英国商业的危害甚大。

就波罗的海贸易而言，1796年英国驻挪威南部沿海城市克里斯蒂安桑(Kristiansand)领事约翰·米切尔(John Mitchell)曾说，对于从波罗的海返航途经斯卡格拉克的英国商船而言，靠近挪威海岸很重要，因为日德兰半岛海岸地势低洼，周围都是危险的浅滩，而挪威南部海岸有许多良港，配备了领航员，较为安全。①法国私掠船如能在挪威水域作业无疑具备巨大的优势，因为挪威漫长而崎岖的海岸线为法国私掠船躲避英国军舰提供了良机，最主要的是其靠近波罗的海的主要贸易航线。挪威西海岸的卑尔根是最理想的私掠船基地。如果法国私掠船能随意进出挪威港口，那显然对法国有利。问题是该做法是否与中立原则相抵触，而这反过来又取决于如何看待中立原则。

长期以来中立的概念并未得到充分发展。在战争期间中立意味着什么、中立国如何与交战国进行贸易往来等问题一直是各方争论的焦点。虽然丹麦和荷兰等国在18世纪的大部分时间内奉行中立政策，但中立仍然被理解为只是战时的中立。各国对中

---

① Atle L. Wold, *Privateering and Diplomacy, 1793–1807: Great Britain, Denmark–Norway and the Question of Neutral Ports*, New York: Palgrave Macmillan, 2020, p.20.

立原则的理解更多地源于国家实践，而非司法领域。其出发点是中世纪欧洲的战争哲学，其核心是正义战争的概念。理想状态下基督徒不应自相残杀或者杀害他人，但战争仍然被认为是一种合法的暴力行为，一场为行使权利和消灭邪恶而进行的战争。[1]中世纪人们普遍认为，善良的基督徒都应站在正义的一方，尽管并不要求每个人在战争中为正义而战，但所有国家至少都应给予道义上的支持。因此，中立原则在中世纪欧洲并不受待见。[2]但是现实中要明晰对错是十分困难的，但正义战争的原则仍然得到大家的认可。随着16—17世纪现代民族国家的兴起，战争逐渐被视为两个道德上平等对手之间的竞争，双方试图用战争来解决纠纷，此时人们认为无须对冲突本身作出对与错的界定。因此，非交战国认为这是一场与其无关的战争，选择置身事外或中立来避免卷入冲突。近代早期频繁的欧洲战争推动了中立原则的诞生。许多国家在一场战争中保持中立，而同时又是另一场战争的交战方。大多数国家意识到中立原则的必要性，逐渐在众多双边条约中对中立原则做出了约定。但直到18世纪下半叶法律学者才开始系统讨论交战国和中立国的权利和义务及其内在分歧。

1793年战争爆发后，丹麦的中立政策成为其牟取暴利的手

---

[1] Stephen C. Neff, *War and the Law of Nations: A General History*, Cambridge: Cambridge University Press, 2005, p.49.

[2] Stephen C. Neff, *The Rights and Duties of Neutrals: A General History*, Manchester: Manchester University Press, 2000, p.7.

段。丹麦政府在官方场合坚称其在所有事务中都保持严格的中立，但实际上它会尽其所能地利用战时局势来为其谋得尽可能多的经济利益，主要表现就是与法国的中立贸易，该行为在 18 世纪 90 年代达到顶峰。当皇家海军试图检查丹麦籍过往商船时，丹麦则在 1798 年引入护航队来保护其贸易安全，抵制英国对其商船的探视和盘查。①不为人知的是法国私掠船把缴获的英国战利品售卖至挪威港口，使得挪威港口的战时贸易十分活跃，促进了丹麦航运业的发展。英国试图制止丹麦的非法行径，但只取得了有限的成效。围绕法国私掠船在中立国港口劫掠英国商船的问题，1793 年夏英国和丹麦政府展开的外交争论，就集中在交战国和中立国间相互冲突的权利与义务。1793 年 8 月英丹达成了一项协议，允许私掠船在一定条件下进入挪威港口。根据双方达成的协议，挪威港口出售战利品仅适用于装载的易腐货物。②因为丹麦政府坚持让挪威港口对私掠船开放，英国从中也能够获得一些特许权，主要是与在挪威港口出售战利品相关。虽然双方已达成一项协议，但这项协议仍需实践检验。1793—1799 年期间一系列与私掠船有关的问题成为双方争论的焦点，使用假国旗、向私掠船出售违禁品、侵犯丹麦中立水域及在挪威出售战利品等少

---

① Atle L. Wold, *Privateering and Diplomacy, 1793–1807: Great Britain, Denmark–Norway and the Question of Neutral Ports*, New York: Palgrave Macmillan, 2020, p.230.

② Atle L. Wold, *Privateering and Diplomacy, 1793–1807: Great Britain, Denmark–Norway and the Question of Neutral Ports*, New York: Palgrave Macmillan, 2020, p.231.

数个别案件引发了争议。随着拿破仑逐渐控制了欧洲大部分地区，皇家海军巩固了英国在海上的统治地位，丹麦政府继续保持中立的压力越来越大，平衡各方利益冲突的困难陡增。

迫于英国的压力，1799年7月挪威港口被迫禁止向法国私掠船开放。①英国一度担心法国私掠船会无视规则继续在挪威海域劫掠英国商船，顾虑丹麦及挪威港口的地方官员是否会认真执行禁令。因此，新任英国驻哥本哈根领事安东尼·梅里（Anthony Merry）要求驻挪威的领事时刻关注港口的动向。1800年7月13—25日皇家海军强行拦截并搜查了丹麦护航队，由此导致了第二次武装中立。②8月丹麦加入俄国、瑞典和普鲁士构建的武装中立联盟，坚持中立国军舰护航下的中立国商船不受临检搜索，直接引发了与英国的公开冲突。英国于1801年4月2日袭击哥本哈根。随着拿破仑要求丹麦等中立国加入大陆封锁体系，1807年8月英国先发制人打击哥本哈根，防止丹麦舰队落入法国手中，保护其波罗的海的贸易安全。

三、英国反制法国私掠船活动的举措

法国大革命爆发后，英国政治家认为革命将沉重地打击法

---

① Atle L. Wold, *Privateering and Diplomacy, 1793–1807: Great Britain, Denmark-Norway and the Question of Neutral Ports*, New York: Palgrave Macmillan, 2020, p.213.

② Francis Raymond Stark, *The Abolition of Privateering and the Declaration of Paris*, New York: Columbia University, 1897, p.80.

国，短时期内法国不再是英国的威胁。加之英国舆论普遍认为法国革命是进步的，应予以同情。在这种氛围下，英国政府决定执行不偏不倚的中立政策。但随着法国大革命的进行，法国在欧洲战场上节节胜利，先后占领了萨瓦、莱茵河左岸、奥属尼德兰等地。1792年12月31日英国外交大臣对法国侵犯奥属尼德兰提出抗议，法国的回应态度强硬。1793年1月21日路易十六被处以死刑，英国的态度由中立转向公开的敌对，法国大使被要求在八天内离开英国。[①]2月1日法国向英国宣战，由此英法战争爆发，此时英国有100多艘战舰和115艘护卫舰可用于作战。[②]

　　战争爆发后，为应对法国私掠船对英国海外贸易构成的潜在威胁，1793年英国政府实施自愿护航制度。然而1797年英法贸易战升级，英吉利海峡、比斯开湾、北海、波罗的海及地中海成为法国私掠船袭击的重点区域，更多实力雄厚的法国私掠船更是横行于加勒比海、非洲和印度洋航道。它们聚集在马提尼克、瓜德罗普和毛里求斯等基地，经常劫掠东西印度群岛航路上的商船。据统计，1793—1815年期间英国约有1.1万艘商船落入敌手。[③]保护英国贸易的需求更加迫切，英国被迫于1798年通过了新的护航法案。大多数贸易航线都强制要求护航队护航，这

① Francis Raymond Stark, *The Abolition of Privateering and the Declaration of Paris*, New York: Columbia University, 1897, p.105.

② Richard Harding, *Seapower and Naval Warfare,1650-1830*, London: University College London Press, 1999, p.258.

③ 吴昊：《19世纪英国海军战略与帝国海权》，海洋出版社，2017年，第78页。

一政策在1803年和平结束时得以进一步巩固。但武装商船可以在取得捕获许可证的前提下自由航行，东印度公司和哈德逊湾公司的贸易航线也不受此法案的限制。然而对普通商船而言，护航是强制性的，英国政府颁布了一系列严厉的措施来维护护航的权威性。如果船舶在没有护航负责人或海军军官许可的前提下弃船或故意脱离护航队，船长将面临1000英镑的罚款。如果船舶在载有海军或军用物资的情况下脱离护航队，罚款将提高至1500英镑。[①]

除了采取护航举措外，皇家海军不仅在大西洋海岸巡逻，而且封锁布雷斯特等法国港口，阻止法国私掠船和海军出港，防止私掠船捕获的战利品进入法国港口。英国巡逻政策取得了一定的实效，法国私掠船的巡航经常遭遇英国护卫舰。1803年8月一艘重达291吨的商船"摩根号"在波尔多伪造成美国商船离开法国。第二天这艘船被英国护卫舰钻石号扣押。与此同时，早在1793年11月6日英国议会就发布命令恢复了1756年规则，允许英国私掠船劫掠中立国商船。英国私掠船可以扣押的船舶包括法国商船、载有全部或部分法国货物的中立国商船、运载法国粮食的中立国商船、满载违禁品驶往法国的中立国船舶、载有法国殖民地产品的中立国商船。英国私掠船经常参加海上作战、海岸

---

① Atle L. Wold, *Privateering and Diplomacy, 1793–1807: Great Britain, Denmark–Norway and the Question of Neutral Ports*, New York: Palgrave Macmillan, 2020, p.133.

巡逻和商船护航等任务，对皇家海军的军事行动也是一种重要的补充和辅助。

1795年法国占领荷兰，宣布成立巴达维亚共和国，使得荷兰成为法国的盟国。荷兰装备的私掠船开始劫掠英国商船，荷兰舰队也从皇家海军的盟友转变为对手。荷兰私掠船和舰队的加入使得劫掠英国商船的私掠船总数急剧增加。但1797年皇家海军先后在圣文森特角和英吉利海峡打败了西班牙和荷兰舰队，彻底扑灭了法国入侵英国本土的苗头。1801年纳尔逊攻击丹麦舰队，使得拿破仑利用中立国海上力量的企图落空。1803年春，英国主动宣战，战争重新爆发。该年拿破仑占领英国王室领地汉诺威，并以此为据点干扰英国在汉堡、不来梅等地的贸易，扣押了该地区的所有英国商船、货物和海员。随即英国展开报复，查扣了所有在英国港口的法国和荷兰船舶。1803年6月英国颁布法规限制中立国与法国间的贸易往来，继而又宣布封锁易北河、威悉河限制该地区的对外贸易。1804年8月皇家海军封锁又进一步扩展至英吉利海峡和北海一带的所有法国港口。①法国也限制英国与欧洲大陆的贸易往来，通过直接的军事占领或与其他欧陆国家结成政治同盟扩大其封锁范围，通过提高关税和颁布强制法令限制从英国进口货物。

---

① 吴昊：《19世纪英国海军战略与帝国海权》，海洋出版社，2017年，第66页。

1805年10月21日皇家海军在西班牙南部沿海的特拉法加附近迎击法西联合舰队,击沉1艘、俘获17艘敌方舰艇,[①]此次战斗奠定了英国在海上的霸权,此后皇家海军彻底封锁了法国主要港口,以直布罗陀、马耳他和撒丁岛为中心,控制着从圣文森特角到土伦、的里雅斯特至达达尼尔海峡附近的海域,配置巡逻舰船密切监视法国港口。1806年5月英国枢密院决定对布雷斯特至易北河、奥斯坦德到塞纳河两处海岸实施封锁。[②]作为回应,拿破仑于11月签署了著名的《柏林救令》,宣布不列颠群岛为封锁区,禁止欧洲大陆各国同英国间有任何的通商往来。显然,拿破仑企图用暴力迫使经济上远比法国强大的英国在这场经济封锁战中屈膝投降。1807年11月11日英国枢密院再次发布命令封锁法国,将贸易限制在英国护航下航行或从英国购买许可证的商船范围内,将所有与欧洲大陆港口的贸易纳入英国皇家海军的控制范围,要求中立国商船必须驶往英国港口、直布罗陀或马耳他的某些港口接受检查。[③]法国及其盟国的舰队被限制在港口无法外出,中立国也无法在法国港口间进行贸易。

随着英国护航制度的实施、皇家海军的不间断巡逻和诸多海战的胜利,许多法国私掠船被皇家海军捕获。为了削弱法国私掠

---

① 钱乘旦、许洁明:《英国通史》,上海社会科学院出版社,2019年,第228页。

② Lance E. Davis, *Naval Blockade in Peace and War*, Cambridge: Cambridge University Press, 2006, p.29.

③ Francis Raymond Stark, *The Abolition of Privateering and the Declaration of Paris*, New York: Columbia University, 1897, p.85.

船猖狂的劫掠活动，英国囚禁了所有被俘的私掠船海员，防止其把私掠知识传授给新一代船员。1793—1800年期间英国扣押了743艘法国私掠船和2.65万名海员，仅1797年英国就扣押了130艘私掠船和7094名海员。[1]战争结束时，英国从法国各类私掠船上俘虏了4万多名海员。[2]普通水手被关押在监狱或海岸停泊船内，社会地位较高的军官大多获得假释。数千海员的损失影响了法国海军和私掠船的人员配备，但也让英国付出了不小的代价，1803—1815年间关押法国囚犯的费用约为600万英镑。[3]尽管英国海上防御的效力随着时间的推移而提高，但英国扣押的法国囚犯数量快速增加也反映了法国私掠船的增长趋势。

战争期间法国私掠船并未对英国海外贸易产生重大影响。即便是在拿破仑大陆封锁政策给英国欧陆贸易带来显著影响的情况下，英国与西印度群岛的进出口贸易依然保持着良好态势。虽然数千艘英国商船被法国私掠船捕获，但捕获的英国船舶最多只占英国所有商船的2%—2.5%。[4]1796—1814年期间英国进出

---

① Alfred T. Mahan, *The Influence of Sea Power upon History, 1660–1783*, London: Sampson Low, 1890, p.208.

② Silvia Marzagalli, "French Privateering during the French Wars, 1793–1815", in Bruce A. Elleman and S. C. M. Paine, *Commerce Raiding: Historical Case Studies, 1755–2009*, Newport: Naval War Collegs Press, 2013, p.49.

③ Patricia K. Crimmin, "Prisoners of War and British Port Communities, 1793–1815", *Northern Mariner*, No.4（October 1996）, pp.17–27.

④ Alfred T. Mahan, *The Influence of Sea Power upon History, 1660–1783*, London: Sampson Low, 1890, p.209.

口增长1倍，再出口增长3倍。①但法国私掠船增加了英国海运的运输成本。1794—1797年期间法国瓜德罗普岛私掠船频繁活动，劳合社向小安的列斯群岛运送货物的保险费率从10%飙升至33%。②为此英国相继占领了法国在加勒比海和印度洋上的私掠船活动基地，这些基地包括马提尼克、瓜德罗普岛和毛里求斯，从而有效地打击了法国私掠船在公海上的猖獗劫掠活动。

---

① Patrick Crowhurst, *The French War on Trade: Privateering, 1793-1815*, Aldershot: Ashgate Publishing Limited, 1989, p.31.

② Silvia Marzagalli, "French Privateering during the French Wars, 1793-1815", in Bruce A. Elleman and S. C. M. Paine, *Commerce Raiding: Historical Case Studies, 1755-2009*, Newport: Naval War Collegs Press, 2013, p.50.

第四章　日薄西山：19世纪私掠船活动的终结

19世纪是英国海权不断攀升的时代，英国凭借皇家海军的绝对优势控制着世界海洋，造就了一个不列颠治下的和平年代。随着英国工业革命的突飞猛进，自由贸易逐渐成为英国的国策。英国力图构建一个由其主导的全球自由贸易体系，但1812年英美战争、拉丁美洲独立革命和克里米亚战争引发的不受控制的私掠船劫掠活动时刻影响着英国海外贸易的安全，继而成为英国自由贸易向全球扩张的拦路虎，最终促使英国于1856年废除了私掠船制度，由此私掠船活动最终退出了历史舞台，此后的私掠活动一律被定性为海盗行径。

第一节　1812年英美战争期间美国私掠船的肆虐

拿破仑战争爆发后，英法的封锁与反封锁战争恶化了美国的对外贸易环境，加之美国兼并加拿大的野心驱使，趁着英国忙于欧洲战争无暇西顾，1812年6月18日美国对英宣战。基于自身力量薄弱的现状，美国充分利用私掠船的劫掠活动大肆袭扰英国商船,给英国航运造成了一定的危害。面对美国私掠船的劫掠活动,英国政府增加了美洲海域的军力部署和跨大西洋商船的护航海军力量,有力地保护了其海外贸易的安全。

一、1812年英美战争的进展

1812年英美战争爆发的起因可追溯到美国独立战争后悬而未决的土地问题。根据1763年《巴黎和约》规定,俄亥俄地区应被划分给美国。但签约后英国考虑到俄亥俄地区处在加拿大和美国边境的前沿地带,担心其西部地区会受到美国的威胁,因而打算将该地区作为防止美国入侵的缓冲地带,所以一直不肯履行条约中的约定,延缓撤出大湖区和俄亥俄地区军事和贸易据点的时间,推迟将俄亥俄地区交还给美国的进程。[1]随着双方在土地问题和效忠派财产问题上的纠纷不断,英美关系日趋紧张。美国考虑到自身力量弱小无法与英国长期对抗。而此时英国正处于与法国的战争当中,暂时不愿进一步恶化与美国的关系,否则两线作战将不利于英国对法战争的胜利。于是两国政府于1794年11月9日签订《杰伊条约》,英国许诺于1796年撤出美国西北的要塞,允许美国与东印度群岛英属殖民地通商,禁止美国船舶运输西印度群岛的主要出口产品,美国则遵守英国对于中立国的规

---

[1] 张鹏:《不可不知的加拿大史》,华中科技大学出版社,2019年,第76页。

定和对于违禁品查获时苛刻的处罚规定。①

　　拿破仑战争期间英法在海上的封锁与反封锁斗争使得中立国航行受害颇深。1807年英国枢密院颁布谕令禁止中立国船只与欧洲大陆开展贸易,要求所有前往被封锁港口的商船停靠英国港口,并声称有权扣押在美国商船上发现的英国水手。美国大为恼火,宣布终止与英国及其属地的一切贸易往来。虽然禁运于1809年取消,美国恢复了与英国的贸易往来,但摩擦仍持续不断。由于美国船舶猖獗地向法国走私面粉和钾碱等货物,由此英国加紧了对美国商船的检查力度,1803—1811年期间皇家海军扣押的美国商船数达到1500艘。②皇家海军还经常到美国商船上搜查逃兵。1807年6月皇家海军搜查切萨皮克号商船时强征了4名海员,其中包括3名美国公民。③美国群情激愤,1807年12月时任美国总统托马斯·杰斐逊(Thomas Jefferson)迫使国会通过《禁运法案》(*Embargo Act of 1807*),④禁止美国种植园主和农场主向欧洲出口货物。但该法案严重地打击了美国的对外贸易,引发了美国商人的强烈不满。随着英国在欧洲战争上陷入与法国的鏖战,美国国内要求同英国开战的呼声与日俱增。许多美国人相信,征服英属北美殖民地将会获得加拿大大量肥沃的土地,将有

---

① 王鹏飞、彭铁生等编著:《近代国际关系史》,北京师范学院出版社,1990年,第201页。
②③ 李节传:《加拿大通史》,上海社会科学院出版社,2018年,第127页。
④ [美]约翰·T.莫尔斯:《杰斐逊总统:独立战争、国文时代与共和思想在美国的滥觞》,买春天译,华文出版社,2019年,第304—305页。

利于美国移民的西迁开拓，还可以拿到圣劳伦斯河的控制权。此外，英属北美殖民地边境防御薄弱，美国征服英属北美殖民地易如反掌。因此，1811年11月时任美国总统麦迪逊（Madison）在第二十届国会上提出陆海军的备战计划，要求在1812年4月进行30天禁运，作为反英战争的序幕。①6月18日美国正式向英国宣战。

战争爆发后，由于英国在欧洲与法国鏖战，不宜再与美国交战，遂关闭美国市场并断绝来自美国的原材料物资供应。但这一举措使得英国商人怨声载道，纷纷要求政府撤销禁令。1812年6月23日英国政府迫于压力宣布撤销对美国商业实施的各项禁令。但由于通信联系迟缓，英国在美国宣战后5天才作出该项决定，使得政府的决议无异于无效。②英国虽然在经济和军事上均强于美国，但这一时期其主要精力集中在欧洲反法战场。况且加拿大的人口只有40多万，英国部署在加拿大的军队不到5000人。美国人口则已达725万，正规军约7000人，民兵70万。③在沿海战场，由于英国无法从欧洲抽调舰队增援，8月美舰宪法号击沉英舰女战士号，10—12月期间又相继击败几艘英舰，美国海军旗开得胜。

---

①② 刘绪贻、杨生茂总主编，张友伦本卷主编：《美国通史 第二卷 美国的独立和初步繁荣 1775—1860》，人民出版社，2002年，第118页。

③ 刘绪贻、杨生茂总主编，张友伦本卷主编：《美国通史 第二卷 美国的独立和初步繁荣 1775—1860》，人民出版社，2002年，第119页。

随着1814年4月英国击败拿破仑取得对法战争的胜利,英国抽调了1.6万名正规军驰援北美战场。英国陆军兵分两路,北自尼亚加拉和尚普兰湖南下,南自新奥尔良北上,夹击切萨皮克湾。与此同时,皇家海军发动了一系列海上袭击,成功地封锁了美国的大西洋沿岸港口。8月英军攻入华盛顿,总统麦迪逊仓皇出逃。一个月后,英军又占领了缅因州的沿海地区。1813年11月至1814年初双方先后进行了5次战斗,但战果甚微。[①]1814年下半年英国组织了强大的增援力量(6艘战列舰、14艘快速战舰和几十只小船)准备夺取新奥尔良,但最终以失败告终。由于战局僵持,美国面临新英格兰脱离的威胁,英国则再次面临拿破仑复辟的威胁,双方都急于达成和平协议结束战争。1814年12月24日英美双方签订《根特和约》结束了战争,美国借此巩固刚获得不久的独立地位,英国则可集中力量继续同法国周旋。

二、美国私掠船对英国商船的劫掠活动

拿破仑战争期间,由于英法双方颁布了一系列进出口贸易的禁运法规,加上欧洲长期的海上封锁,使得美国商业利润锐减。因此,私掠船作为商业贸易的替代广受欢迎。1812年6月18日美国对英国宣战后,美国海军只有17艘军舰,442门大炮和5000

---

① 刘绪贻、杨生茂总主编,张友伦本卷主编:《美国通史 第二卷 美国的独立和初步繁荣 1775—1860》,人民出版社,2002年,第120页。

名海员。①规模较小的美国海军并不足以应对这场战争，私掠船被视为是美国海军的重要辅助力量。

战争初期，美国海军护卫舰与英国护卫舰格里埃号、马其顿号和爪哇号发生过短暂的战斗。②1813年1月威廉·琼斯被任命为美国海军部长后，意识到美国无力与英国海军在战场上正面交锋，并不主张船对船或中队间的遭遇战，反而鼓励以英国商业为目标的单船巡航。为了袭扰英国的商船运输，美国政府颁布了不少鼓励私掠船活动的举措。1813年8月2日私掠船每劫持一名英国船员即可获得25美元赏金，1814年3月该赏金增至100美元。③根据1812年6月26日美国政府创立的私掠船抚恤基金，1813年2月13日和8月2日政府法令规定每笔私掠船奖金的2%用来抚恤伤亡者家属。④1813年3月3日颁布的法案规定，美国政府向烧毁、击沉或摧毁英国军舰的人员支付捕获物价值的一半。因为战利品在捕获后只有一半的概率可以安全到港。所有美国海军战舰都接到了摧毁捕获物的命令，除非战利品非常珍贵且靠近友邦港口，否则必须摧毁。事实上，私掠船在没有得到指示的情况下烧毁了许多英国商船。

---

① Edgar Stanton Maclay, *A History of American Privateers*, New York: D. Appleton and Company, 1899, p.225.

② Kevin D. Mccranie, "Waging Protracted Naval War: US Navy Commerce Raiding during the War of 1812", in Bruce A. Elleman and S. C. M. Paine, *Commerce Raiding: Historical Case Studies, 1755–2009*, Newport: Naval War Collegs Press, 2013, p.57.

③④ Francis Raymond Stark, *The Abolition of Privateering and the Declaration of Paris*, New York: Columbia University, 1897, p.131.

1812 年英美战争对美国私掠船而言无异于一次天赐良机。美国船东渴望复制其在美国独立革命战争期间所取得的成功。战争爆发后，美国商人迅速检查每一艘可用的引航船、商船、沿海船舶和捕鱼船。1812 年 7 月 1 日的一份美国报纸报道，东部各州不分昼夜地装备私掠船，其中 2 艘已经从塞勒姆出海，另外 10 艘正在准备启航。到 10 月中旬，纽约已有 26 艘私掠船出海，配备了大约 300 门大炮和 2000 名海员。短短两个月内美国就有 150 艘获得捕获许可证的船舶出航。①最初出海的私掠船都是小型引航船舶，配有几门大炮和五六十名船员，他们主要依靠步枪、军刀和登艇长枪。由于许多船舶的武器装备较差，许多私掠船依靠登船肉搏取胜。然而有时美国私掠船可以兵不血刃地取胜，因为许多英国商船在经历了一段和平后不携带武器就出海航行，这使得这类商船很容易被制伏。美国私掠船通常只在圣劳伦斯湾、新斯科舍、纽芬兰岛和西印度群岛之间作短期航行，捕获小型的英国商船。

战争期间，美国船东委托定制和设计建造专用的私掠船舶。琼斯号、萨拉托加号、约克郡号和复仇号等重型私掠帆船能搭载 150 名海员，必要时还可装配与英国快速帆船作战用的武器装备。巴尔的摩在战争期间取代费城成为纽约以南最大的私掠船中心，该港口建造的纵帆船由于航速快、易于操作而久负盛名，如

---

① Edgar Stanton Maclay, *A History of American Privateers*, New York: D. Appleton and Company, 1899, p.225.

重达350吨的私掠船美洲号装配20门火炮，配备120名船员。该船在战争期间劫掠40艘英国商船，为船东赚取60万美元的利润。[①]最成功的私掠船是波士顿双桅帆船扬基号，俘获过40艘英国商船，总价值超过300万美元。[②]努沙泰勒王子号、猎人号和里昂号等其他特制的重型私掠船也所获颇丰。纽约市派出的私掠船总数达到120艘，这些私掠船带回275项战利品，[③]击沉和摧毁了更多的英国商船。一艘纽约私掠船在连续17次逃脱英国军舰追捕后，带回30万美元的战利品。[④]据报道，1814年一艘被皇家海军护卫舰俘获的美国私掠船船员中，包括英国、法国、加拿大、荷兰和瑞典等国国籍的海员。虽然美国私掠船也曾多次遭到皇家海军战舰的打击，如1812年9月8日费城私掠船勤勉号格拉辛船长被英国巡洋舰劳拉号俘获。但1814年从美国港口出发的私掠船仍超过500艘。

战争期间美国政府共颁发517份捕获许可证，[⑤]共有535艘私掠船服役。其中，150艘来自马萨诸塞州，112艘来自马里兰州，102艘来自纽约州，31艘来自宾夕法尼亚州，16艘来自新罕布什尔州，15艘来自缅因州，11艘来自康涅狄格州，9艘来自弗吉尼亚

---

①② [英]安格斯·康斯塔姆、[英]罗杰·迈克尔·基恩：《劫掠三千年：世界史上的海盗传奇》，郭威译，上海文化出版社，2019年，第190页。

③④ Francis Raymond Stark, *The Abolition of Privateering and the Declaration of Paris*, New York: Columbia University, 1897, p.133.

⑤ Angus Konstam, *Privateers and Pirates, 1730–1830*, Oxford: Osprey Publishing Limited, 2001, p.11.

州,7艘来自路易斯安那州,7艘来自乔治亚州,还有75艘来自其他港口。[①]1812年10月1日至1813年5月1日期间,382艘英国商船被美国私掠船捕获,其中66艘被夺回,20艘被赎回。据美国私掠船指挥官考格尔船长估计,被英国劫持和摧毁的美国船舶不超过500艘。他认为,美国的大部分损失发生在战争的前6个月。此后出海的美国商船急剧锐减。战争期间美国私掠船掠夺的英国船舶达到1341艘,包括317艘小型帆船、538艘双桅横帆船、325艘双桅纵帆船和161艘单桅帆船。[②]

三、美国私掠船对英国的影响和英国的应对举措

随着美国私掠船在大西洋和英国近海的猖獗劫掠,各类英国报纸头条经常可见美国私掠船破坏英国经济的报道。《晨报》抱怨说,从韦克斯福德绕过克里尔角直至卡里克弗格斯的整个爱尔兰海岸都被封锁。尽管商人支付了巨额的护航费,但海军部仍无法保证商船航行的绝对安全。美国汤普金斯总督号私掠船经常出没于英吉利海峡,烧毁14艘英国商船。美国军舰阿格斯号驻扎在圣乔治海峡,每天都能捕获战利品。1813年5月7日《利物浦水星报》援引一份美国商船保险清单,详述了3月3日波士顿船舶

---

① Edgar Stanton Maclay, *A History of American Privateers*, New York: D. Appleton and Company, 1899, p.506.

② Francis Raymond Stark, *The Abolition of Privateering and the Declaration of Paris*, New York: Columbia University, 1897, p.135.

的运输价格。到纽约的保险费为6先令至7先令10便士不等，到费城需要10先令，到切萨皮克需要12—15先令，到南卡罗来纳州需要21—28先令。[①]

战争期间美国私掠船横扫大西洋，经常在爱尔兰和苏格兰海岸劫掠。美国军舰和私掠船不间断的袭扰增加了商船航行的风险，以至于保险公司索要巨额的保费，即使有3艘护卫舰和14艘单桅帆船护航。到1813年末，保险公司拒绝为任何开往新斯科舍省哈利法克斯的商船投保，而其他美国目的地的保费也上涨25%—50%不等。[②]据说，横渡爱尔兰海峡的商船需要支付100先令的保险费用。1813年6月英国一桶面粉价格为58美元，牛肉38美元，猪肉36美元，木材72美元一千英尺。[③]与1810年相比，1812年利物浦进港的船舶数减少2130艘，减少吨位28.76万吨。[④]许多英国商人和船东在利物浦、格拉斯哥和其他重要的航运中心举行会议，谴责美国私掠船的劫掠行径。到1814年末，英国商人已极度厌恶战争，他们经常向海军部和上下议院控诉战争对英国商业的危害。

---

① Gomer Williams, *History of the Liverpool Privateers and Letters of Marque with an Account of the Liverpool Slave Trade*, London: William Heinemann, 1897, p.432.

② Angus Konstam, *Scourge of the Seas: Buccaneers, Pirates and Privateers*, Botley: Osprey Publishing Ltd, 2007, p.170.

③ Edgar Stanton Maclay, *A History of American Privateers*, New York: D. Appleton and Company, 1899, pp.xv–xvi.

④ Gomer Williams, *History of the Liverpool Privateers and Letters of Marque with an Account of the Liverpool Slave Trade*, London: William Heinemann, 1897, p.433.

面对商人的抱怨和美国私掠船的袭扰，英国政府增加了在美洲海域的军力部署和巡防力量。1812年英美战争的爆发迫使英国海军部改变其在世界各地的海军部署。1812年6月英国在北美海域只有1艘战列舰和5艘护卫舰，1813年增加至10艘战列舰和16艘护卫舰。到1814年末，皇家海军舰艇数已累增至12艘一线舰艇、2艘一线改装舰和29艘护卫舰。[1]北美水域的军队从1812年中期的23艘军舰增加到1814年末的120艘。[2]与此同时，英国政府建立了跨大西洋护航队来保护其海外贸易安全。整个战争期间英属西印度群岛商船队一直在海军护航队的护送下航行。保护西印度群岛商船队的护卫舰通常包括1艘战列舰、1艘护卫舰和2艘单桅帆船。[3]1814年5月英国海军大臣认为每一支英国护航队等同于美国海军，护航队护航下的英国商船很少被劫持。背风群岛、牙买加和南美海军基地也部署了大量的海军。小舰队照例在亚速尔群岛、马德拉群岛和加那利群岛附近繁忙的航线上巡逻，搜寻美国私掠船并保护英国护航队。法美海军对不列颠群岛的威胁，迫使英国海军部在本土也部署了大量舰艇。虽然英国皇家海军的部署最大限度地减少了本国的商业损失，但也意味着英国不得不维持一支庞大的海军舰队，包括许多一级舰艇和大型护卫舰。此外，英国在战争期间也授权私掠船劫掠，但其签发的捕获许可证只有175份。①大多数英国私掠船都是沿海船舶，只在英吉利海峡寻找捕获物。1813年末英国私掠船开始在美国水域活动，利物浦和普利茅斯港口印刷的报纸报道了英国私掠船捕获美国商船及其货物的情况。但与庞大的皇家海军实力相比，英国私掠船已然成为末流，只是辅助英国军事行动的选项之一。

到1813年底，美国私掠船的全盛期结束。1813—1814年冬，英国在美国大西洋沿岸建立了海上封锁，虽然许多美国私掠船继续在法国、加勒比海和南美洲的港口劫掠，但数量已急剧下降。到1814年夏，英国商船保险费率又恢复到战前水平。许多加拿大和英国商船都恢复了正常的商业贸易，塞勒姆、波士顿、纽波特、纽约和巴尔的摩等美国私掠船港口遭受重创。②到1814年末，对美国海岸的海上封锁使美国商船无法自由进出。皇家海军的海上封锁有效地遏制了美国对外贸易的发展，许多投资私掠船的美国船东开始呼吁和平。虽然皇家海军严密封锁了美国海岸，但英国的商业困境还在持续，美国私掠船仍时有作乱，英国商人

---

① Angus Konstam, *Scourge of the Seas: Buccaneers, Pirates and Privateers*, Botley: Osprey Publishing Ltd, 2007, p.218.

② Angus Konstam, *Scourge of the Seas: Buccaneers, Pirates and Privateers*, Botley: Osprey Publishing Ltd, 2007, p.171.

和船东同样也呼吁结束战争。到1815年战争结束时，英国船东已损失1000多艘商船，美国经济已然陷入停滞。双方蒙受的巨额损失使大西洋两岸的船东一致要求停战。随着《根特条约》的签订，大多数英美私掠船都恢复了正常的商船贸易，尽管后续争取独立的拉丁美洲国家在与西班牙的独立斗争中仍持续使用私掠船，但私掠船对英美商人而言已不再是一种牟利的职业，和平带来的贸易繁荣填补了私掠船曾谋取的经济利润。

第二节　拉丁美洲独立战争时期英国对
美洲私掠船的艰难抉择

18世纪末到19世纪初，饱受300年殖民压迫的拉丁美洲人民，在美国独立战争和法国资产阶级革命的影响和鼓舞下，掀起了一场声势浩大的争取民族独立的革命运动。革命期间美洲私掠船和海盗大行其道，加之革命引发的不确定性与欧洲局势、中立国权益等诸多因素相互交织，导致英国在处理美洲私掠船和海盗问题上最终采取了不同的应对策略，以便最大程度上符合其在拉丁美洲地区的战略利益。

一、英国在拉丁美洲独立战争期间的中立

15世纪晚期美洲大陆被发现后，西班牙将美洲大陆视为其势

力范围,要求该地区所有的贸易往来都得通过塞维利亚,否则都将视为非法贸易。但英国商人在该地区的走私贸易一直很频繁,尤其是1655年英国占领牙买加后走私贸易更加猖獗。18世纪英国与西属美洲的贸易额持续增长,1763—1808年双方间的贸易增长3—4倍。①19世纪初双方的贸易总额达到300万—400万英镑,相当于当时英国海外贸易总额的6%。②这种快速增长的原因是1766年英国通过了《自由港法案》,该法案允许西班牙商船从美洲殖民地向英国西印度群岛的某类港口运输贵金属和农产品。与此同时,拿破仑战争爆发后,英国加强了欧洲和西属美洲的海上封锁力度,迫使西班牙允许中立国商船进入西属美洲港口贸易。英国商人借此通过用中立国船舶向西属美洲殖民地运送货物而获利颇丰。虽然自由港制度和战时中立国的中转运输贸易扩大了英西之间的贸易量,但从法律角度来看,英国在西属美洲殖民地的商业利益仍存在诸多不确定性。正如约翰·费希尔(John Fisher)所说,自由港制度是英国单方面采取的行动,目的是在西属美洲大陆贸易中确定合法的立足点,但西班牙从未正式放弃其对美洲大陆的垄断。③虽然拿破仑战争期间用中立国商船

---

① Matthew McCarthy, *Privateering, Piracy and British Policy in Spanish America, 1810-1830*, Woodbridge: The Boydell Press, 2013, p.12.

② Adrian J. Pearce, *British Trade with Spanish America, 1763-1808*, Liverpool: Liverpool University Press, 2007, p.238-248.

③ John R. Fisher, "Introductory Essay", in Adrian J. Pearce, *British Trade with Spanish America, 1763-1808*, Liverpool: Liverpool University Press, 2007, pp.xix-xxxviii.

向西属美洲殖民地运送英国货物畅通无阻，但严格地说这种做法是非法的。此外，英国在西属美洲殖民地的违禁品贸易虽然有所减少，却没有消失，一直持续至19世纪早期。因此英国与西属美洲殖民地的贸易在18世纪晚期急剧地扩张，当1810年拉丁美洲爆发革命时，英国在该地区的法律地位仍十分模糊。

拉丁美洲独立战争期间，英国奉行中立政策以便最大程度上符合自身的经济和政治利益。英国利用其中立身份不仅可以扩大与西班牙殖民地的贸易往来，还能为西属美洲的叛乱分子或西班牙军队运送军队和武器而获利。许多西属殖民地的执政当局允许中立国商船进入其港口从事运输贸易，英国可以在中立的运输贸易中获得优势，借此英国还可以与独立后的西属美洲国家进行直接贸易。许多西属殖民地在宣布独立后向外国商人开放港口，英国可以将大量的工业品输入至该地区。①到1812年，英国出口至委内瑞拉首都加拉加斯的货物价值为8.5万英镑，出口至布宜诺斯艾利斯的货物总值达到40万英镑。②此后许多新独立的国家成为英国重要的贸易伙伴。英国对西属美洲的出口额从1804—1806年的110万英镑上升至1824—1826年的500万英镑。③

---

① Matthew McCarthy, *Privateering, Piracy and British Policy in Spanish America, 1810-1830*, Woodbridge: The Boydell Press, 2013, p.14.

② Dorothy Burne Goebel, "British Trade to the Spanish Colonies, 1796-1823", *The American Historical Review*, Vol.43, No.2(Jan., 1938), pp.301, 313.

③ Rory Miller, *Britain and Latin America in the Nineteenth and Twentieth Centuries*, london: Longman Publishing Group, 1993, p.41.

　　尽管1810年后英国与西属美洲的贸易规模持续扩大，但英国在该地区的法律地位仍不明确。19世纪早期英国以中立国的身份通过运输军队、违禁品来帮助交战国是一个颇有争议的问题。18世纪各海洋强国一直就中立国的权利和义务争论不休。七年战争期间，英国制定《1756年战争规则》，禁止中立国从事在和平时期对交战国关闭的殖民地贸易。许多中立国则主张中立国船舶所载货物不受交战国海军和私掠船的搜查和捕获。因此，在拉丁美洲独立战争期间，英国商人对交战双方进行援助的合法性颇具争议。这种援助激怒了居住在英国港口的西班牙官员，他们一再抱怨英国为西裔美洲叛乱分子运送军队和武器违反了法律。英国政府努力应对这些投诉，并于1819年通过了《外国征兵法》(Foreign recruitment Act)，承认自己有不当行为。①

　　1810—1825年期间，英国与西属美洲殖民地进行贸易的合法性同样也不明确。尽管以前的英西贸易得到西班牙殖民当局的批准，西班牙政府容忍这种行为的存在，但直到1822年1月西班牙才正式承认英国与古巴贸易的合法性，直到1824年这种承认才扩展至西班牙本土的某些地区。②因此，从理论上讲，西班牙对其美洲殖民地商业的垄断仍然存在，这使得英国与西属美洲独

---

① D. A. G. Waddell, "British Neutrality and Spanish—American Independence: The Problem of Foreign Enlistment", *Journal of Latin American Studies*, Vol. 19, No. 1 (May 1987), pp.1–18.

② Matthew McCarthy, *Privateering, Piracy and British Policy in Spanish America, 1810–1830*, Woodbridge: The Boydell Press, 2013, p.15.

立国家进行贸易往来的法律界限十分模糊。独立后的美洲国家可能会宣布其港口对外开放，但只要西班牙宣称其对殖民地拥有主权，直至英国政府正式承认殖民地独立前，这种贸易往来就不能被视为完全合法。英国虽然此时在西属美洲殖民地的贸易不断扩张，但却没有得到政治上的承认。

事实上，英国中立政策的制定正是基于其自身利益及其发展考虑的共同结果。拉丁美洲独立战争期间，英国政府对该地区的政策是由时任外交大臣卡斯尔雷勋爵（Lord Castlereagh）制定。1812年上任后的卡斯尔雷面临的最迫切任务是协调各方力量彻底击败拿破仑。战争与和平是卡斯尔雷的首要议程，但他却从未忽视英国的商业利益。1822年卡斯尔雷宣布英国贸易必然得到最大限度的照顾。①1810年西属美洲殖民地开始反抗西班牙当局时，卡斯尔雷面临着两难境地。一方面，拉丁美洲独立意味着该地区向英国开放其港口，并为英国对抗法国提供重要的经济资源，所以支持该地区革命是可取的。但英国政府却不能公开支持革命，因为自1808年以来西班牙一直是英国反法战争的关键盟友。如果英国政府未能支持西班牙，那么英西联盟就有可能土崩瓦解。因此，英国政府最终选择了中立。事实上，中立对英国政府十分有利。作为不干涉西属美洲革命的回报，西班牙对英国与

---

① Matthew McCarthy, *Privateering, Piracy and British Policy in Spanish America, 1810–1830*, Woodbridge: The Boydell Press, 2013, p.17.

独立省份之间的贸易置之不理，确保英国有稳定的货币供应资助联盟成员。与此同时，尽管英国政府并没有支持革命，但英国商船抵达这些独立省份足以表达英国对该地区革命的善意。

　　尽管1815年欧洲迎来了和平，但英国在拉丁美洲独立战争中保持中立仍然是其最佳选择。为了偿还多年战争造成的国家债务，西属美洲的市场份额至关重要。然而安全问题继续限制了英国对拉丁美洲独立战争的支持。英西联盟仍然是英国遏制法国侵略和维护欧洲和平的重要一环。1815年战争结束后，国内动荡的局面使得英国政府只能专注于国内事务，无法支持拉丁美洲的独立革命。因此，英国在1815年后的数年里一直保持中立。①直到西班牙革命爆发后，西班牙恢复美洲殖民地统治的可能性微乎其微，此时英国政府对拉丁美洲独立革命的态度开始转变。1822年卡斯尔雷认为承认西属美洲殖民地的独立与其说是一个时间问题，还不如说是一个原则问题，打算说服欧洲协调体系成员就此事发表联合声明。然而1822年8月12日卡斯尔雷自杀后，其继任者乔治·坎宁（George Canning）出于对英国在欧洲大陆安全的担忧，未能采取任何行动。费迪南公爵报告说，以法国为首的欧洲盟国正在考虑入侵西班牙，企图恢复费迪南七世的统

① Matthew McCarthy, *Privateering, Piracy and British Policy in Spanish America, 1810-1830*, Woodbridge: The Boydell Press, 2013, p.19.

治。由于担心这样的入侵会给欧洲带来灾难,最终将英国拖入战争,坎宁指示英国驻马德里大使尽量调解法国和西班牙之间的争端。尽管英国外交官在1822年12月至1823年3月期间在法西之间进行了调停,但法国还是下定决心要入侵西班牙,而西班牙也不愿意做出任何让步。①1823年4月6日法国入侵西班牙,在这种新的冲突背景下,坎宁不愿冒风险承认西属美洲殖民地的独立。

到1823年末,坎宁派遣专员和领事调查西属美洲殖民地的独立情况,开始考虑承认西属美洲殖民地的独立。相关的调查结果表明墨西哥、哥伦比亚和阿根廷的普拉塔联合省已然独立。坎宁和首相利物浦勋爵认为,拒绝承认西属美洲殖民地的独立将对英国的安全构成潜在的威胁。但大多数内阁成员坚决反对承认,直至利物浦勋爵和坎宁以辞职相威胁,其同僚才最终同意以商业条约的形式承认阿根廷、哥伦比亚和墨西哥的独立,②由此英国与拉丁美洲之间的贸易才真正合法化。直至1836年西班牙才正式承认墨西哥的独立。事实证明,在拉丁美洲独立战争期间,英国在西属美洲殖民地的商业和政治利益是复杂交织的。英国在拉丁美洲的海外贸易扩张沿着模糊的法律界限不断延伸,英国政府对拉丁美洲独立革命的中立反应促进了这种扩张。然而出于安

---

① Matthew McCarthy, *Privateering, Piracy and British Policy in Spanish America, 1810–1830*, Woodbridge: The Boydell Press, 2013, p.20.

② Matthew McCarthy, *Privateering, Piracy and British Policy in Spanish America, 1810–1830*, Woodbridge: The Boydell Press, 2013, p.21.

全考虑,英国政府直至19世纪20年代中期才正式承认西属美洲殖民地的独立。

二、拉丁美洲地区各类私掠船的活动轨迹

在拉丁美洲独立战争期间,许多私掠船游弋在西属美洲海域从事劫掠活动。其中一类私掠船是拉丁美洲革命者授权的,由于其海军资源严重短缺,要挑战西班牙的海上力量就必须依靠私掠武装。另一类私掠船是西班牙政府授权的,由于西班牙海军无力保护本国贸易,为了不受革命者私掠船的袭击,西班牙也颁发了许多捕获许可证。此外还有古巴海岸集聚的海盗群体,他们突袭过往的商船。

(一)革命者授权的私掠船

西班牙在1807—1814年应对拿破仑入侵的半岛战争(Peninsular War)中元气大伤,这极大地削弱了西班牙对其广袤的美洲殖民地的控制力度。这种影响波及甚广,西属美洲大陆相继开始了摆脱宗主国统治的解放斗争,由此拉丁美洲独立战争拉开了帷幕。到1822年,墨西哥、秘鲁、智利均已独立,洪都拉斯、危地马拉、萨尔瓦多、尼加拉瓜和哥斯达黎加的独立斗争正如火如荼地开展。[1]到1825年,厄瓜多尔、哥伦比亚和委内瑞拉相继独立。

---

① [英]安格斯·康斯塔姆、[英]罗杰·迈克尔·基恩:《劫掠三千年:世界史上的海盗传奇》,郭威译,上海文化出版社,2019年,第196—197页。

古巴和波多黎各仍处在西班牙的统治之下,但该地的游击队活动却十分活跃。

1813年第一批出海的私掠船是由独立后成立的革命政府授权的,主要由新格拉纳达总督号、卡塔赫纳号、委内瑞拉号和哥伦比亚号组成。1815—1821年期间,布宜诺斯艾利斯和里约热内卢相继成为私掠船的发源地。阿根廷革命领袖阿蒂加斯(Joss Gervasio Artigas)授权私掠船劫掠西班牙的商船。1815年7月墨西哥革命政府颁布法令授权私掠船劫掠西班牙商船,由此开始了解放墨西哥的远征。私掠船迅速发展成为拉丁美洲地区一项庞大的产业,尤其是在1815—1822年战争最激烈的时期。据估计1816—1821年期间,布宜诺斯艾利斯政府部署的私掠船数量大约在36—45艘之间,阿根廷革命领袖阿蒂加斯雇佣33艘,委内瑞拉私掠船有35艘舰艇。[1]墨西哥中队由14—18艘私掠船组成,雇佣大约1000多名海员。[2]

1815—1822年期间,革命者授权的私掠船主要由西属美洲殖民地之外的资本和海员支撑。拉丁美洲革命者急于扩大私掠船的数量,因此允许非西班牙裔美洲人参与战争。美国人是重要参与者之一。拿破仑战争结束后,为运输贸易和对抗英国建造的许多私掠船闲置在港口,北美的船长和海员到处寻找工作机会,

---

①② Matthew McCarthy, *Privateering, Piracy and British Policy in Spanish America, 1810–1830*, Woodbridge: The Boydell Press, 2013, p.25.

很快与革命者的外国代理人取得联系。欧洲各国也是重要的参与者。1815年和平的到来使得大量的船舶和海员过剩，许多船舶很快被装备成私掠船，立即起航去劫掠西班牙商船，私掠船的劫掠轨迹遍布西半球，最受欢迎的巡航地点是加勒比海域和伊比利亚半岛海岸，这两个地区的西班牙商船最多，也最容易受到攻击。也有其他私掠船最远向北航行至纽芬兰，向西冒险进入太平洋，向南沿着巴西海岸航行，或者向东航行至非洲寻找捕获物。

　　革命者授权的私掠船，其合法性长期遭受质疑。首先，革命者允许非西班牙裔美洲人加入私掠船。许多欧洲和北美地区的退伍军人参与了私掠船活动。其次，革命者允许捕获物进入中立国港口，而不是专属国港口。独立战争初期西属美洲领土的占有都是暂时的。例如，1815年在巴勃罗·莫里洛（Pablo Morillo）领导下的西班牙远征军平定了委内瑞拉和新格拉纳达的部分地区，从而切断了私掠船与卡塔赫纳等港口的联系，迫使它们转向西印度群岛的其他地区。[①]卡塔赫纳私掠船在海地找到了避难所，墨西哥私掠船也曾求助于加尔维斯顿和阿米莉亚岛。西属美洲各国政府允许私掠船在中立国港口处置战利品，这也助长了对私掠船合法性的猜疑。1817年带着捕获物前往加尔维斯顿和阿米莉亚岛的墨西哥私掠船被指控利用这些偏远基地向美国走私货物和奴隶。因此，

---

① Matthew McCarthy, *Privateering, Piracy and British Policy in Spanish America, 1810–1830*, Woodbridge: The Boydell Press, 2013, p.31.

雇佣外国人和在遥远港口处理捕获物被西班牙裔美洲人视为合法行为,但他们明显违反了其他国家的法律。因此,一些人认为革命者授权的私掠船是爱国者,另一些人则将其视为是海盗。

(二)西班牙政府授权的私掠船

由于西班牙海军无力保护其美洲贸易不受革命者授权的私掠船袭扰,1817年2月古巴决定授权私掠船来保护古巴和韦拉克鲁斯之间的航运贸易。随后四艘私掠船在哈瓦那下水巡航,希望将革命者授权的私掠船赶出古巴海岸。这是西班牙殖民当局授权私掠船来保护其商业利益的首次尝试。大多数私掠船携带1—6门大炮和40—80名船员,也有一些大型的私掠船拥有16—20门大炮和120—180名船员。[1]

西班牙授权的私掠船远没有革命者授权的数量多,因为西班牙当局很难吸引到愿意从事私掠活动的投资者和海员。1816年西班牙政府废除了禁止外国人参与西班牙私掠船的法令,但西班牙授权的私掠船数量并没有增加。因为拉丁美洲革命者都没有商船队,因而西班牙人几乎没有动力从事私掠活动。1810—1830年期间,西班牙私掠船只发动过115次大规模劫掠活动,大约是同期革命者私掠船活动的十分之一。[2]

---

[1][2] Matthew McCarthy, *Privateering, Piracy and British Policy in Spanish America, 1810-1830*, Woodbridge: The Boydell Press, 2013, p.34.

西班牙授权的私掠船,其法律地位同样也有些模棱两可。
19世纪20年代初,当来自波多黎各和古巴的私掠船开始扣押与
西属美洲殖民地进行贸易的中立国商船时,中立国政要则以海盗
的污名来抹黑这些私掠船,因为一些西班牙私掠船并没有按照政
府指示把战利品带至港口接受裁决。在某些情况下,某些私掠船
在劫掠船舶的同时还虐待商船海员。西班牙授权的私掠船也被
指控非法参与奴隶贸易。为镇压奴隶贸易而设立的哈瓦那法庭,
于1824年审理了西班牙私掠船罗马诺号的案件,该船船员试图
非法向古巴进口奴隶。[①]非法劫掠、虐待俘虏、走私和奴隶贸易等
行为削弱了西班牙私掠船的合法性。

(三)以古巴为基地的海盗

与革命者授权的私掠船和西班牙私掠船相比,以古巴为基地
的海盗劫掠活动则是一种未经授权的掠夺行为。受到拉丁美洲
独立革命期间各种私掠活动的影响,以古巴为基地集聚了一群趁
火打劫的海盗。大多数以古巴为基地的海盗都曾是西班牙臣民。
从1820年开始,古巴北部海岸的港口和海湾成为海盗的聚集
地。[②]许多海盗在古巴或波多黎各的北部海岸活动,那里有许多
浅水和危险暗礁掩护下的海湾和小溪,使大型的护卫舰和军舰无

---

① Matthew McCarthy, *Privateering, Piracy and British Policy in Spanish America, 1810-1830*, Woodbridge: The Boydell Press, 2013, p.38.
② Angus Konstam, *Privateers and Pirates, 1730-1830*, Oxford: Osprey Publishing Limited, 2001, p.57.

法进入。岛上浓密的森林一直延伸至水边，使得海盗很容易隐藏船只。沿岸充足的淡水、水果和鱼类供应则保障了海盗的基本生存需求。[1]当地商人和地方官员默许并公开支持海盗从中获利，也助长了古巴海盗活动的猖獗。查尔斯·吉布斯（Charles Gibbs）等海盗为了获得政治保护不惜让地方当局分享其战利品。

古巴的政治气候和地理特征使这里成为私掠海员、冒险家和失业者从事海盗活动的理想基地。许多海盗在古巴海岸的偏远地区建立了棚屋和定居点，快速袭击过往的商船后撤退至海岸的避难所。打了就跑的战术意味着海盗可以在小船上实施袭击。1821年末，英国劳合社警告船东和船长要小心古巴北部海岸载有5—6人的小船，因为他们很可能是配有滑膛枪、手枪、弯刀和长刀的海盗。[2]然而更有野心的古巴海盗使用纵帆船进行掠夺。许多古巴当地居民也为海盗的掠夺活动提供了便利。古巴商人购买海盗掠夺来的物品，然后在古巴的市场上转售。海盗还与当地的法官勾结来逃避惩罚，海盗猖獗一定程度上也是法律的不当解释和法官腐败造成的。海盗在4年的时间里至少发动过104次袭击。1821年据记录有33起，1822年这类事件增加至43起，

---

[1] James A. Wombwell, *The Long War against Piracy: Historical Trends*, Leavenworth: Combat Studies Institute Occasional Paper, 2010, p.37.

[2] Matthew McCarthy, *Privateering, Piracy and British Policy in Spanish America, 1810-1830*, Woodbridge: The Boydell Press, 2013, p.41.

1823年下降至16起,1824年只有12起。①这些攻击主要针对英美商船,但法国、荷兰和斯堪的纳维亚半岛的商船也不同程度上受到攻击。尽管古巴境内的海盗活动是未经授权的,但这种活动的合法性仍有待解释。一些人认为海盗是全人类的敌人,是嗜血的恶魔。一些人则争辩说,基于西班牙对拉丁美洲施加的不公正剥削,古巴海盗的劫掠行为是正当的。

(四)拉丁美洲地区私掠船和海盗对英国的影响

革命者授权的私掠船有数百艘船舶和数千名海员,西班牙授权的私掠船和古巴海盗也在19世纪20年代早期进行了大规模的劫掠活动。超过1600艘英国商船被私掠船和海盗攻击,导致了大量的财物和人员损失。由于私掠船和海盗在法律层次上的模棱两可,直接影响着英国的政策走向。

在拉丁美洲独立战争期间,私掠船和海盗对英国商人和海员的生活影响甚大。1815年英国拥有近250万吨商船,其中近一半用于跨大西洋贸易。②由于大量私掠船在大西洋各处巡航,不可避免地会与英国商船相遇。私掠船都有搜查权,因此它们可以任意登船搜查并在某些情况下扣押相关船舶。古巴海盗也可自由地掠夺所有国家的船舶。因此,英国商船与私掠船和海盗之间的

---

① Matthew McCarthy, *Privateering, Piracy and British Policy in Spanish America, 1810–1830*, Woodbridge: The Boydell Press, 2013, p.43.

② Matthew McCarthy, *Privateering, Piracy and British Policy in Spanish America, 1810–1830*, Woodbridge: The Boydell Press, 2013, p.46.

冲突频繁发生。据相关统计显示，拉丁美洲独立战争期间由私掠船和海盗发起的1688次捕获行动中，有336次涉及英国商船。其中，151艘英国商船被革命者私掠船劫持过，47艘被西班牙私掠船劫持过，29艘被古巴海盗劫持过。①

据记录，1814年末当时英国商船胜利号在从洪都拉斯前往牙买加的途中被一艘来自卡塔赫纳的私掠船劫持。新格拉纳达总督授权的私掠船曾多次劫持英国商船，布宜诺斯艾利斯、墨西哥、智利私掠船对英国商船的袭击则较少。总体而言，私掠船对英国商船的影响相对较小。从大多数劫掠案件中可以看出，从英国商船上拿走的物品价值很低，主要是食物、饮料、衣服等生活物资。但也有少数英国商船遭受了严重的经济损失。1816年10月卡塔赫纳的私掠船玛蒂尔达号在古巴海岸捕获了英国商船蜘蛛号，据称该船损失价值达5000英镑。②英国商船也因经常携带西班牙财货、运输违禁品或违反封锁而被扣押。他们在当地的海事法庭受审，属于敌国的货物和违禁品被定罪和出售，但英国商船及其无关的货物一般都被当局释放。

扣押英国商船可能会给英国商人带来各种不利影响。虽然他们可以对法庭的判决提出上诉，然而上诉本身可能对其财务造

---

① Matthew McCarthy, *Privateering, Piracy and British Policy in Spanish America, 1810–1830*, Woodbridge: The Boydell Press, 2013, p.47.

② Matthew McCarthy, *Privateering, Piracy and British Policy in Spanish America, 1810–1830*, Woodbridge: The Boydell Press, 2013, p.52.

成一定的压力,许多人根本无法支付上诉所需的保证金。英国最高的上诉保证金是60英镑,而哥伦比亚当局要求1万美元。①设定这么高的数额无疑排除了上诉的可能。虽然英国政府经常抱怨此事,但这些抱怨收效甚微。私掠船对英属美洲自由港贸易产生了负面影响,在英国自由港法案下与西班牙进行贸易的英国商人受害尤甚。他们的贸易往来依靠西班牙船舶在自由港的定期停靠,所以当1815年革命者授权的私掠船劫掠陡增时,西印度群岛的自由港贸易陷入停滞。私掠船也间接影响了英国的商船保险业务。19世纪早期英国保险商允许悬挂外国旗帜的船舶在英国投保,因此当西班牙商船被革命者授权的私掠船劫持时,他们不得不赔付,由此导致劳合社损失巨大。

革命者授权的私掠船并不是英国商人面临的唯一威胁。在拉丁美洲独立战争期间,西班牙授权的私掠船也对英国海外贸易和航运产生了诸多负面影响。1813—1829年期间,西班牙私掠船因发现英国商船携带敌方货物、运输违禁品或突破封锁而扣押了许多商船。例如,1816年9月英国船舶沃伦夫人号被西班牙私掠船费罗兹号以装载敌人货物为由扣押至加的斯。英国商人在此类案件中所遭受的损失取决于西班牙海事法庭的判决。此类情况下,英国船舶携带的非法货物被定罪后才会被释放。当西班

---

① Matthew McCarthy, *Privateering, Piracy and British Policy in Spanish America, 1810-1830*, Woodbridge: The Boydell Press, 2013, p.54.

牙禁止英国与独立的西属美洲省份进行贸易往来时,西班牙私掠船掠夺英国船舶的情况变得更加猖獗。1822年6艘英国商船因涉嫌违反西班牙殖民法律而被扣押,英国商人遭受了巨大的损失。据报道,英国商船科林斯古德号因裁决非法导致其损失高达8000英镑。由于英国船舶经常被扣押和定罪而使得英国商人遭受重大损失,1823年3月英西两国达成协议,决定成立一个由双方成员组成的赔偿委员会,调查英国臣民对西班牙政府的商业索赔。1823—1824年英国商人向委员会提出331项索赔要求,索赔金额共计724898英镑。①

英国商船队面临的第三个威胁则来自古巴海盗。海盗的劫掠行为令英国保险商忧心忡忡,他们提高了前往西印度群岛航程的保险费率。牙买加和其他西印度群岛的定期保险费用已经从3%增加至5%。1822年11月格拉斯哥的西印度种植园主、商人和船东协会告知海军部,由于无法无天的海盗掠夺,保险费已涨到每年同期所付费率的两倍。以古巴为基地的海盗不仅影响了英国商人的经济利益,也增加了相应的人力成本。

1810—1830年期间,私掠船和海盗活动所造成的经济和人员损失激起了英国商人和海员的强烈反应,他们呼吁英国政府保护其经济利益和生命安全。1818年拿骚商会主席贝恩警告海军

---

① Matthew McCarthy, *Privateering, Piracy and British Policy in Spanish America, 1810-1830*, Woodbridge: The Boydell Press, 2013, pp.60-61.

部，如果不采取措施保护自由港贸易，英国货物将失去已获得的市场。牙买加商人相信他们的困境直接影响着母国的制造业和贸易利益，值得政府采取保护措施。事实上，他们的损失对英国整体经济的影响甚微。据《英国历史统计摘要》统计，1815—1830年期间，英国商船数为20933艘，被私掠船和海盗劫持的英国船舶不到百艘，[①]对英国航运的影响可以说微不足道。

三、英国政府对各类美洲私掠船政策的走向

（一）英国对革命者授权的私掠船的应对举措

当1813年英国外交大臣卡斯尔雷收到西属美洲殖民地私掠船的报告时，他正忙于欧洲事务无暇顾及。于是卡斯尔雷采取了中立路线，在不危及英西联盟的前提下允许英国商人进入西属美洲市场。随着革命者授权的私掠船骚扰英国商船的报告不断涌向外交部，1814年12月卡斯尔雷将海军军官的报告提交给律师克里斯托弗·罗宾逊（Christopher Robinson），以商讨保护英国贸易和航运的合法措施。[②]罗宾逊意识到保护英国贸易不受革命者授权的私掠船袭击的复杂性，他认为这是一个微妙的政治问题，革命者所在国为独立政府，他们有权签发捕获许可证袭扰英国商

---

① Matthew McCarthy, *Privateering, Piracy and British Policy in Spanish America, 1810-1830*, Woodbridge: The Boydell Press, 2013, p.66.

② Matthew McCarthy, *Privateering, Piracy and British Policy in Spanish America, 1810-1830*, Woodbridge: The Boydell Press, 2013, p.68.

船。如果英国公开承认革命者政府有权使用私掠船,必然招致西
班牙的反击。同样将革命者授权的私掠船视为海盗可能会疏远
革命者,使英国渗入西属美洲市场的企图落空。因此,通过正式
外交渠道来处理革命者授权的私掠船是困难的。

因此,英国政府早期从未发布过关于革命者私掠船合法性的
明确声明。①相反,1815年1月卡斯尔雷将保护英国贸易的重任
交给皇家海军。他强调,由于革命者私掠船的政治复杂性,他建
议海军军官不得干涉西属美洲殖民地的内部矛盾或其与母国之
间的争端,但必须保护英国合法的美洲贸易及其臣民的财产安
全,具体事宜由海军军官自行决定。根据卡斯尔雷1815年早期
的指示,皇家海军采取的最主要措施是组织护航编队来保护英国
商业利益,这有利于减少私掠船的袭扰和劫掠行为。到1816年
末,牙买加总司令、海军少将约翰·道格拉斯(John Douglas)报告
说,自从其1815年接管牙买加以来,已经批准了25个护航编
队。②护航队主要是护送商船队前往西班牙控制的查格雷斯和波
多贝罗港口,但也定期前往圣玛尔塔、哈瓦那、坎佩切和韦拉克鲁
斯等地。满载货物的商船由英国军舰护送,军舰通常会返回牙买

---

① David J. Starkey and Matthew McCarthy, "A Persistent Phenomenon: Private Prize-Tak-ing in the British Atlantic World, c.1540–1856", in Stefan Eklöf Amirell and Leos Müller, *Persistent Piracy: Maritime Violence and State-Formation in Global Historical Perspective*, Basingstoke: Palgrave Macmillan, 2014, p.146.
② Matthew McCarthy, *Privateering, Piracy and British Policy in Spanish America, 1810–1830*, Woodbridge: The Boydell Press, 2013, p.70.

加或其他英属西印度殖民地。除了组织护航外，皇家海军还试图主动巡航来搜寻四处游弋的私掠船。

随着私掠船袭扰的报道陆续增多，英国政府开始允许海军军官扣留涉嫌海盗嫌疑的私掠船。1818年6月8日英国政府授权西印度群岛的海军军官可根据可靠情报制止在英国船舶上发生的海盗行径或暴行。1820年3月海军军官再次被授权逮捕任何以不同国家的名义巡航的私掠船。然而对私掠船定罪的困难继续阻碍着皇家海军的努力。1820—1823年期间，牙买加总司令查尔斯·罗利提醒到，英国与所有大国保持和平，英国在西班牙与其殖民地之间的斗争中保持中立。[1]他要求大家谨慎行事，不要被英国商人夸大的指控所迷惑。1823年末，外交大臣乔治·坎宁任命了驻墨西哥、哥伦比亚、布宜诺斯艾利斯、智利和秘鲁的领事。[2]新任命的领事接管了海军军官处理美洲事务的权力，负责确保美洲地区英国臣民及其商业的安全，这无疑减少了处理相关事务的自由裁量权。但英国外交部严格限制英国领事干预西属美洲的私掠船事务，其目的是在不损害西属美洲殖民地主权和英国中立地位的前提下保护其贸易。各地英国领事成功地保护了英国在西属美洲的政治利益。但我们必须认识到，英国商人无法

---

[1] Matthew McCarthy, *Privateering, Piracy and British Policy in Spanish America, 1810-1830*, Woodbridge: The Boydell Press, 2013, p.74.

[2] Matthew McCarthy, *Privateering, Piracy and British Policy in Spanish America, 1810-1830*, Woodbridge: The Boydell Press, 2013, p.69.

迫使政府以牺牲国家政治利益为代价来保护私人利益。

（二）英国政府针对西班牙私掠船的决策

关于西班牙私掠船,卡斯尔雷很早就意识到西班牙私掠船有可能威胁到英国在拉丁美洲独立战争中的中立地位。几个世纪以来西班牙一直使用私掠船,这意味着卡斯尔雷可以通过正常的外交渠道与西班牙政府沟通。然而西班牙私掠船仍然容易引发微妙的政治问题。英国需要在不损害英西联盟的情况下,扩大英国与独立的拉美国家之间的贸易。因此,卡斯尔雷在处理西班牙私掠船事务时,尽量避免激怒西班牙危及英西联盟。

当1813年西班牙私掠船开始袭扰英国的贸易和航运时,卡斯尔雷以传统的方式予以回应。英国外交官尊重西属殖民地海事法庭的管辖权,但当英国的中立权益受到侵犯时,他们就会提出异议。即使在这种情况下,英国外交官被授权干预的范围也受到严格限制。这种方法有助于拉丁美洲地区的和平稳定,也有助于英西联盟的维护。英国商船因冲破西班牙封锁、运输敌国货物或向革命者殖民地运送违禁品而被西班牙捕获的,卡斯尔雷并没有要求西班牙归还英国商人的财物,不愿因此类捕获案件而影响英西关系。

到1819年,尽管西班牙私掠船大体上尊重英国的中立地位,但卡斯尔雷却越来越担心英国与西属美洲贸易的安全。当他得悉西班牙正准备在加的斯集结一支武装部队,重新征服西属美洲叛乱殖民地，而这支军队可能会招致英国财产遭到新一轮掠夺，西班牙也有可能重新实施旧的殖民法律，禁止外国与西属美洲贸易时，他于1819年7月下令增强在英属美洲殖民地的武装力量。7月21日亨利·韦尔斯利（Henry Wellwsley）受命将这一进展通知西班牙政府。①卡斯尔雷也利用这次交流再次强调了英国对英属美洲贸易的态度。鉴于1810年以来英国在该地区商业利益的扩张，卡斯尔雷强调西属美洲英国臣民的财产必须得到保护。英西由此签订协议，承诺继续维护大多数英国商人在该地区的利益，但事实上西班牙在殖民地恢复权力的远征并没进行。相反，集结的军队向马德里进军，命令费迪南德·维尔（Ferdinand Vere）恢复1812年的自由宪法。随着新政权试图调和西班牙与美洲殖民地之间的分歧，西属美洲殖民地迎来了一段相对和平的时期。

卡斯尔雷在1813—1821年期间应对西班牙私掠船的策略是成功的。但1822年西班牙私掠船以英国商船与西属美洲革命者进行贸易为由扣押英国船舶，英国政府原有的政策被迫转变。1821年9月英国双桅帆船柯林古德号被西班牙私掠船扣押，理由是其违反了几个世纪以来禁止外国船只与西属美洲殖民地进行贸易的旧有法律。1822年7月当该案全部细节在英国曝光后，冲

---

① Matthew McCarthy, *Privateering, Piracy and British Policy in Spanish America, 1810–1830*, Woodbridge: The Boydell Press, 2013, p.98.

击波传遍了整个英国商界，①英国与西属美洲商业关系的脆弱性立刻显露出来。1822年7月至1823年1月期间，英国政府希望在现有法律的基础上重塑英国与西属美洲殖民地的贸易关系，避免面临接受西班牙的殖民垄断或放弃西属美洲贸易的困境。在追求这一目标的过程中，卡斯尔雷希望在推翻柯林古德号商船裁决的基础上附加了一系列尚未解决的商业纠纷，而坎宁则试图利用这场纠纷作为1822年11月承认西属美洲独立的理由。当1823年1月西班牙同意妥协时，英国政府重申了英国与西属美洲殖民地进行贸易的权利，由此西班牙私掠船不会再次以同样的理由扣押英国商船，英国政府再次恢复了其中立政策。

在法国即将入侵西班牙的历史背景下，1823年3月12日英西签署了一项公约，成立了一个专门委员会来解决双方因私掠船劫掠而引发的争端。②该委员会由两名英国和西班牙代表组成，希望解决自1808年以来英国臣民对西班牙的索赔要求，但专门委员会自成立以来并没有取得实质性的进展。1827年6月西班牙派遣奥法利亚伯爵（Count of Ofalia）协商最终解决方案。9月17日他提出签订一项新公约来解决英国的赔偿诉求。奥法利亚伯爵建议，西班牙政府将支付现金70万英镑，分四期来满足英国

① Matthew McCarthy, *Privateering, Piracy and British Policy in Spanish America, 1810-1830*, Woodbridge: The Boydell Press, 2013, p.101.
② Matthew McCarthy, *Privateering, Piracy and British Policy in Spanish America, 1810-1830*, Woodbridge: The Boydell Press, 2013, p.118.

的赔偿要求。英国政府支付25万英镑来解决西班牙臣民的债权。[①]由此1828年英西政府签订了相关赔偿协议。事实上，1813—1821年期间，只要英国的中立性得到普遍尊重，英国政府就听任商业纠纷的累积。1822—1823年期间英国开始向西班牙施压，最终英国与西属美洲的贸易权得以恢复，并确保了过去的冤情得以解决。

（三）英国政府对古巴海盗的围剿

在拉丁美洲独立战争期间，即使是未经授权的海盗掠夺活动也被政治因素复杂化。到1822年3月，海军部已然知道英国商船在古巴附近被抢劫的事实。但由于海盗采取打了就跑的战略，这意味着英国军队要追捕海盗，就不可避免地侵犯西班牙领土。认识到这种做法可能会给英国带来麻烦，英国建议西班牙政府将海盗绳之以法，或者允许英国军队进入其管辖范围内剿灭海盗巢穴。

鉴于英西联盟在维护欧洲和平方面的重要性，采取单方面行动侵犯西班牙领土是不现实的。然而对古巴海盗做出草率决策也会带来更大的风险。英法美都知悉古巴的战略重要性，因为其毗邻最繁忙的西印度群岛航道。西班牙在美洲政权的崩溃必然牵涉各国在该地区的战略部署。因此，在古巴海域采取单方面的

---

① Matthew McCarthy, *Privateering, Piracy and British Policy in Spanish America, 1810-1830*, Woodbridge: The Boydell Press, 2013, p.129.

军事行动打击海盗,有可能会激怒英国的主要竞争对手。在这种高度紧张的地缘政治环境下,卡斯尔雷行事必须谨慎。1822年4月1日他指示英国驻马德里大使莱昂内尔·赫维(Lionel Hervey)提请西班牙政府注意圣安东尼奥角(Cape San Antonio)附近的海盗掠夺活动,暗示有必要镇压此类袭扰活动。①赫维很快就收到了西班牙政府命令古巴当局镇压海盗的消息。

尽管谨慎的外交策略缓解了英国政府的地缘政治担忧,但却遭到了英国商人群体的严厉批评。虽然英国外交大臣积极与西班牙政府斡旋,达成了一项松散的协议,即采取措施根除海盗活动,但英国商船在此期间不断受到袭扰,保险商因此增加了西印度群岛地区的海上保险费率。这迫使利物浦商人、船东和保险商请求海军部采取措施杜绝袭扰事件的发生。因为没有得到海军部的满意答复,利物浦商人将请愿书转交给坎宁。1822年7月23日坎宁向下议院递交了请愿书,由此引发了各方激烈的争论。英国政府继续为其外交策略辩护,指出该事件的政治复杂性,并警告下议院采取单边行动打击古巴海盗可能产生的严重后果。随着国内媒体对英国不干预政策的批评,英国政府不得不采取措施缓解国内的不满情绪。更重要的是,古巴海盗劫掠的时间越长,对英帝国声誉的损害就越大。1822年9月7日,海军部在英属西印

---

① Charles K Webster, *Britain and the Independence of Latin America, 1812–1830: Select Documents from the Foreign Office Archives, Vol 1*, London: Oxford University Press, 1938, pp.34–35.

度群岛地区部署一个中队准备打击古巴海盗，要求该中队的指挥官与古巴当局共同剿匪。①

　　与此同时，美国航运业也因古巴海盗袭扰而备受打击。据1823年巴尔的摩的一份报纸估计，美国船舶在过去的10年内遭受了超过3000次袭击，保险公司将保费提高至1815年以来最高的水平。②由于美国商船遭受的损失不断增加，船东、商人和媒体等社会各界都要求政府采取行动。美国海军从1820年开始加大了对加勒比海地区的巡逻力度。1821年美国总统门罗（Monroe）下令在佛罗里达南端的基韦斯特建立了一个反海盗中队。③因为反海盗中队使用的是小而浅的船只，因而被称为蚊子舰队。该中队由16艘船舶组成，包括装备精良的双桅帆船、明轮船和配备枪支的诱捕商船。④舰队司令是海军准将戴维·波特（David Porter）。该中队的主要任务是镇压海盗和开展奴隶贸易，保护美国商船的安全。到1821年，大黄蜂号、企业号、火花号、海豚号、鲨鱼号和海豚号等6艘美国海军舰艇被派往西印度群岛执行剿匪任务。⑤1821年10月16日企业号在古巴安东尼奥

---

① Matthew McCarthy, *Privateering, Piracy and British Policy in Spanish America, 1810–1830*, Woodbridge: The Boydell Press, 2013, p.144.

② Angus Konstam, *Pirates: The Complete History from 1300 BC to the Present Day*, Guilford: Lyons Press, 2008, p.275.

③④ Angus Konstam, *Privateers and Pirates, 1730–1830*, Oxford: Osprey Publishing Limited, 2001, p.57.

⑤ James A. Wombwell, *The Long War against Piracy: Historical Trends*, Leavenworth: Combat Studies Institute Occasional Paper, 2010, p.41.

角巡航时,解救了3艘美国商船,抓获了40名海盗和2艘船舶。[①]
1823年4月波特打败了臭名昭著的古巴海盗"小恶魔",清除了
古巴北部海岸的袭扰活动。[②]英国皇家海军在南美和中美洲海
岸也取得了类似的成功。到1824年,古巴境内的海盗在西班牙
当局的协助下已被根除。

四、对拉丁美洲私掠活动的评价

1810—1830年期间,英国政府处理美洲私掠船和海盗的灵
活反应,印证了在法律上界定私掠船和海盗的模糊性,英国充分
利用这种模糊界定实现了其在西属美洲殖民地的战略目标。由
于拉丁美洲独立革命引发的巨大不确定性与欧洲事务、中立国权
益等诸多因素相互交织,时刻影响着英国对西属美洲地区私掠船
和海盗的政策。因此,英国政府针对各类私掠船和海盗采取了不
同的应对策略。

考虑到英国政府在西属美洲地区的中立地位,英国不能公开
承认独立后的西属美洲政府授权私掠船的权利,但也不能将私掠
船视为海盗,因此英国尽量避免就该地区活动的合法性发表任何
公开声明,并将保护英国贸易的任务交付给皇家海军。直到

---

① James A. Wombwell, *The Long War against Piracy: Historical Trends*, Leavenworth: Combat Studies Institute Occasional Paper, 2010, p.41.

② Angus Konstam, *Privateers and Pirates, 1730–1830*, Oxford: Osprey Publishing Limited, 2001, p.58.

1824—1825年英国政府正式承认阿根廷、哥伦比亚和墨西哥后，独立的西属美洲政府的私掠船才被视为合法，英国才通过常规的外交渠道来保护英国商人的权益。

面对西班牙授权私掠船，英国愿意容忍其常规的掠夺行为。西班牙私掠船可以扣押运送违禁品、携带敌人货物或突破封锁的英国船舶，任何有争议的捕获物案件都可以通过常规的外交渠道予以解决。然而1822年西班牙私掠船仅以与叛乱分子进行贸易为由扣押英国船舶时，英国进行了报复。这种做法明显破坏了英国中立的基础，因此英国派遣了一支海军中队迫使西班牙恢复英国与独立的西属美洲国家进行贸易的权利。这种炮舰外交迫使西班牙恢复了英国原有的贸易特权，建立的英西委员会和平解决了英国臣民的索赔要求，由此英国对西班牙私掠船的反应又回归到原有的中立状态。

对于古巴海盗的掠夺行径，英国政府起初将其界定为非法行为，却避免采取单方面的军事行动来解决这一非法活动，而是采取谨慎的外交手段迫使西班牙政府更有效地管理其殖民地水域。这种谨慎是必要的，以免引起西班牙的敌对，或激怒密切注视古巴事态发展的其他大国。随着地缘政治担忧的消退和国内商人群体对英国政府的施压，在加勒比海域部署海军舰艇在政治上变得可行。到1823年初，在英美等多方的打击下，以古巴为基地的海盗覆灭。

第三节　私掠船制度的废除

随着19世纪中期工业革命的完成,英国开始全面推行自由贸易政策,力图建立一个由其主导的全球自由贸易体系。私掠船不受控制的劫掠活动无疑成为英国自由贸易扩张的拦路虎,威胁着英国海外贸易的安全。随着克里米亚战争的爆发,私掠船对英国航运的威胁时隐时现,促使英国下定决心废除私掠船制度。1856年《巴黎宣言》所确定的海上航行自由和废除私掠船制度等国际原则,为英国海上势力向全球扩展铺平了道路。

一、克里米亚战争前后关于私掠船的争论

19世纪中叶英国皇家海军实力虽远甚于他国海军,但英国的海洋霸主地位却容易受到法俄的夹击。最重要的是,法俄与美国关系密切,美国商船队规模仅次于英国。一旦这些国家与英国发生战争,美国商船队极易改装成私掠船,给英国庞大的海外商业利益带来潜在的破坏,这是英国政治家必须面对的潜在困境。鉴于英国长期实施的中立政策,私掠船可能破坏英国在当前和未来战争中的融资能力,为此英国政府指示其领事密切关注世界各地港口的可疑活动。

虽然英国在克里米亚战争前已然承诺不使用私掠船,但俄国

却对该问题保持缄默，这意味着俄国可能会给中立国公民颁发捕获许可证，贪图利润的欲望可能会怂恿人们接受私掠船的劫掠方式。1854年3月英国太平洋中队指挥官大卫·普莱斯（David Price）告诫下属，该中队的主要敌人不仅是该地区的俄国护卫舰，还包括潜在的私掠船。这些担忧并不是幻想，俄国部署海军时曾试图使用私掠船攻击英国在太平洋地区的贸易。正如俄国军事顾问所说，私掠船是我们对付英国海上优势的唯一武器。考虑到美国庞大的商船队、广阔的海岸线和传统上在中立权利上的反英立场，美国允许其商船接受俄国的捕获许可证似乎是合乎逻辑的。

俄国驻华盛顿领事爱德华·斯托克（Edward Stoker）是协调私掠船事务的主要负责人，但其发现该任务相当棘手。尽管俄国驻旧金山、纽约和新奥尔良的领事馆已收到了几份私掠船申请，但美国政府并没有默许，英国领事也在积极防范此类行为发生，这使得俄国在美国港口招募和装备私掠船相当困难。与此同时，英国承诺不攻击俄国的阿拉斯加，促使俄美公司和英属哈德逊湾公司之间达成中立协议，保证战争期间这两家公司在美占领的既有领土不受侵犯。①通过这一明智的举动，英国阻止了俄国试图将俄美公司注册地改为旧金山的举动，断绝了俄国意图将美国拖入战争的潜在可能。受挫的斯托克指望得到亲俄的加州参议员

---

① Jan Martin Lemnitzer, *Power, Law and the End of Privateering*, Basingstoke: Palgrave Macmillan, 2014, p.38.

威廉·格温(William Gwynn)的支持,但美国外交部长内塞洛德
(Necelod)拒绝提供必要的资金,因为国务卿马西(Massy)将俄国
在美国港口装备私掠船的活动视为不友好行为。[1]1855年10月
俄国海军首脑康斯坦丁大公(Archduke Constantine)仍希望利用
美国私掠船来实施袭扰计划,以打破盟国对俄国的封锁。[2]

　　战前商业圈内传言俄国已然在美国筹划私掠船计划,这些谣
言迅速通过报纸传播开来,引发了海事保险公司的不安。由于私
掠船是不受政府控制地自由航行,它们造成的潜在风险是无法预
估的,所以英国保险公司提高了所有航线的保险费率,这无疑增
加了潜在的运输成本,引发了人们要求废除私掠船的呼声。1854
年3月詹姆斯·格雷厄姆爵士(James Graham)在《泰晤士报》上建
议通过签订条约来全面禁止各国的私掠船活动。他认为,私掠船
不仅可能被滥用,而且容易引发争端,但不能简单地命令中立国
禁止私掠船,英国应该将私掠船活动与海盗行为联系起来,以此
作为最终签订条约的第一步。[3]

　　与此同时,英国外交大臣克拉伦登(Clarendon)听从格雷厄
姆的建议,指示外交部起草一份禁止私掠船的草案。克拉伦登的

---

[1] Frank A. Golder, "RussianAmerican Relations During the Crimean War", *American Historical Review*, Vol. 31, No. 3 (April 1926), pp. 462–476, 470.

[2] Jan Martin Lemnitzer, Power, *Law and the End of Privateering*, Basingstoke: Palgrave Macmillan, 2014, p.38.

[3] Jan Martin Lemnitzer, *Power, Law and the End of Privateering*, Basingstoke: Palgrave Macmillan, 2014, pp.38–39.

草案能否施行依赖于美国的意见。当时的英国媒体相信美国会同意废止私掠船，因为美国的商业规模也很大，废止私掠船对美国也是有利的。实际上，美国议员布坎南建议国务卿马西不要接受英国的提议，因为私掠船是美英战争中美国成功的唯一依靠。①英国皇家海军在数量上远超美国海军，美国对抗英国的唯一时机就是将美国庞大的商船队转变为袭扰英国商业的私掠船。显然美国政府不会采纳任何关于彻底取缔私掠船的建议，不会加入任何公约，以免一旦成为交战国时被束缚手脚。英国外交部意识到与美国签订条约绝无可能，因此搁置了将私掠船列为海盗行径的计划，因为处决携带俄国捕获许可证的美国公民会引发严重的外交冲突。

1854年3月对俄宣战后，由于英法都拥有庞大的海军实力和海上商业利益，所以两国政府同意暂时放弃某些交战国的海洋权利，决定在战争期间不颁行捕获许可证。英法两国的海军有能力在波罗的海和黑海执行封锁俄国商业的任务，②但促使英法限制交战国权利的一个更为直接的因素，是基于对瑞典、丹麦和美国

---

① Jan Martin Lemnitzer, *Power, Law and the End of Privateering*, Basingstoke: Palgrave Macmillan, 2014, p.41.

② Theodore M. Cooperstein, "Letters of Marque and Reprisal: The Constitutional Law and Practice of Privateering", *Journal of Maritime Law and Commerce*, Vol.40, No.2（Apr., 2009）, p.245.

等中立国的外交考虑。[1]战争期间英国和美国为首的中立国在贸易和私掠船等主要问题上关系持续紧张。作为中立国贸易的主要参与者之一，美国要求战时进一步保护海上贸易，包括海上私人财产不被扣押，但拒绝废除私掠船，因为美国将私掠船视为对抗英国强大海军的唯一利器。英国则担心美国庞大的商船队可能接受俄国的捕获许可证转变为攻击英国商船的私掠船。

鉴于英法的压力，1854年1月丹麦和瑞典的中立声明不仅禁止私掠船，而且拒绝私掠船进入本国港口，除非受到胁迫。许多中立国都遵循了斯堪的纳维亚半岛国家的做法，西班牙、奥尔登堡、梅克伦堡-施韦林和两西西里王国都对私掠船关闭了港口，[2]荷兰甚至把私掠船视同海盗。这些遵循瑞典模式的中立国在经济和道德上都有合理的理由拒绝私掠船入港，他们希冀海外贸易不受干扰。然而并非所有的中立国都主动与私掠船划清界限，英国开始对那些行动迟缓的国家施加压力。在一份发给所有海洋强国的通告中，英国外交大臣克拉伦登赞扬了盟国政府在限制交战国权利方面的慷慨，随后又以互惠的精神要求中立国不仅要阻止俄国私掠船入港，还要采纳瑞典的新规定，拒绝私掠船使用港

---

[1] Satsuma Shinsuke, "Plunder and Free Trade: British Privateering and Its Abolition in 1856 in Global Perspective", in Ota Atsushi, *In the Name of the Battle against Piracy: Ideas and Practices in State Monopoly of Maritime Violence in Europe and Asia in the Period of Transition*, Leiden and Boston: Brill, 2018, p.58.

[2] Jan Martin Lemnitzer, *Power, Law and the End of Privateering*, Basingstoke: Palgrave Macmillan, 2014, p.42.

口设施。这封信引发了第二波中立声明，奥地利、比利时、汉诺威、葡萄牙、巴西、阿根廷和智利等国相继发表声明，禁止私掠船入港。比利时和两西西里王国甚至颁布了反对私掠船的特别条例。

总之，尽管英国试图通过条约禁止私掠船的企图很早就被搁置，但英法等同盟国阻止俄国私掠船的企图无疑奏效了。俄国试图在美国港口装备私掠船的尝试无果而终，俄国私掠船从未出现在公海。对私掠船关闭港口的倡议来自瑞典，但克拉伦登很快采纳了该建议，并确保大多数中立国也采取同样的行动。关于俄国私掠船的谣言在战争期间时隐时现，却没有严重地影响海运保险费率。由于中立国港口的关闭，私掠船对英国和法国商业的危险和破坏已然消失，因此成为英国后续禁止私掠船的有力典范。英国首相阿伯丁勋爵在1854年10月的一次演讲中用过来人的口吻谈论私掠船："我们已经以身作则，终结了私掠船，这是野蛮时代最令人难以忍受的遗迹，现在很可能再也看不到它的复兴了。"①

尽管1815—1853年期间没有人公开反对私掠船，但取缔私掠船的呼声逐渐成为一种时代潮流。私掠船的劫掠活动除了与商业和航运界的利益息息相关以外，还与民众观念的转变密切关联。19世纪中期以来所有军事行动都应由国家力量掌控的观念开始在英国盛行，原有私掠船把国家暴力和个人利益结合的做法

---

① Jan Martin Lemnitzer, *Power, Law and the End of Privateering*, Basingstoke: Palgrave Macmillan, 2014, p.43.

已然不再被民众认可。与此同时,废除私掠船有利于削弱其他国家的海军实力,无疑得到了英国的鼎力支持。作为最强大的海军强国,英国对废除私掠船有着极大的热情。法国外交部长瓦勒维斯基也意识到,制定一套普遍的国际海商法对法国的潜在益处,但法国海军将领害怕将来在与英美的战争中失去一件强大的武器。最终拿破仑三世否决了海军的提议,他认为"自由船舶、自由货物"原则太诱人了,不能因未来的偶然因素而不予考虑。考虑到英法联盟最近取得的胜利,潜在的危害似乎更为遥远。①

二、《巴黎宣言》的签订和私掠船制度的废除

克里米亚战争结束后,1856年2月25日英、法、奥、普、撒丁、土耳其和俄国在巴黎召开和平会议。英国外交大臣克拉伦登勋爵宣布,英国准备放弃古老的海洋战时权利,以废除私掠船为条件,同意"自由船舶、自由货物"原则。奥洛夫(Orloff)代表俄国、布尔(Buol)代表奥地利、普鲁士的高级全权代表曼托费尔(Manteuffel)都承诺废除私掠船。②1856年4月16日,上述七国全权代表正式签署巴黎宣言。宣言就私掠船和中立国的权益等问题确立了四项基本原则:废除私掠船;除战时禁运品外,禁止拿捕悬挂中立国

---

① Jan Martin Lemnitzer, *Power, Law and the End of Privateering*, Basingstoke: Palgrave Macmillan, 2014, p.175.

② Francis Raymond Stark, *The Abolition of Privateering and the Declaration of Paris*, New York: Columbia University, 1897, pp.140–141.

旗帜船舶上的敌国货物；除战时禁运品外，禁止拿捕悬挂敌国旗帜船舶上的中立国货物；封锁要有效力，必须由一支真正足以阻止进入敌国海岸的部队维持。[1]巴黎宣言中规定的四项原则是不可分割的，加入该宣言的国家今后不得就上述四项原则作出任何调整。

1856年5月汉诺威和西西里两国率先加入，教皇国(6月2日)、意大利托斯卡纳(6月5日)、比利时(6月6日)、荷兰(6月7日)、奥尔登堡和萨克森-阿尔滕堡(6月9日)、瑞典和挪威(6月10日)、不来梅和黑森大公国(6月11日)、萨克森(6月16日)、拿骚(6月18日)、希腊(6月22日)、萨克森-魏玛和萨克堡-哥达(6月22日)、丹麦(6月25日)、巴伐利亚(7月4日)、梅克伦堡-施韦林(7月22日)、葡萄牙(7月28日)、巴登(7月30日)、智利(8月13日)、帕尔马(8月20日)、梅克伦堡-斯特里茨(8月25日)、危地马拉(8月30日)、海地(9月17日)、阿根廷(10月1日)、厄瓜多尔(12月6日)、秘鲁(1857年11月23日)、不伦瑞克(1857年12月7日)、巴西(1858年3月18日)、瑞士(1858年7月28日)相继加入。[2]在所有被邀请加入巴黎宣言的国家中，只有美国、西班牙、墨西哥和委内瑞拉等国没有作出任何答复。由于海岸线长，海军孱弱，这些国家不愿意

---

[1] 世界知识出版社编辑：《国际条约集1648—1871》，世界知识出版社，1984年，第427页。

[2] Francis Raymond Stark, *The Abolition of Privateering and the Declaration of Paris*, New York: Columbia University, 1897, pp.145-146.

无条件放弃私掠船制度。从实践的角度来看,私掠一词存在极大的模糊性。①弱小的海洋国家将通过赋予私掠船国家海军的身份来逃避其规定。

巴黎宣言被认为是一揽子协议:英国放弃了一项海军难以捍卫的搜查权利,废除了另一项内阁极其希望废除的私掠船制度。虽然美国并未同意该宣言,但英国内阁成员确信,这项国际协议迟早会迫使美国屈服,从而确保英国在海洋和商业领域的优势地位。美国试图阻止拉丁美洲国家加入巴黎宣言,但以失败告终。大多数拉丁美洲和中美洲国家先后加入了一项将世界上大多数国家联合起来的多边条约。巴黎宣言实际上是一个由大国支持的提案,任何独立国家都可以通过加入或弃权的方式进行投票表决。英法以多边立法条约为工具,通过获得多数国家的共识创造了国际海洋习惯法,赋予了巴黎宣言国际法的权力,孤立并约束不情愿加入的国家。巴黎会议结束后,美国国务卿威廉·马西提出了所谓的《马西修正案》,承诺如果战时海上私有财产不被捕获,就放弃私掠船,即使敌方的财产装运在敌国商船上。尽管该提议在巴黎宣言发布后迅速出台,但为时已晚,无法阻止大多数国家加入巴黎宣言。

---

① Theodore T. Richard, "Reconsidering the Letter of Marque: Utilizing Private security Providers against Piracy", *Public Contract Law Journal*, Vol.39, No.3 (Spring 2010), p.429.

事实上，废除私掠船是通过两种方式实现的。首先，欧洲和美洲的大多数国家接受了该原则，即加入宣言的各方在任何冲突中都将宣布其港口对私掠船关闭。1854年该建议由瑞典率先提出，立即被英国采纳。在克里米亚战争期间，英国向每个中立国强烈推荐这一建议。虽然英国的动机是战略上的，但对于弱小的中立国而言则是从商业上作出抉择。在一个紧密的全球商业网络中，私掠船的存在只会增加潜在的海洋运输成本，取缔私掠船现在逐渐演化为商业共识。尽管几个世纪以来私掠船和战舰地位平等，但现在私掠船必须接受劣等地位，迫使其无法在外国港口购买补给或燃料，以及处置战利品。实际上，私掠船被限制在本国港口。随着私掠船失去各国港口的后勤支援，私掠航行举步维艰，难以长期维持。其次，确保已签约国履行宣言义务。如果有人威胁其撤销对私掠船的禁令，其他签署该禁令的国家将发表声明，表示愿意使用武力来维护这一原则。1864年普鲁士首相俾斯麦认为，丹麦不尊重有效封锁的原则，使普鲁士有权签发捕获许可证。在伦敦会议上普鲁士代表受到其他与会国代表的强烈压力，要求普鲁士遵守该宣言。这无疑表明，如果一个重要的国际法准则受到公开挑战，各国将会自发地联合起来逼迫他国遵守。①

---

① Jan Martin Lemnitzer, *Power, Law and the End of Privateering*, Basingstoke: Palgrave Macmillan, 2014, p.178.

巴黎宣言不仅是一个取缔私掠船的条约。对大多数签署国而言，只要大家合作取缔私掠船，中立国的贸易自由就能得以实现。依靠海洋均势来捍卫中立国权利的古老而深刻的反英观念，成功地将英国的海洋霸主地位限制在一定的范围内。现在英国自愿成为中立国权利的永久保证人，任何侵犯中立航运利益的国家都会伤及英国商人和船东的利益，英国政府和皇家海军必然会极力维护这一原则。换句话说，随着中立国贸易自由从一种政治原则提升到一种全球规范，英国皇家海军成为维护中立国权益、反对交战国侵害的重要保障力量。在一个全球经济快速扩张的时代，确保全球商业流动变得越来越重要。海洋国际法是迄今为止在公海上确保全球经济自由流动的最有效手段，对任何试图违抗或颠覆规则的国家都具有压倒性武力威胁。

三、英国废除私掠船制度的原因

长期以来私掠船是英国重要的军事力量，也是战争期间英国商人重要的投资选择。简单地说，私掠船既是一种军事活动，也是一种经济活动。16—18世纪英国私掠船在历次战争中都扮演着重要的角色。战时资源的匮乏、需求的增加、供应的中断、禁运、高关税和高税收导致了私掠船的扩张和繁荣，[1]私掠活动促进

---

[1] John A. Coakley, "Jamaica's Private Seafarers: Politics and Violence in a Seventeenth-Century English Colony", in David Head, *The Golden Age of Piracy: The Rise, Fall, and Enduring Popularity of Pirates*, Athens: The University of Georgia Press, 2018, p.231.

了本国经济的发展，并为赞助者带来了高额利润。然而这种做法也引发了与中立国的持续摩擦，拿破仑战争结束后的长期和平为私掠船的衰落创设了环境。具体而言，英国废除私掠船制度主要有以下几方面的考虑。

第一，自由贸易思想取代了重商主义学说成为英国的主导战略思想。到19世纪中期，关于私掠船的认识已然发生转变。中世纪以来主导战争的思想是个人仇恨的观念。这种观念认为战争是敌对个人而非国家之间的冲突。然而由于启蒙运动的影响，为了限制战争的有害影响，到18世纪后期这种观念已然消失。相反，各国之间的差异逐渐拉大，这导致战斗和非战斗人员之间区别的发展，反过来促成了私有财产保护观念的出现。这一观念认为，战争期间包括中立国在内的所有私有财产都应受到保护，以免其在海上和陆地上被捕获，理由是其无助于交战国的战争努力。即使在战争时期，贸易也应自由且不受阻碍地进行。[1]19世纪早期英国自由主义者和激进派开始批评交战国在中立船舶上搜查和捕获敌方货物的权利，认为这是对海洋自由的侵犯。他们开始倡导"自由船舶、自由货物"的原则，私掠船也被谴责阻碍了国际贸易的发展。因此，到19世纪中期，私掠船制度受到了主张

---

[1] Satsuma Shinsuke, "Plunder and Free Trade: British Privateering and Its Abolition in 1856 in Global Perspective", in Ota Atsushi, *In the Name of the Battle against Piracy: Ideas and Practices in State Monopoly of Maritime Violence in Europe and Asia in the Period of Transition*, Leiden and Boston: Brill, 2018, p.56.

海洋自由和贸易自由人士的严厉批评。这与18世纪的情形大不相同，当时的重商主义政策制定者将私掠船视为削弱敌国经济实力的有效手段。随着重商主义学说让位于自由贸易思想，私掠船的劫掠活动无疑不利于国际贸易的扩张和经济增长，废除私掠船也就成为英国保护其海外商业利益的必然选择。

第二，全球海洋经济的繁荣发展。18世纪下半叶国际贸易空前增长，海外贸易日益增长的盈利能力吸引了大量的商人。到19世纪初，英国国际贸易以每年3%的速度增长，是一个世纪前的三倍。这种增长在很大程度上是由海外市场推动的，尤其是与殖民地之间的贸易往来。北美、西印度群岛和亚洲对英国的进口比例从1700年的33.6%增长至1816年的58.5%。英国海外贸易的扩张无疑减弱了商人对私掠船高额利润的追求。与此同时，19世纪以来的工业革命彻底改变了传统的经济模式，使大量高利润的新投资成为可能。与这些新的商业可能性相比，私掠船的利润并不大，也变得不那么诱人，尤其它还是一项极其危险的投机活动。①此外，英国与海外市场的贸易主要是通过海运进行的，安全航行和航行自由是促进全球海洋经济发展不可或缺的重要因素，海运无论是战时还是和平时期都易遭到私掠船的攻击，私掠船的存在无疑增加了潜在的交易成本和风险。因此，废除私掠

---

① Jan Fichtner, "Privateers of the Caribbean: The Hedge Funds–US–UK–Offshore Nexus", *Competition and Change*, Vol.18, No.1(February 2014), p.40.

船势在必行。

第三，战争本身的潜在影响。从西班牙王位继承战争到拿破仑战争，英国陆续获得了横跨世界主要航道的海军基地网络，有效地确保了皇家海军对海洋的掌控。英国通过《乌得勒支和约》获得了直布罗陀、米诺卡、哈德逊湾等地的控制权，通过《巴黎和约》又获得了塞内加尔、小安的列斯群岛和布雷顿角等要地，并确保了东印度公司在印度次大陆的主导地位。皇家海军在这些基地建立了运输、海军补给、粮食供应和医院等一系列设施，使得这些地方成为皇家海军永久的驻地，[1]原有私掠活动袭扰主要商业航道的作用相应地大幅度下降。拿破仑战争后，英法之间没有军事冲突。1815年以来英法在大多数冲突中都以结盟形式联合。两国之间没有战争，也就没有颁发捕获许可证的可能性，废除私掠船符合各方利益，因而在英国的推动下得以施行。

第四，英国皇家海军的崛起及其相对于私掠船的战略优势。伊丽莎白时代的英国大多数皇家舰船都是私人拥有和装备的，海军长期处于孱弱状态，直到18世纪专业且强大的皇家海军才成长壮大。实际上，从17世纪开始，皇家海军内部已然开始了一系列改革，主要包括正式的招聘和晋升、设备和船舶设计的标准化，以及官僚组织的创建。18世纪的全球战争摧毁了欧洲敌对国的

---

① Michael Duffy, *Parameters of British Naval Power: 1650–1850*, Exeter: Exeter University Press, 1992, p.4.

海军舰队，切断了其原有的贸易路线，扰乱了敌国的财政体系。到19世纪中期，皇家海军已然成长为世界上最强大的海军，完全可以保护英国庞大的海外商业利益。私掠船捕获许可证的数量随着皇家海军规模的增加而逐渐减少。此外，人员配备问题始终是战时皇家海军面临的紧迫难题。仅仅依靠强征入伍无法为皇家海军舰船招募足够数量的船员。私掠船以丰厚的奖金消耗了潜在的海军人力资源。对船舶、海员和其他海洋资源的持续竞争，使得私掠船和皇家海军之间的关系持续恶化，这一定程度上也迫使海军利益集团乐于废除私掠船制度。由此可见，海军的专业化和发展虽然不是私掠船衰落的唯一原因，但在很大程度上加速了私掠船制度的终结。

总体而言，到19世纪中叶，皇家海军已成长为英国海外利益的守护神，特许公司的垄断贸易被私人主导的自由贸易竞争所取代，工业经济要求英国进一步扩展其海外贸易。这些变化都表明英国正从重商主义向自由贸易转变，私掠船已然成为英国自由贸易和海洋霸权的潜在威胁，废除私掠船势在必行。

结　语

　　综观英国私掠船的发展历程,英国私掠船的发展历经了四个
阶段。16世纪是私掠船活动的初兴期。随着专制王权的强大和
民族国家的巩固,英国国家的发展战略逐渐转向海洋。面对欧陆
强国法国和西班牙的威胁,亨利八世将祸患四方的海盗为己所
用,将私人的劫掠航行从一种秘密的战争方式转变为一种由国王
资助的战争行为,增强了本国打击敌国的军事力量。伊丽莎白一
世时期英国继续鼓励私掠船的劫掠活动,使私掠船活动真正成为
一种在国家支持下的合法劫掠活动,尤其是英国充分利用私掠船
的力量打败了西班牙无敌舰队,由此英国将私掠船的劫掠活动与
国家追求对外贸易和殖民扩张的战略目标相契合,私掠船活动逐
渐成为英国殖民扩张的急先锋。

　　17世纪是英国私掠船活动蓬勃发展的关键时期。由于国家
自身经济和军事实力的相对弱小,英国在历次欧陆战争和海外殖
民扩张中不得不借助私掠船的力量助其取得战略主动权和战略
优势。查理一世时期英国将民间资本和人力资源汇聚合流为一
股私人海上武装,借助私掠船的劫掠活动维持与西班牙和法国的

战争。战争时期官方许可的劫掠活动成为英国从事战争的一种廉价工具。为了排挤荷兰的贸易和航运优势,英国先后在1652—1654年、1665—1667年和1672—1674年发动了三次英荷战争。战争期间英国充分利用私掠船的力量加强了对荷兰商船的袭扰,使其能围绕着英国的战略目标开展劫掠活动,保障了英国在对荷战争中的战略优势地位,逐步确定了英国对海上贸易的控制权和在国际贸易中的优势地位。光荣革命后,随着英国海洋战略的基本定型和对外扩张步伐的加快,英国政府加强了对私掠船活动的管制力度,在随后爆发的奥格斯堡战争中充分发挥私掠船的优势来袭扰法国的对外贸易航线,使得法国海上贸易被切断、财政入不敷出。虽然这次战争英国并没有取得决定性的胜利,但英国逐步累积了与法国相抗衡的实力。

18世纪既是英国私掠船的扩张期,也是其走向衰退和没落的开始。在西班牙王位继承战争、詹金斯耳之战、奥地利王位继承战争、七年战争等海权争霸赛中,英国充分利用私掠船力量袭扰对方的商业贸易,削弱了敌国为其殖民地提供补给和维持海洋经济的能力,协同皇家海军共同护卫英国本土和海外贸易的安全,为英国的对外扩张和殖民霸权的建立提供了重要的军事支撑和财政保障,私掠船成为英国海洋争霸赛中不可或缺的军事力量。然而七年战争结束后,皇家海军已然成长壮大为英国对外战争的主力,私掠船逐渐退居二线,反而是美国和法国私掠船的劫掠活动成为英国政府的心头大患,英国不得不下大力气来压制敌国私掠船的劫掠活动。

19世纪是私掠船活动的终结期。拿破仑战争结束后,英国凭借着皇家海军的绝对优势控制着世界海洋,造就了一个不列颠治下的和平年代。随着英国工业革命的突飞猛进,工业革命中兴起的工业资产阶级迫切要求摈弃旧的重商主义体制,实行自由贸易成了英国政府的主导思想,英国力图构建一个由其主导的全球自由贸易体系,保证商品、资金、人员在全球范围内自由流动。但1812年英美战争、拉丁美洲独立革命和克里米亚战争引发的不受控制的私掠船活动,成为英国自由贸易向全球扩张的拦路虎,最终促使英国于1856年废除了私掠船制度,由此私掠船最终退出了历史舞台。

从英国私掠船发展的历程中,我们可以清晰地看到,英国在其近代崛起过程中能够适时地调整其武装力量结构,将私掠船作为其武装力量的重要组成部分。通过对英国私掠船活动发展历程的梳理,英国私掠船活动与重商主义思想、皇家海军、殖民扩张等因素密不可分。

第一,英国私掠船活动的发展历程是重商主义思想主导的结果。在一个重商主义时代,国家实力与海外贸易息息相关,海外贸易的中断会重创国家从事战争的潜力。人们普遍认为贸易是有限的,一个殖民帝国所享有的利益是以其竞争对手的损失为代价的。重商主义作为一种强大的社会思潮,一开始便与英国海外扩张和海洋争霸赛的战略目标相互渗透、相互促进。重商主义时代战争的目的是为了扩大或保护本国贸易。私掠船活动有效地破坏对手的商业生命线,而国库却不必为袭扰敌国贸易而支付费用。拦截敌人的商船不仅可以增加本国财富,同时还可以剥夺敌国的宝贵战略资源,这对持有贸易平衡和零和观念的政府而言无疑极具吸引力。在一个全球海上贸易急剧扩张、群雄争霸、百舸争流的时代,私掠船肩负着袭扰敌国商业贸易的重任,最大限度地鼓励私掠船对敌国的劫掠活动,无疑是海洋争霸赛获胜的利器。英国政府充分利用私人资本与军事力量的结合体作为其扩充海洋实力的突破口,夯实了英国的海洋优势,"亦军亦商亦盗"的私掠船充当了英国对外扩张的急先锋,使其成为英国海洋战略中不可或缺的一部分,为近代英国的崛起之路奠定了基础。因此私掠船成为英国海外扩张的剑戟,英国政府则是其坚强后盾。

第二,英国私掠船活动的兴衰与皇家海军的成长相伴而随。当皇家海军积贫积弱时,由于海军建设周期长且花费巨大,英国充分利用民间资本的力量赋予其合法的捕获许可证,准许其出海劫掠为国服务。在16—18世纪英国与西班牙、荷兰和法国长期的海洋争霸赛中,私掠船肆意地袭扰敌国商业贸易,帮助皇家海军取得了一次又一次的军事胜利,为英国海洋霸主地位的建立作出了重要贡献。但随着七年战争以来皇家海军的发展壮大,私掠船的作用开始弱化，逐渐退居二线。拿破仑战争结束后，皇家海军已然成为世界上最强大的军事力量，私掠船的作用更是微乎其微，反而成为英国自由贸易扩张的潜在障碍，最终于1856年退出了历史舞台。英国将私掠船作为其在殖民地海域的重要武装力量，以弥补皇家海军在该地区力量的不足。私掠船的劫掠活动在无形中对英国海军建设的长远发展起到了巨大的推动作用，成为英国日后能够夺取海上霸权、建立日不落帝国的基石。

第三，英国私掠船始终游走于合法与非法之间。私掠船是英国海洋战略中一种不可替代但又较为隐秘的工具。私掠船的海上军事活动主要以劫掠的形式进行，这种劫掠实质上就是一种在国家支持下合法的海盗活动。为了精确地打击敌国，英国政府陆续出台了一系列私掠船法案来管控劫掠活动，但私掠船的劫掠活动是私人资本资助的获利行为，其活动往往以获利为第一要义，经常游走于政府的法律之外，致使劫掠活动更具掠夺性和进攻性，由此所带来的问题也是多方面的。战争期间英国私掠船的劫掠活动常常伴有无节制的杀戮和破坏等野蛮行为，违反规定肆意扣押中立国商船，恶化了英国与中立国的外交关系，英国政府不得不面对紧张和尴尬的外交困境。战争结束后，大量私掠船无法充分就业，大量的海员沦落为海盗从事劫掠活动，威胁着英国海洋贸易的安全，英国政府又不得不下大力气来镇压。随着17—18世纪私掠船劫掠活动的扩散，战争结束后猖獗的海盗活动不仅分布于欧洲海域，还扩散至殖民地海域。因此，战时私掠船活动的兴盛必然伴随着战后海盗活动的猖獗，成为英国政府不得不面对的梦魇。

第四，英国私掠船是英国殖民扩张中不可或缺的急先锋，是英属美洲殖民地国防安全的顶梁柱。自16世纪以来，西欧国家掀起了建立海外殖民帝国的高潮，殖民地不仅是英国工业产品和转口贸易的销售市场，而且也是英国原材料和贵金属的供应地。17世纪中期克伦威尔派军队占领了牙买加，获得了同西班牙殖民地进行走私贸易的仓库和对西班牙航船实施劫掠的有利位置。为了巩固该殖民地，牙买加历届总督都充分利用私掠船来保障其安全，为英国在西印度殖民扩张提供了前沿阵地。与此同时，私掠船在英属北美殖民地的延伸，不仅节省了皇家海军庞大的军事开支，一定程度上缓和了英国财力的不足，而且提高了北美殖民地居民的军事素养，方便了战时的兵员供应，拱卫了英属北美殖民地的国防安全。私掠船对于维护英属美洲殖民地的政治统治和经济利益，协助英国开展争霸斗争进而建立殖民帝国功不可没。

第五，英国私掠船的发展历程也是英国政府对私掠船加强管控的治理过程。英国对私掠船的政策由最初的放纵逐渐转化为政府有意识的管制。英国不仅鼓励私掠船的劫掠活动，而且加强了对私掠船活动的有序管理和控制，从而使得私掠船的劫掠活动契合国家发展的战略目标。尽管英国政局不断变化，但英国政府对私掠船的管控政策一直在强化。到18世纪,英国逐渐形成了较为成熟和完善的私掠船管控政策,出台了详细的私掠船管控条文,逐渐规范着私掠船的活动。私掠船成为英国谋求海外商业利益和殖民扩张的有力工具。

英国私掠船也是英国海权崛起过程中的一大助力。海权是英国扩大其政治影响力、实现国际战略目标的有力工具,是维系英国国运的基石。强大的海上力量为英国提供了成为海洋强国的战略保障。英国将强大的海上力量作为战略支撑,确保了其殖民帝国和海洋霸权的建立与发展。私掠船的劫掠活动极大地拓展了英国海上力量的行动范围,为其更有效地执行远洋贸易护航、截击敌国商船和舰队并攫取更多殖民地提供了便利条件。因此,英国海权崛起的过程实际上就是英国凭借皇家海军和私掠船,通过战争来挑战乃至击败既有海上霸权国家的过程。

综上所述,私掠船在英国崛起过程中扮演着关键性的角色,对英国的政治经济环境和社会生活产生了重要影响。英国海洋霸主之位的获取和巩固与私掠船的活动密不可分。由于缺乏雄厚的经济实力,英国鼓励民间资本参与对敌战争,将潜在的民间资源迅速转化为具体的军事优势,为英国长期的争霸战争提供可靠的军事支撑和经济保障。对英国而言,皇家海军是海权效力发挥、霸权鼎定与维护的关键利器,私掠船则是英国海洋争霸赛获胜的助推器。

参考文献

一、中文文献

(一)专著

[1]刘绪贻、杨生茂总主编,张友伦本卷主编:《美国通史 第二卷 美国的独立和初步繁荣 1775—1860》,人民出版社,2002年。

[2]杨跃编著:《海洋争霸500年:英国皇家海军与大英帝国的兴衰》,军事科学出版社,2007。

[3]胡杰:《海洋战略与不列颠帝国的兴衰》,社会科学文献出版社,2012年。

[4]吕一民:《法国通史》,上海社会科学院出版社,2012年。

[5]孙燕:《近代早期英国大西洋贸易研究》,武汉大学出版社,2015年。

[6]钱乘旦主编:《英国通史》,江苏人民出版社,2016年。

[7]吴昊:《19世纪英国海军战略与帝国海权》,海洋出版社,2017年。

[8]张恩东编著:《不列颠的崛起:英国巨舰与海上战争》,机

械工业出版社,2017年。

[9]康瑞林:《1350年至1700年英国港口贸易的崛起》,中国社会科学出版社,2019年。

[10]钱乘旦主编:《英帝国史》,江苏人民出版社,2019年。

[11]顾卫民:《荷兰海洋帝国史:1581—1800》,上海社会科学院出版社,2020年。

(二)译著

[1][法]乔治·勒费弗尔:《拿破仑时代》(上、下),上卷河北师大外语系《拿破仑时代》翻译组译、下卷中山大学《拿破仑时代》翻译组译,商务印书馆,2009年。

[2][美]保罗·布特尔:《大西洋史》,刘明周译,东方出版中心,2015年。

[3][美]菲格雷多、[美]弗兰克·阿尔戈特·弗雷雷:《加勒比海地区史》,王卫东译,东方出版中心,2016年。

[4][美]雅各布·阿伯特:《伊丽莎白女王:至尊红颜与都铎王朝勃兴》,黄彩霞译,华文出版社,2018年。

[5][美]加勒特·马丁利:《西班牙无敌舰队》,马宗玲译,华文出版社,2019年。

[6][英]贝瑟尔主编:《剑桥拉丁美洲史》,中国社会科学院拉丁美洲研究所组译,社会科学文献出版社,1991年。

[7][英]雷蒙德·卡尔:《西班牙史》,潘诚译,东方出版中心,

2009年。

[8][英]布赖恩·莱弗里:《海洋帝国:英国海军如何改变现代世界》,施诚、张珉璐译,中信出版社,2016年。

[9][英]奥兰多·费吉斯:《克里米亚战争:被遗忘的帝国博弈》,吕品、朱珠译,南京大学出版社,2018年。

[10][英]克劳利(Crawley C. W.)编:《新编剑桥世界近代史第9卷:动乱年代的战争与和平:1793—1830年》,中国社会科学院世界历史研究所组译,中国社会科学出版社,2018年。

[11][英]劳伦斯·詹姆斯:《大英帝国的崛起与衰落》,张子悦、解永春译,中国友谊出版公司,2018年。

[12][英]安格斯·康斯塔姆、[英]罗杰·迈克尔·基恩:《劫掠三千年:世界史上的海盗传奇》,郭威译,上海文化出版社,2019年。

[13][英]查尔斯·爱德华·莫伯利:《都铎王朝:1485—1547》,游莹译,华文出版社,2020年。

[14][英]约翰·马图夏克:《亨利八世与都铎王朝》,王扬译,中国友谊出版公司,2020年。

[15][英]彼得·莱尔:《全球海盗史:从维京人到索马里海盗》,于百九译,广东人民出版社,2022年。

(三)期刊论文

[1]陈玮:《英国女王伊丽莎白一世和海盗德雷克——试述英

国早期殖民活动与海盗行径》,《内蒙古大学学报(哲学社会科学版)》1983年第2期。

[2]杜平:《17世纪中叶至19世纪早期英国的商业护航》,《历史教学》2012年第11期。

[3]董震、秦龙、何佳旭:《私掠海盗与英国早期海洋精神培育》,《世界海运》2014年第1期。

[4]沈洋、徐海鹰:《略论海上私掠的历史作用——以17至19世纪法国"海上游击战"为线索》,《法国研究》2016年第2期。

[5]韩世康:《浅析16世纪后半叶英国海盗盛行的原因》,《延边党校学报》2017年第5期。

(四)硕博论文

[1]黄鹏:《论伊丽莎白一世时期的英国私掠船活动》,湖南师范大学硕士学位论文,2007年。

[2]郑艳红:《伊丽莎白时代英国海盗问题研究》,东北师范大学硕士学位论文,2007年。

[3]杜平:《近代英国海上贸易保护政策的演变——17世纪中叶——20世纪初》,首都师范大学博士学位论文,2012年。

[4]冯婉露:《黄金时代加勒比地区的英国海盗:1690—1730》,南京大学硕士学位论文,2012年。

[5]刘大林:《16世纪英国海盗及私掠活动问题研究》,湖南科技大学硕士学位论文,2012年。

[6]莱振坤:《中世纪欧洲海商法研究(11至15世纪)》,华东政法大学博士学位论文,2013年。

二、英文文献

(一)专著

[1]Francis Raymond Stark, *The Abolition of Privateering and The Declaration of Paris*, New York: Columbia University, 1897.

[2]Gomer Williams, *History of the Liverpool Privateers and Letters of Marque with an Account of the Liverpool Slave Trade*, London: William Heinemann, 1897.

[3]Edgar Stanton Maclay, *A History of American Privateers*, New York: D. Appleton and Company, 1899.

[4]Gardner W. Allen, *A Naval History of the American Revolution, Vol.II*, Boston and New York: Houghton Mifflin Company, 1913.

[5]R.G. Marsden, *Documents relating to Law and Custom of the Sea, Vol I: 1205-1648*, London: The Navy Records Society, 1915.

[6]R.G. Marsden, *Documents Relating to Law and Custom of the Sea, Vol. II: 1649-1767*, London: The Navy Records Society, 1916.

[7]Ralph T. Ward, *Pirates in History*, Baltimore: York Press, 1974.

[8]C. M. Senior, *A Nation of Pirates: English Piracy in Its*

Heyday, London: David & Charles Publishers Limited, 1976.

[9]John Brewer, *The Sinews of Power: War, Money and the English State, 1688–1783*, London: Unwin Hyman Ltd, 1989.

[10]Carl E. Swanson, *Predators and Prizes: American Privateering and Imperial Warfare, 1739–1748*, Columbia: University of South Carolina Press, 1991.

[11] Jenifer Marx, *Pirates and Privateers of the Caribbean*, Malabar: Krieger Publishing Company, 1992.

[12]David Syrett, *The Royal Navy in European Waters during the American Revolutionary War*, Columbia: University of South Carolina, 1998.

[13]Donald A. Petrie, *The Prize Game: Lawful Looting on the High Seas in the Days of Fighting Sail*, Annapolis: Naval Institute Press, 1999.

[14] Richard Harding, *Seapower and Naval Warfare, 1650–1830*, London: University College London Press, 1999.

[15] Angus Konstam, *Privateers and Pirates, 1730–1830*, Oxford: Osprey Publishing Limited, 2001.

[16]C.R. Pennell, *Bandits at Sea: A Pirates Reader*, New York and London: New York University Press, 2001.

[17]John B. Hattendorf and Richard W. Unger, *War at Sea in*

the *Middle Ages and the Renaissance*, Woodbridge: The Boydell Press, 2003.

[18]Angus Konstam, *Scourge of the Seas: Buccaneers, Pirates and Privateers*, Botley: Osprey Publishing Ltd, 2007.

[19]Angus Konstam, *Pirates: The Complete History from 1300 BC to the Present Day*, Guilford: Lyons Press, 2008.

[20]James A. Wombwell, *The Long War against Piracy: Historical Trends*, Leavenworth: Combat Studies Institute Occasional Paper, 2010.

[21]Bruce A. Elleman and S. C. M. Paine, *Commerce Raiding: Historical Case Studies, 1755–2009*, Newport: Naval War Collegs Press, 2013.

[22]Matthew McCarthy, *Privateering, Piracy and British Policy in Spanish America, 1810–1830*, Woodbridge: The Boydell Press, 2013.

[23]Jan Martin Lemnitzer, *Power, Law and the End of Privateering*, Basingstoke: Palgrave Macmillan, 2014.

[24]Stefan Eklöf Amirell and Leos Müller, *Persistent Piracy: Maritime Violence and State-Formation in Global Historical Perspective*, Basingstoke: Palgrave Macmillan, 2014.

[25]Faye M. Kert, *Privateering: Patriots and Profits in the War*

of 1812, Baltimore: Johns Hopkins University Press, 2015.

[26]Mark G. Hanna, *Pirate Nests and the Rise of the British Em-pire, 1570–1740*, Raleigh: University of North Carolina Press, 2015.

[27] Tim Beattie, *British Privateering Voyages of the Early Eighteenth Century*, Woodbridge: The Boydell Press, 2015.

[28]David Head, *The Golden Age of Piracy: The Rise, Fall, and Enduring Popularity of Pirates*, Athens: The University of Georgia Press, 2018.

[29] Ota Atsushi, *In the Name of the Battle against Piracy: Ideas and Practices in State Monopoly of Maritime Violence in Europe and Asia in the Period of Transition*, Leiden and Boston: Brill, 2018.

[30] Atle L. Wold, *Privateering and Diplomacy, 1793–1807: Great Britain, Denmark–Norway and the Question of Neutral Ports*, London: Palgrave Macmillan, 2020.

（二）论文

[1]R. G. Marsden, "Early Prize Jurisdiction and Prize Law in England", *The English Historical Review*, Vol.24, No.96（Oct., 1909）.

[2]R. G. Marsden, "Early Prize Jurisdiction and Prize Law in England", *The English Historical Review*, Vol.25, No.98（Apr., 1910）.

[3]R. G. Marsden, "Early Prize Jurisdiction and Prize Law in England", *The English Historical Review*, Vol. 26, No. 101（Jan.,

1911).

[4]Violet Barbour, "Privateers and Pirates of the West Indies", *The American Historical Review*, Vol.16, No.3 (Apr., 1911).

[5]R.G. Marsden, "Prize Law", *Journal of the Society of Comparative Legislation*, Vol.15, No.2 (1915).

[6]G.N. Clark, "War Trade and Trade War, 1701–1713", *The Economic History Review*, Vol.1, No.2 (Jan., 1928).

[7]Francis Deák and Philip C. Jessup, "Early Prize Court Procedure: Part One", *University of Pennsylvania Law Review and American Law Register*, Vol.82, No.7(May, 1934).

[8]Garrett Mattingly, "No Peace beyond What Line?", *Transactions of the Royal Historical Society*, Vol.13 (1963).

[9]W.R. Meyer, "English Privateering in the War of 1688 to 1697", *The Mariner's Mirror*, Vol.67, No.3(1981).

[10]W.R. Meyer, "English Privateering in the War of the Spanish Succession, 1702–1713", *The Mariner's Mirror*, Vol.69, No.4(1983).

[11] Carl E. Swanson, "American Privateering and Imperial Warfare, 1739–1748", *The William and Mary Quarterly*, Vol. 42, No.3 (Jul., 1985).

[12]Alfred P. Rubin, "The Evolution of the Concept of Piracy in England", *International Law Studies Series. US Naval War College*,

Vol.63, 1988.

[13]David J. Starkey, "The Economic and Military Significance of British Privateering,1702−1783", *The Journal of Transport History*, Vol.9, No.1(1988).

[14]Carl E. Swanson, "Privateering in Early America", *International Journal of Maritime History*, Vol.1, No.2(1989).

[15]David J.Starkey, "Eighteenth−Century Privateering Enterprise", *International Journal of Maritime History*, Vol.1, No.2(1989).

[16] Gary M. Anderson and Adam Gifford, "Privateering and the Private Production of Naval Power", *Cato Journal*, Vol.11, No.1 ((Spring/Summer 1991).

[17]John A. C. Conybeare and Todd Sandler, "State−Sponsored Violence as a Tragedy of the Commons: England's Privateering Wars with France and Spain, 1625−1630", *Public Choice*, Vol.77, No.4 (1993).

[18]J.Gregory Sidak, "Quasi War Cases and their Relevance to Whether Letters of Marque and Reprisal Constrain Presidential War Powers", *Harvard Journal of Law & Public Policy*, Vol.28, No.2 (2005).

[19]Theodore M. Cooperstein, "Letters of Marque and Reprisal: The Constitutional Law and Practice of Privateering", *Journal of Mar-*

itime Law and Commerce, Vol.40, No.2(Apr., 2009).

［20］Theodore T. Richard, "Reconsidering the Letter of Marque: Utilizing Private security Providers against Piracy", *Public Contract Law Journal*, Vol.39, No.3 (Spring 2010).

［21］Michael Kempe, "Even in the Remotest Corners of the World: Globalized Piracy and International Law, 1500-1900", *Journal of Global History*, Vol.5, No.3(Nov. 2010).

［22］Shinsuke Satsuma, "Politicians, Merchants, and Colonial Maritime War: The Political and Economic Background of the American Act of 1708", *Parliamentary History*, Vol.32, No.2 (2013).

［23］Jan Fichtner, "Privateers of the Caribbean: The Hedge Funds-US-UK-Offshore Nexus", *Competition and Change*, Vol.18, No.1(February 2014).

［24］Matthew Norton, "Temporality, Isolation, and Violence in the Early Modern English Maritime World", *Eighteenth-Century Studies*, Vol.48, No.1(2014).

［25］Basil C. Gounari, "Unwanted Heroes? British Privateering, Commerce, and Diplomacy in the Mid-EighteenthCentury Eastern Mediterranean", *Mediterranean Studies*, Vol.22, No.2 (2014).

［26］Shavana Musa, "Tides and Tribulations: English Prize Law and the Law of Nations in the Seventeenth Century", *Journal of the*

History of International Law, Vol.17, No.1(2015).

[27]Sarah Craze, "Prosecuting Privateers for Piracy: How Piracy Law Transitioned from Treason to a Crime Against Property", *The International Journal of Maritime History*, Vol.28, No.4(2016).

[28]Hielke Van Nieuwenhuize, "Prize Law, International Diplomacy and the Treatment of Foreign Prizes in the Seventeenth Century: A Case Study", *Comparative Legal History*, Vol.5, No.1(2017).

(三)英文硕博论文

[1]Lisa Perrella, "Born of Pillage and Plunder: English Privateers and the Birth of the Royal Navy, 1585-1642", Master Thesis, University of Ottawa , 2010.

[2]Raymond Wayne Terry, "Piracy by Another Name: The Regulation of English Privateering", Master Thesis, University of Central Arkansas, 2017.

后　记

　　自2018年9月步入陕西师范大学历史文化学院求学,我在导师的指导下开始了英国海洋史方面的研究。在搜集英国海运业史料的过程中,我发现国外对英国军事力量的研究不仅局限于皇家海军,还涉及私掠船的活动,遂萌发了梳理英国私掠船活动的念头。通过搜集和阅读相关史料,结合国内对英国皇家海军和私掠船的研究成果,最终完成了本书的写作。

　　本书的出版与我的导师马瑞映先生的指导密不可分。正是先生对我的指引和谆谆教诲,使我进入了英国海洋史的研究领域,具备了从事学术研究的基本能力。先生在为人品性和学风上的教诲,不仅对我的学术研究有极大的助益,对我的人生也是一种鞭策。

　　特别感谢我的爱人孙霞,正是她在家庭和精神上的支持,主动承担了更多的照顾儿女等方面的家务,才使我无后顾之忧,可以专心于学术研究。同时,我要感谢我的父母,感谢他们的支持和养育,为我提供了一个良好的家庭氛围。

　　本书论述的时间跨度较广,可供参考的资料有限,不可避免地存在这样或那样的诸多不足。限于本人才疏学浅,书中还有不少地方有待修改完善,某些观点的阐述还有待加强,一些行文方式也带有翻译的痕迹,恳请各位方家批评指正。

杨　辉

2022年2月